单一窗口

理论、实践与思考

周金萍 著

中国海关出版社有限公司

·北京·

图书在版编目（CIP）数据

单一窗口：理论、实践与思考 / 周金萍著 . —北京：中国海关出版社有限公司，2024.3（2024.7 重印）

ISBN 978-7-5175-0735-2

Ⅰ.①单… Ⅱ.①周… Ⅲ.①国际贸易—贸易管理—研究—中国 Ⅳ.① F752

中国国家版本馆 CIP 数据核字（2024）第 034235 号

单一窗口：理论、实践与思考
DANYI CHUANGKOU: LILUN SHIJIAN YU SIKAO

作　　者：周金萍		
责任编辑：周　爽		
责任印制：孙　倩		
出版发行：中国海关出版社有限公司		
社　　址：北京市朝阳区东四环南路甲 1 号	邮政编码：100023	
编 辑 部：01065194242-7537（电话）		
发 行 部：01065194221/4238/4246/5127（电话）		
社办书店：01065195616（电话）		
https://weidian.com/? userid=319526934（网址）		
印　　刷：中煤（北京）印务有限公司	经　　销：新华书店	
开　　本：710mm×1000mm　1/16		
印　　张：16	字　　数：260 千字	
版　　次：2024 年 3 月第 1 版		
印　　次：2024 年 7 月第 2 次印刷		
书　　号：ISBN 978-7-5175-0735-2		
定　　价：68.00 元		

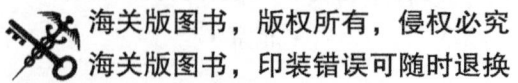

前　言

　　"单一窗口"作为一种先进的政府公共服务理念，率先在全球海关领域推广开来，成为口岸和国际贸易管理领域的先进理念和通行规则。依托信息化建设，国际贸易"单一窗口"越来越受到相关国际组织的大力倡导和各国（地区）官方部门的积极推动，成为各国促进贸易便利化、提升国家竞争力的主要手段，并且作为"世界语"，促进了各国"单一窗口"设施互联互通。自 2016 年年底，我国全面启动中国国际贸易"单一窗口"建设以来，我国"单一窗口"建设取得了长足进展，不仅成为国家部委间电子政务综合信息平台建设的标杆和典范，也走在世界各地建设"单一窗口"的前列。随着国家政务数字化转型的深入发展，中国国际贸易"单一窗口"的建设实践作为一个成功而生动的经典案例，必将为国家层面及各行业的数字化转型和综合信息平台建设提供有益的参考与借鉴。

　　本书以可读性为目标，以"单一窗口"有关理论、实践与思考为写作主线，覆盖了从"单一窗口"理论根源，到"单一窗口"理念提出，到各国"单一窗口"实践及我国"单一窗口"建设，再到"单一窗口"未来发展等"单一窗口"全生命周期内容，完整阐述了"单一窗口"的前世、今生与未来。本书完全以"单一窗口"为客观叙述对象，力求为读者呈现客观、完整、翔实的"单一窗口"全貌。

　　本书对政府机关、高校院所、外贸企业、智库机构，以及信息化相关建设、管理、研究、实操从业人员来说，都是一本不可多得的教科书式的参考资料。本书的读者对象包括国家层面及全国各地方层面国际贸易"单一窗口"建设和管理从业人员，参与国际贸易"单一窗口"建设推广的相关部委单位及其下属机构相关工作人员，全国高等院校、科研院所、智库咨询机构中从事大通关、大物流、大外贸、大数据领域及营商环境优化、贸易便利化领域的研究咨询人员，广大进出口外贸企业人员，国家电子政务领域数字化综合平台建设以及社会各行业数字化转型的从业实践人员。

　　虽然作者力求准确讲述本书内容，但由于"单一窗口"涉及知识面广、专业性强、时间跨度长和国别差异大等，时刻处在动态发展变化当中，加之作者水平有限，情况掌握也不及时，错漏之处在所难免，敬请广大读者给予理解并指正，以便再版时进行纠正。此外，本书为作者个人著述，有关内容仅代表一家之言，不代表本书所提到的国内外任何部门和机构的官方立场观点。本书作者声明拥有本书完整著作权，引用本书内容须经本书作者同意，并须注明引用出处或将本书列入参考文献。

　　谨以此书献给所有长期奋战在国际贸易"单一窗口"建设工作一线的同仁们。特别感谢国家口岸管理办公室领导和同事们对作者写作本书的支持鼓励，并借此向所有相关单位和人员表示最真挚的感谢！

　　作者电子邮箱：singlewindow@126.com，个人微信号：gjmydyck。

周金萍

2023 年 6 月于北京

目　录

第一章

"单一窗口"
诞生背景

第一节　全球政府改革

一、政府职能演变

　　人类社会自出现国家以来就有政府，现在很难想象一个国家没有政府的情况。政府是国家进行统治和社会管理的机关，行使着国家管理职能。生产关系、社会关系等需要通过政府管理的形式来进行调整，从而调节社会生产的矛盾，使生产关系能更好地适应生产力的发展，因此政府的存在可以说是经济社会发展的现实需要。

　　政府要想实现管理国家和调节社会等目的，就需要行使政府职能。政府职能通常也叫行政职能，是指行政主体作为国家管理的执行机关，在依法对国家政治、经济和社会公共事务进行管理时，所应承担的职责及具有的功能。现代政府的职能通常可概括为经济调节、市场监管、社会管理、公共服务等方面。当今社会和经济持续快速发展，分别从广度和深度两个方面对政府职能提出了更为全面和精细化的管理要求。

图1　亚当·斯密的《国富论》

　　政府行使管理职能，就会有效率高低之分。自从民族国家诞生以来，就开始了对政府职能理论的探索，总的目标就是要建立起更加有效或善治的政府，追求国家竞争力的提升和国家利益的最大化。西方政府职能理论的产生和发展先后经历了古典经济学、凯恩斯主义、新自由主义和新凯恩斯主义等政府职能理论的演变过程。

　　西方古典经济学诞生于 17～18 世纪，其政府职能理论主张政府职能应集中在保护个人最大程度自由及其私有财产权方面，认为政府干预过多会影响自由竞争，从而妨碍社会进步。这一理论的典型代表是亚当·斯密的《国富论》（见图1），该书认为政府管得越少越是好政府，政府只应承担"守夜人"的角色，其职能和权限仅在于为国民的自由、财产、人身等提供保障。古典经济学政府职能理论成功推动了资本主义经济的迅速发展，但其缺点是忽视和放任了"市场失灵"，生产的无政府状态和产品的相对过剩最终导致了 20 世纪 30 年代的西方经济和社会危机。

图2　凯恩斯（上）和罗尔斯（下）

　　凯恩斯主义[①]政府职能理论的核心是干预，该理论对解决了 20 世纪 30 年代西方经济和社会危机发挥了重要作用而受到重视，很快便在西方政府职能基本理论中占据了主导地位。凯恩斯主义政府职能理论认为，完全的市场条件是不存在的，投资和消费需求不足将导致周期性经济危机发生，仅靠市场自发调节无法解决，应通过政府干预经济活动来解决这种"市场失灵"问题，通过政府对整个经济生活的全面干预来促进经济增长。其后，美国政治学者罗尔斯[②]于 20 世纪 70 年代出版的名著《正义论》也对政府全面干预的合法性进行了论证。

　　20 世纪 70 年代的石油危机触发了西方世界的经济停滞和高失业率，凯恩斯主义一时难以解决，导致了自由主义经济思想卷土重来。新自由主义政府职能理论认为，政府必然会存在寻租与腐败，从而也会产生政府失灵，而且这种失灵往往比市场失灵更经常发生，危害更大，因此政府全面干预经济社会生活并无充分理由，仍应采用企业自由经营和"市场自发论"来取代政府干预。这一理论的典型代表有货币主义学派[③]和供应学派[④]等。新自由主义只实现了减少政府财政赤字的目的，而在公共服务质量和企业社会责任等方面都有不足。由于它们也没能有效处理政府与市场的关系以及政府职能定位问题，最终导致偏向政府干预的新凯恩斯主义登上历史舞台。

　　20 世纪 90 年代西方持续的经济衰退，使一些新自由主义学者开始转向新凯恩斯主义。新凯恩斯主义是在凯恩斯主义基础上吸收非凯恩斯主义某些观点与方法形成的理论，它认为政府必须对经济进行"适度"干预及加强社会责任等，即有效政府职能理论。正如萨缪尔森[⑤]所说："一个健康运行的经济需要市场和政府两部分，二者缺一不可。"新凯恩斯主义政府职能理论关注如何正确处理政府与市场的关系，

[①]　凯恩斯主义的提出者是约翰·梅纳德·凯恩斯（John Maynard Keynes，1883 年 6 月 5 日—1946 年 4 月 21 日），英国经济学家，现代最有影响的经济学家之一，他创立的宏观经济学，与弗洛伊德所创立的精神分析法、爱因斯坦发现的相对论并称为 20 世纪人类知识界的三大革命，凯恩斯被后人称为"宏观经济学之父"。

[②]　约翰·罗尔斯（John Bordley Rawls，1921 年 2 月 21 日—2002 年 11 月 24 日），美国政治哲学家、伦理学家，普林斯顿大学哲学博士，哈佛大学教授，20 世纪英语世界最著名的政治哲学家之一。

[③]　货币主义学派主张实行"单一规则"的货币政策，以及国家对经济干预越少越好，是西方经济学派之一，20 世纪 50 年代—60 年代在美国兴起，创始人为美国芝加哥大学米尔顿·弗里德曼（Milton Friedman，1912 年 7 月 31 日—2006 年 11 月 16 日）。

[④]　供应学派因强调"供给创造需求"而得名，主张充分发挥自由市场对生产要素供给与利用的调节作用，20 世纪 70 年代出现于美国。

[⑤]　保罗·萨缪尔森（Paul A. Samuelson，1915 年 5 月 15 日—2009 年 12 月 13 日），美国著名经济学家，1970 年诺贝尔经济学奖得主，凯恩斯主义在美国的主要代表人物。其研究涉及一般均衡论、福利经济学、国际贸易理论等经济理论的诸多领域，经典著作《经济学》曾是全球最畅销教科书。

以增强政府职能的有效性。在这一理论指导下，西方发达国家纷纷掀起了政府改革的浪潮。

事实上，当代西方国家已经普遍意识到：政府、社会、市场都有自身无法克服的缺陷与不足，而政府改革的重点在于寻求政府与市场、政府与社会之间的最佳平衡点。这种平衡不在于是否采取"小政府、大社会"（以"弱管理"为特征）或"全能政府"（以"强管理"为特征）等具体形式，而在于能否实现建立有效或善治的政府，于是便有了"服务型政府"理念的兴起。

二、"服务型政府" 兴起

20世纪90年代以来，为适应愈演愈烈的经济全球化和贸易一体化发展趋势，在新凯恩斯主义政府职能理论指导下，西方整体掀起了一股政府改革的浪潮并伴随着相关理论探索。这一改革探索既是对以往政府职能探索的一脉相承和延续，与以往相比又有着新的不同。例如，戴维·奥斯本和特德·盖布勒[①] 于20世纪90年代合作出版了《改革政府：企业家精神如何改革着公共部门》，认为美国无论是公营部门还是私营公司都存在十分严重的官僚主义现象，表明"政府也是需要改革的"，并且提出用"企业家精神"来克服这种官僚主义，认为政府不应当成为一个庞大而无效率的机构，而是完全可以摆脱传统思维，通过挖掘企业家精神和自由市场的力量来实现真正重大的改革。

关于如何更好地发挥政府治理的作用，还有许多学者也有着各自的一家之言，甚至提出了更为大胆的口号和主张。由于各国政府普遍更加注重政府改革的效果和效率，以及由此给本国带来国家竞争力提升和整体利益最大化，因此，各国政府改革从以往关注政府"管理"职能多一点还是少一点，逐渐过渡到"管理"与"服务"并重，甚至更加注重政府公共服务的职能，由管理向服务倾斜，纷纷提出建立服务型政府以及进一步完善政府治理体系、提升政府治理能力等主张。

中华优秀传统文化源远流长、博大精深，其中蕴含天下为公、民为邦本、为政以德、革故鼎新等治理思想精髓。我国古代就有朴素的民本主义思想。《尚书》中的"民惟邦本，本固邦宁。"意思是，老百姓是国家的根本，只要根本稳固了，国家就安宁了。《孟子》中的"民为贵，社稷次之，君为轻"，体现的思想观念与当代民主观念不谋而合。《荀子》中的"君者舟也，庶人者水也，水则载舟，水则

───────────────

① 戴维·奥斯本，被誉为"政府再造大师"，美国国家公共行政学会研究员，重新设计政府联盟的创办者；特德·盖布勒，国际著名的政府改革理论倡导者和实践者。

覆舟。"意思是，君王好比是船，百姓好比是水，水可以使船行驶，也可以使船倾覆。这些观点对历代统治者尊重民情民意，执政为民，起到了积极参与的促进作用。唐太宗李世民及其大臣魏徵多次表示十分欣赏并引用了"水能载舟，亦能覆舟"的道理，十分强调依靠人民力量的重要性，从而开创了历史上有名的"贞观之治"。

中国自 1949 年以来，也在建设社会主义的道路上进行了艰难而卓有成效的探索，学习借鉴东西方政府职能理论，并将马克思主义基本原理与中国国情及具体实践相结合，与中华优秀传统文化相结合，不断增强了建设中国特色社会主义的道路自信、理论自信、制度自信和文化自信。

中国共产党的根本宗旨是"全心全意为人民服务"，党的十八大报告明确指出"建设职能科学、结构优化、廉洁高效、人民满意的服务型政府"[1]，中国共产党领导下的人民政府始终站在人民立场去考虑政府治理创新改革问题。新中国成立以来不断探索，先后经历了由最开始的计划经济体制，到争论"市场多一点"还是"计划多一点"，到提出坚持完善中国特色社会主义市场经济体制，到提出国家治理体系和治理能力现代化，以及以人民为中心的理念等持续不断进行探索完善的过程，国家通过提出供给侧结构性改革，通过简政放权、放管结合、优化服务，通过持续推进市场化、法治化、国际化营商环境建设，积极打造"服务型政府"，近年来，为全国人民提供了越来越多的公共产品和公共服务。

还是回到西方国家的情况，西方国家政府改革在相关理论上也有诸多发展，主要包括以下几点：

一是法治理论。法治理论在中外都有非常悠久的历史，西方社会从古希腊哲学家亚里士多德提出法治原则[2]，到近代西方资产阶级启蒙思想家孟德斯鸠提出法律在政治社会中的权威性，都强调法律在国家治理中的核心作用[3]。法国著名思想家卢梭提出政府和民众之间应当建立某种形式的契约关系，通过法律制度既明确政府所应具有的权力，也明确民众所应享有的权利，实现政府和民众的"契约式"和谐相处[4]。

---

① 参见《坚定不移沿着中国特色社会主义道路前进　为全面建成小康社会而奋斗——在中国共产党第十八次全国代表大会上的报告》，2012 年 11 月 8 日。
② 参见亚里士多德（Aristotle，公元前 384—前 322）的《政治学》，发表于公元前 325 年。
③ 参见孟德斯鸠（1689 年 1 月 18 日—1755 年 2 月 10 日）的《论法的精神》，发表于 1748 年。
④ 参见卢梭（Jean-Jacques Rousseau，1712 年 6 月 28 日—1778 年 7 月 2 日）的《社会契约论》，发表于 1754 年。

　　二是公共治理理论。公共治理理论作为西方经济学的一个重要理论流派，其突出之处在于以经济学方法来研究政治问题。它把经济学的研究对象拓展到以往由政治学家去研究但被经济学家们视为外部因素的传统领域，把人类的经济行为和政治行为作为统一的研究对象，从实证分析的角度出发，以"经济人"为基本假定前提，运用微观经济学的成本—效益分析方法来解释个人偏好与政府公共选择的关系，研究消费者如何作为投票者来对公共产品或服务的供给决定表达意愿。该方法剖析了西方国家政府失灵及其原因，探讨了救治"政府失灵"的对策。

　　三是无缝隙政府理论。随着 20 世纪 90 年代以后信息技术的快速进步，为了适应公众需求和社会信息时代要求，拉塞尔·M·林登 [1] 在美国公共部门改革的基础上提出了"再造政府"的无缝隙政府理论。说到无缝隙政府，先来说说无缝隙组织。所谓"无缝隙组织"，是指可以用流动的、透明的、灵活的、弹性的、完整的、连贯的等词语来描述和形容的组织形态。对于那些与组织相互影响、相互作用的人和事物来说，无缝隙组织理论提供了一种真正流畅和顺畅的、真正不费力气的良好体验。无缝隙组织的顾客与服务提供方是直接接触的，中间不存在繁文缛节、"踢皮球"、推诿扯皮或诸多不便等，人们等候的时间也会大幅缩短，因此有着较高的用户体验。

　　"无缝隙组织"以一种整体而非各自为政的方式提供服务，是一个完整的统一体，一切都有整体和全盘考虑，所传递的信息也是一致和连续的，无论对于雇员还是对于最终用户而言都是如此。同样，"无缝隙政府"指的是政府整合所有部门人员和其他资源，以单一的界面为公众提供优质高效的信息和服务，其目的主要就是突破传统的部门界限和功能分割的局面，将以往公共行政领域存在数千年之久的等级制、官僚制组织形式，转变为公共管理的、弹性的、以市场为基础的组织形式，实现对政府的社会角色以及政府与公民关系的改革。对此，西方学者常用"流程再造""政府重建"等词语来形容这场政府改革运动，同时也表明这场改革运动体现出公共管理方式上的根本性和方向性调整。

---

[1]　拉塞尔·M·林登（Russell M.Linden），美国知名管理学家，长期致力于组织变革方法的研究和教育，发表过《从幻想到现实：成功的政府改革者的策略》《无缝隙政府：公共部门再造指南》《无缝隙政府工作手册：组织变革实践指南》《跨界限工作》《跨界限领导》等多部著作。

第二节　全球贸易增长

一、贸易增长趋势

近年来，尽管国际局势复杂多变、新冠疫情爆发，以及贸易保护主义抬头等因素使全球化出现一些波折和挑战，甚至可能出现如某些专家所言的全球化逆流，但是不可否认，自20世纪90年代以来，经济全球化和国际贸易便利化一直是全球经济贸易发展的两大趋势。而且即便在世界面临"百年未有之大变局"的今天，无论愿不愿意，粮食、气候、疫情、网络等全球性问题需要各国共同面对，贸易对增进各国人民福祉的作用也比以往更加突出，世界各国对经济全球化和贸易便利化的需求只会更加强烈。

自进入21世纪以来，随着经济全球化进程的加快以及国际物流业的快速发展，国际贸易环境发生着日新月异的变化，进出境货物总量也延续了自20世纪90年代以来的增长，呈现更加快速增长的积极态势，于是对于贸易便利化的呼声也更加强烈。从全球货物贸易来看，自20世纪90年代以来，全球货物贸易额大幅增长。1990年，全球货物进口总额为35500亿美元，出口总额为34490亿美元。到2022年，全球货物进口总额为254124亿美元，出口总额为244914亿美元，分别是1990年的7.1倍以上，年均增长率达到6.3%以上（见表1）。

表1　全球货物贸易进出口总额　　　　　　　　单位：亿美元

年度	进口总额	出口总额	年度	进口总额	出口总额
1990	35500	34490	2007	141899	139164
1991	36320	35150	2008	164135	160281
1992	38810	37660	2009	126385	124207
1993	38750	37820	2010	153693	151733
1994	44280	43260	2011	183597	181770
1995	52830	51640	2012	185290	182775
1996	55440	54030	2013	188374	186985
1997	57370	55910	2014	189400	187876
1998	56810	55010	2015	165943	163240
1999	59260	57190	2016	161081	158413
2000	67250	64580	2017	178857	175538
2001	64840	61950	2018	197149	193083

续表

年度	进口总额	出口总额	年度	进口总额	出口总额
2002	67430	64990	2019	191782	187777
2003	78690	75990	2020	177641	174289
2004	95740	92230	2021	224351	220279
2005	108700	104155	2022	254124	244914
2006	124610	120575			

相比国际总体情况，我国自 1978 年实行改革开放政策以来，货物进出口规模更是实现了跨越式发展。根据有关统计，1978—2017 年，按人民币计价，我国进出口总额从 355 亿元提高到 27.8 万亿元，贸易规模扩大 782 倍，年均增速达 18.6%。其中，出口总额从 168 亿元提高到 15.3 万亿元，增长 914 倍，年均增速为 19.1%；进口总额从 187 亿元提高到 12.5 万亿元，增长 664 倍，年均增速为 18.1%。

改革开放初期，我国货物进出口占国际市场份额仅为 0.8%，在全球货物贸易中列第 29 位。随着货物贸易额稳步增加，居世界的位次逐步提高，2009 年起，我国连续 9 年保持货物贸易第一大出口国和第二大进口国地位。2013 年起，我国超越美国成为全球货物贸易第一大国。2014 年，我国对外货物贸易总额达到 4 万亿美元，约占当年我国 GDP 总额的 50%。可以说，国际贸易长期以来是拉动我国国民经济快速增长的重要引擎。根据国际货币基金组织（IMF）统计，2008 年以来，中国对世界经济增长的贡献率年均达到 48%（按美元汇率计算），超过美国的22.5%，中国为金融危机后全球贸易的整体复苏作出了积极贡献。

改革开放 40 多年来，我国外贸综合竞争力不断提升的另一个重要标志则是国际市场布局的不断优化，表明中国已从经济全球化的跟随者、参与者向贡献者转变。以 1978—2017 年这一阶段为例，我国的贸易伙伴国家和地区已由 40 多个发展到 231 个，其中欧盟、美国、东盟、日本等为我国主要贸易伙伴。2008 年以来，国际上先是有国际性金融危机，然后有欧洲债务危机、全球经济下滑，以及贸易保护主义抬头等因素的影响，致使我国国际贸易高速增长的势头有所放缓。为此，国家适时提出了"稳增长、调结构、促改革"的总要求，其中加快推进优化营商环境、促进跨境贸易便利化就成为一项重要的措施，冀望能够通过这项措施落地实施，来助推我国国际贸易的快速发展，提升我国国际贸易竞争力。

此后，我国与新兴市场和发展中国家的贸易持续较快增长。2011 年起，东盟超越日本成为我国第三大贸易伙伴，在我国出口市场中的占比从 2000 年的 7% 提高到 2017 年的 12.5%。此外，随着"一带一路"倡议的不断推进，中国外贸市场不断扩围并得到越来越多国家（地区）的积极响应。据有关部门数据，2013—2017 年这一阶段，我国与"一带一路"共建国家货物进出口总值为 33.2 万亿元，年均增长 4%，高于同期我国货物进出口年均增速 1.4 个百分点，成为货物贸易发展的一个亮点。

2022 年，我国前三大贸易伙伴依次为东盟、欧盟和美国，对上述贸易伙伴进出口总值分别为 6.52 万亿元、5.65 万亿元和 5.05 万亿元人民币，同比分别增长 15.0%、5.6%、3.7%。2022 年是共建"一带一路"倡议提出的十周年，十年来，我国与"一带一路"共建国家和地区的贸易往来日益紧密，据海关统计，2013—2022 年，我国与"一带一路"共建国家和地区的进出口年均增长 8.6%，2022 年我国与"一带一路"共建国家和地区贸易继续保持了快速增长，进出口 13.83 万亿元，比 2021 年增长 19.4%，高出整体增速 11.7 个百分点。

二、国际贸易便利化

20 世纪 90 年代以来，经济全球化和国际贸易便利化成为全球经济发展的两大趋势。经济全球化的日益发展，更加推动了国际贸易增长的势头，而国际贸易快速增长同样也加快了经济全球化的进程。同时，国际物流业的快速发展和信息技术的广泛应用，也使国际贸易更加便利化成为可能，而国际贸易便利化又成为国际贸易增长新的"催化剂"。贸易便利化在 20 世纪 90 年代作为国际贸易和各国经济发展的重要因素被提出来，并且因其对贸易竞争力和市场一体化的重要作用以及在吸引国外直接投资方面的重要性，受到各国政府和国际社会的广泛关注。为此，世界贸易组织（WTO）也将贸易便利化作为新一轮多边贸易谈判的重要议题之一。

国际贸易是一个非常复杂的过程，其中，通常涉及许多复杂程序和相关不同机构，除了涉及进出口商、公路运输部门、铁路运输部门、海运或航空运输公司、货运代理人、保险公司、海关、报关代理机构、集装箱公司、银行、码头、商品检验机构、政府其他官方机构等，还可能面临多语言、多货币、时空差异、贸易惯例冲突及贸易安全等问题，同时还需要办理各种手续和国际贸易单证并需要处理由此带来的错误、遗漏，以及货物损失或丢失等诸多问题。

国际贸易单证是现代国际贸易交易的核心。现代国际贸易是以贸易单证为媒介，通过贸易单证的交换来实现买卖双方货物和货款的安全交换。国际贸易单证的种类多达 600 余种，通常可分为政府官方单证、商务服务单证、物流运输单证、金融保险单证四大类。根据联合国贸易便利化与电子业务中心（UN/CEFACT）的测算，一票或一单货物平均要涉及 27 个贸易参与方、40 余单证种类、400 份单证拷贝，国际贸易单证的平均费用约占国际贸易货值的 5% ~ 10%。复杂的业务程序使国际贸易的运作效率受到诸多负面影响，其在发展中国家和转型经济国家的情况尤其严重，有关业务的复杂性对国际贸易造成了不必要的额外成本和纠纷，从而可能阻碍一个国家及其企业从国际贸易中获益。

20 世纪 80 年代后期，工业、交通与信息通信技术的飞速发展，产业结构的调整，资本的流动与转移，跨国公司的快速扩张等，都极大地推动了国际贸易的发展，促进了经济全球化，使得全球贸易额增长率明显高于世界经济增长率。而全球贸易额的上升又进一步带来了各种贸易单证、纸面文件的激增，因此纸面单证处理的低效率成了妨碍贸易进一步发展的一个突出因素。特别是在制造商、供应商和用户之间，跨国公司与地区公司之间，以及在各国或地区贸易监管过程中，都要求提高文件传递和处理速度，缩短空间跨度，提升信息准确度，而纸质单证的低效率则会引起货物滞关、压仓、运输链条中断、退货、无法履行合同等一系列的严重后果。

国际贸易相关程序、手续、单证和操作等各方面的复杂度，日渐成为阻碍国际贸易发展的技术壁垒。于是，就有了贸易便利化的概念及相关措施的提出。当然，贸易便利化也是一项复杂的系统工程，它涉及包括有关贸易的国际公约、法律法规、标准及惯例在内的贸易各领域各环节。为此，联合国贸易便利化与电子业务中心（UN/CEFACT）将国际贸易便利化定义为"就是使办理国际贸易事务的手续、程序、单证和操作实现协调、简化和标准化，使国际贸易业务办理比以前更为简便、快捷和节省成本"。

尽管各个国际组织对国际贸易便利化都有各自不同表述，但其基本精神是一致的，即通过协调和简化贸易程序来加速要素的跨境流通。由此可以看出，协调、简化、标准化是贸易便利化的核心。在贸易便利化领域，"协调"就是对本国规程、操作和单证按照国际公约、标准和建议书等进行相应调整，在指导思想上尽量遵循国际有关标准规范。"简化"就是消除贸易手续、处理和程序中的所有冗余和重复，在具体做法上尽可能去除重复的贸易单证和数据项。"标准化"是在协调、简化的基础上，明确建立一套贸易各方都能认同的标准化单证和格式化信息，标准化的推进结果就是要最终形成定义明确并经简化处理的"单一窗口"数据元目录。

贸易便利化实施过程中，无论是政府机构还是企业都能够从中获取巨大收益。贸易便利化使政府机构在增加贸易税收、改善资源利用和强化贸易商守法等多方面获益。同时，政府办事机构也会更加高效、透明，使行政管理保持较高的安全等级和有效的监管水平，还可以避免腐败的发生。贸易便利化能使贸易商提高办理效率、降低交易成本，从而提高企业在全球市场的竞争力。世界银行关于促进企业降本增效的一项研究发现，为促进贸易便利化花费 1 美元，就会通过出口为各受益方转化成 70 美元的收益。

全球贸易是需要有国际标准的。早在 20 世纪 60 年代初，联合国就成立了联合国贸易便利化与电子业务中心（UN/CEFACT），专门从事研究、制定、发布和推广全球统一的贸易便利化措施和标准，其目的就是要简化国际贸易程序、手续和单证，协调各国有关国际贸易的法律法规、标准及惯例等，使它们相互协调与融合，最终使得办理国际贸易业务更为简便、快捷和节省成本。

联合国贸易便利化与电子业务中心（UN/CEFACT）于 2001 年 3 月批准通过了 UN/CEFACT 第 18 号建议书——有关国际贸易便利化措施。为能与时俱进跟上贸易便利化和电子业务的快速发展，开发该建议书的国际贸易程序工作组（ITPWG）根据常规审核流程，将该建议书归为版本动态更新类文件。该建议书为国际贸易的简化和协调提供了一套关于国际最佳惯例和标准的全面性建议，涵盖从最初的贸易单证到支付方式和监管措施，以及货物运输等，并鼓励贸易伙伴以电子方式交易以促进措施应用，减少或避免货物交付延误。该建议书既涉及从事贸易业务的企业，也面向各国政府以及贸易相关国际组织，并且尤其关注发展中国家和转型经济国家，帮助其通过简化国际贸易程序来实现经济的重大改善。

自 20 世纪 90 年代开始，全球多个国家（地区）建立了贸易便利化机构，并且积极推广应用联合国贸易便利化与电子业务中心（UN/CEFACT）的贸易便利化有关标准和建议书。其中，国际贸易单证样式（UNLK）是国际贸易单证设计中的重要组成部分，多年来为各国政府、组织和商界提供了在贸易和运输中使用的单证标准和统一设计基础，促进了国际贸易的标准化、规范化、便利化发展。随着信息技术的发展，贸易数据交换实现了电子化。联合国贸易便利化与电子业务中心（UN/CEFACT）关于贸易电子数据交换的标准和技术规范发布实施后，将贸易便利化推向了一个更高的阶段。

第三节　世界海关角色

一、海关职能变化

海关是各国（地区）政府依据本国（或本地区）法律法规建立的行使进出口监督管理职权的国家行政机关。英语中"Customs"一词，最早是指商人贩运商品途中缴纳的一种地方税捐，带有"买路钱"或港口、市场"通过费""使用费"的性质。由此可见，海关的存在由来已久。不过，各国（地区）各时期政治、经济情况不尽相同，行使海关职能的机构名称也不同，具体职责上也会有一些差异，而且即使同一个国家（地区），其各个历史时期的海关职责也有所不同。

总的来说，很多国家（地区）海关部门的常规职能主要有以下几个：一是监管职能，即对进出口货物、旅客行李和邮递物品、进出境运输工具，以及可能批准设立的特殊监管区域等实施监督管理，有的称之为通关管理，有的说法是保障货物、物品等合法进出境；二是征税职能，即征收关税及可能在进出口环节代征的增值税、消费税、石油税等境内税费，甚至还可能包括征收反倾销税、反补贴税和进口商品罚金等；三是缉私职能，即对逃避监管、商业瞒骗、偷逃关税等违法犯罪行为进行查缉，尤其对禁限类进出境货物、物品（特别是毒品）加大查缉力度；四是统计职能，即编发对外商品贸易统计数据。自进入 21 世纪以来，有些国家（地区）除对传统的有形贸易（实物贸易）监管外，还对无形贸易（服务贸易）进行监管。

各国（地区）无论其负责海关事务的部门是单独设置，还是设在财政、税务、商务等部门之下，都可以根据有关国际公约加入世界海关组织（WCO）并履行成员海关的权利和义务。世界海关组织（WCO）的前身是海关合作理事会（CCC），成立于 1953 年 1 月 26 日，总部设在比利时首都布鲁塞尔。后来，1 月 26 日被定为"国际海关日"。世界海关组织（WCO）是一个国际政府间海关组织，是世界范围内唯一专门研究海关事务的国际政府间组织，其使命是增强各成员海关工作效益和提高海关工作效率，促进各成员在海关执法领域的合作。世界海关组织（WCO）共有 185 个成员，每个成员都拥有同样的权利和义务。中国政府于 1983 年 7 月 18 日加入《关于成立海关合作理事会公约》，成为海关合作理事会（CCC）的成员。

世界各国（地区）的边境管理当局都面临着同样的困境，即随着货物贸易的快速增长，政府所投入的监管资源却没有得到相应的增加，而贸易商们则对更快的业务办理和通关抱有更大期待。同时，各国（地区）的官方部门和社会各界也都期望边境当局能够严格执法，以保障国家（地区）和社会的安全与利益，以及公民的健康与安全。对于海关管理部门来说，这意味着要在贸易便利化与贸易安全之间取得平衡：一方面，要确保合法商品能通过海关而不会遇到不必要的障碍；另一方面，要保障国际贸易供应链不受有组织犯罪、偷运过境人员、商业欺诈者、恐怖分子甚至可能危害社会的毒品等的破坏。

2002 年，世界海关组织（WCO）成立 50 周年之际，各国（地区）海关领导就影响海关今后有效运作的主要问题进行了讨论。到 2008 年，经济全球化发展形势已使海关面临着大量有时甚至是相互矛盾的需求：一方面，海关需要有效保障国际供应链安全；另一方面，海关也需要为合法贸易提供更大程度的便利。海关面临的挑战来自很多方面，包括商业和贸易全球化、发展与减贫、新型复杂治理规则、国际恐怖主义、环境保护，以及跨国安全威胁增加等。同时，海关可以作为的地方也很多，包括建立全球海关网络、更好地管理边界、制定着眼全球目标的战略框架、加深海关对供应链及其管理的理解、充分利用新技术，以及加强海关与贸易商及其他边境执法管理机构的伙伴关系等。为此，各国（地区）海关普遍认识到有责任在照顾现实的基础上制定新的战略和政策，并重塑海关在 21 世纪的作用。

各国（地区）普遍认为，海关的共同使命是制定和执行一套综合政策和程序，以确保能加强贸易安全保障，并且提供有效的贸易便利化。这也是通过在处理货物、运输工具及货物所涉相关人员的跨境流动时，有效利用信息和工具来实现的。简单地说，世界海关应当由传统意义上的监管部门加快向监管和服务并重的角色转变，即实现国际货物贸易通关"既要管得住，也要通得快"。为此，在 21 世纪，海关的一项重要措施就是采用"电子单一窗口"的理念，即允许贸易商"一次性"向某一指定机构提供所有必要的信息和单证，由该指定机构将信息分发给所有相关监管服务机构，而相关监管执法结果信息也要由这个"电子单一窗口"统一反馈给贸易商（即申报人）。

二、协调边境管理（CBM）

今天人们认识到，海关和其他机构的通关程序是全球供应链中最重要也最容易出问题的环节之一。现在，货物通过边境时面临的高昂费用和低效率同样被认为是比关税更为严重的贸易壁垒。如果要满足今后充满活力的全球贸易体系的要求，就需要改变海关的旧有业务模式，特别是海关与其他边境机构管理边界的模式。为此，海关就必须与所有贸易管理相关方进行合作，共同开展协调性的边境管理。

协调边境管理工作有两个主要的方面：一是国内（境内）边境管理，这涉及一国（地区）或一个关税同盟内负责边境事务各机构之间的协调；二是国际边境管理，这涉及一国（地区）与其许多邻国（地区）、其他贸易伙伴之间相关边境管理机构的协调。各国（地区）负责边境事务的机构比较多，而且各机构大都要求贸易商提供相同或类似的申报信息，这可能会对贸易便利化造成不利影响，因为这些交易中的重复会导致合规成本飙升。

国内（境内）边境管理机构之间的协调是实施共同对外服务信息系统的第一步。为此，各部门都要审查本部门针对贸易商的有关要求、程序和申报数据要素，并且与其他机构的要求、程序和申报数据要素进行比较来确定是否存在冗余项，以及如何去除冗余项。通过自行审查，各部门同意建立起一个单一的边境机构，负责履行与边境有关的所有对企职能。当然，这一模式多数情况下由海关部门牵头，但是也不尽然，具体由哪个部门牵头，由该国（地区）根据需要自行决定。通常，各机构之间需要通过谅解备忘录或合作协议等机制，来有效推进这种审核及去除冗余的工作。

协调边境管理（CBM）被视为未来关键步骤之一，而这需要海关与各边境管理机构创造一个基于信任的环境，使海关和这些边境管理机构能够进行合作。在这一总体概念中，利用电子数据交换的国际贸易"单一窗口"成为一个重要的促成因素，为实现边境各部门的有效合作提供了技术手段和合作平台。

世界海关组织（WCO）自成立以来，一直在监测着全球贸易发展情况与趋势，并为所有成员海关制定了若干文书和工具（见图3），发起了相关倡议和方案，旨在解决海关遇到的问题，以使其更加自如地应对不断变化的国际贸易环境所带来的挑战。其中，协调边境管理（CBM）是世界海关组织（WCO）向全球成员海关公布的有用文书和工具之一，其在边境协调领域发挥着非常重要的作用，可以为今后更好地开展边境管理作贡献。

图3 世界海关组织（WCO）有关文书和工具

同时，世界海关组织（WCO）在1999年6月通过了《关于简化和协调海关制度的国际公约》（即《京都公约》），2006年2月3日《经修订的京都公约》（RKC）生效，旨在适应国际贸易的新动态和政府不断变化的期望。《经修订的京都公约》（RKC）为国际贸易提供了现代贸易环境所需要的可预测性、效率和安全性，现在也被视为21世纪现代高效海关程序的蓝图。同时，为适应新时期全球海关发展的现实需要，反映全球各地海关在监管、服务和协调管理等领域的创新成果，世界海关组织（WCO）于 2018 年 6 月又成立了全面审核《经修订的京都公约》（RKC）的工作组，启动了《经修订的京都公约》（RKC）的全面审核修订工作，包括中国在内的许多成员根据全球最新海关发展需要提出了包括"单一窗口"等在内的有关修订提案。

此外，世界海关组织（WCO）还提供了《放行时间研究》（TRS，以下简称TRS），作为有效边境管理的另一个重要工具。TRS 方法允许对清关程序中的所有过程进行时间测量，包括其他政府机构和物流链中其他参与者所花费的时间。TRS建议旨在通过加强海关程序、简化其他相关程序、建立风险评估和支持清关后审计等，从而实现贸易成本降低，并为制定针对性干预措施提供框架依据。TRS 工具有助于国际供应链管理有关各参与方之间通过开展边境管理问题对话来实现更加协调的边境管理。放行货物所需时间也日益成为国际贸易界评估海关管理有效性的标准。该工具与联合国亚洲及太平洋经济社会委员会（UNESCAP）推出的"业务流程分析""时间／成本—距离法"并称贸易和运输便利化领域三大监测工具，它们在监测环节方面的对比情况见表 2。

表 2　常用的几种贸易和运输便利化监测工具及其适用监测环节

常用监测工具及其适用范围	贸易和运输环节						
	货物运输前的相关贸易程序	货物发货地	过境点	关境间运输	过境点	货物目的地	货物到达后的相关贸易程序
放行时间研究			√		√		
时间／成本—距离法		√	√	√	√	√	
业务流程分析	√	√					√

世界海关组织（WCO）认为，积极鼓励其成员海关执行符合国际标准的有关贸易便利化措施，并且加强边境协调，以更优化和更智能的方式促进边境管理协调一致，促进所有贸易相关方之间的合作，这就是 21 世纪边境管理的答案。世界海关组织（WCO）推出的有关文书、工具和措施，已经为实现这一目标作出了积极贡献，并且将在其今后的努力中使之更加创新和完善，通过贸易便利与安全并重来确保实现人类更加美好的未来。

第四节　信息技术发展

一、新一轮信息技术革命

信息技术革命，是指人类社会中的信息存在形式、信息传递方式，以及人类处理和利用信息的形式所发生的革命性变化。人类的社会活动过程，就是人类交流信息、应用信息的过程。迄今为止，人类社会经历了七次信息技术革命。

人类历史上第一次信息技术革命是语言的诞生，主要解决了信息面对面分享的问题，缺点是语言具有不稳定性。第二次信息技术革命是文字的出现，主要解决了信息记录的问题，打破了信息传承的时空限制。第三次信息技术革命是造纸和印刷术的发明，主要解决了信息远距离大量传输和文化普及的问题。第四次信息技术革命是无线电的发明，实现了语音的同步远距离传输，突破了文字、距离和延时的限制，使人们同步获取声音信息，从而引领了现代文明。第五次信息技术革命是电视的发明，电视集图、文、声、像于一体，让信息传递更加丰富、更有感情和冲击力，成为现代文明的标志之一。

下面重点介绍第六次和第七次信息技术革命。

第六次信息技术革命是电脑和互联网的出现，从而开启了信息爆炸时代，引爆了当代文明，使信息传输达到了信息革命史上的最高水平，以此为基础产生了很多全新的商业和业务模式，大大改变了全球治理格局和人们的思维方式。互联网的出现，使追求商业贸易的"无纸化"成为所有贸易链参与方的共同需求。在此期间，以微电子技术、通信技术、计算机技术为核心的高新技术进一步迅速发展，也为实现从传统纸面单证向电子单证转化提供了重要的技术手段。因此，以计算机网络通信和数据标准化为特征的电子数据交换（EDI）应运而生。

近几十年来，许多国家和国际组织已经在国内和国际贸易中采用了联合国贸易便利化与电子业务中心（UN/CEFACT）于1981年公布的国际贸易单证样式（UNLK），以便满足国际公约所规定的法律义务、贸易界的业务需求和政府的管理要求。一致性单证的应用也为实现单证"无纸化"、引入电子单证、推进电子贸易数据交换奠定了良好基础。国际贸易单证的电子化不仅能够提高贸易相关信息的流动速度和效率，也可以达到保障信息完整性和准确性的目的。因此，使用信息和通信技术，通过计算机和其他电子数据方法来完成国际贸易单证已经是大势所趋。

电子单证与传统纸质单证相比具有明显的优势。一是货物流通更加快捷、安全、高效。对于买方来说，能够尽早拿到货权并安排港口卸货，避免"货到单未到"而产生额外滞留费用。二是加速资金流转，提高了进出口效率。标准化电子单证能够有效降低人为干扰因素，对于卖方来说，可以大幅缩短资金回流所用时间。三是增加贸易透明度，降低了交易风险。可以追踪电子提单流转进程，防止货物发票中途被篡改，大幅降低贸易欺诈的风险。

第七次信息技术革命则是智能互联网，这是一种新的信息传输体系，由大数据、云计算、区块链、人工智能、5G（第五代通信技术）等最新技术共同构成，而智能互联网整合以上最新技术应用，形成一种能够渗透到社会生活各个角落、影响和改变世界进程的全新能力。

以智能互联网为特征的新一轮信息技术革命，主要涉及 ABCDE 技术的综合运用。其中，A 是指人工智能（Artificial Intelligence，AI），即通过深度学习、机器训练、计算机仿真等各种技术和算法，将海量的信息转化成有用的知识，进而将知识转化为有用的决策；B 是指区块链（Blockchain），其实就是综合运用分布式记账技术、共识机制技术、非对称加密技术和智能合约技术等，实现去中心、分布式、防篡改、匿名性、可追溯等相关应用目的；C 是指云计算（Cloud Computing），即通过集合大量服务器构建互联网数据处理中心，为社会提供超大规模的计算能力、网络通信能力和存储能力；D 是指大数据（Big Data），即综合运用静态数据和动态数据、结构化和非结构化数据以及各种感知信息来发挥数据汇聚优势，为数据分析和应用挖掘提供基础；E 是指边缘计算（Edge Computing），即将应用程序在靠近物或数据源头的边缘侧发起，以产生更快的网络服务响应，满足行业在实时业务、应用智能、安全与隐私保护等方面的基本需求。同时，借助蓬勃发展的 5G 技术设施的大规模推广普及，前面这几项技术应用如虎添翼，会大幅提升相关应用操作的准确性、大容量和时效性等，使各种应用场景呈爆发式发展。

口岸是对外开放的重要窗口和联系世界的重要纽带，是跨境人流、物流、资金流、信息流汇聚和散发节点，是国内国际"双循环"的关键交汇点。新一代数字技术特别适用于口岸通关申报和国际贸易管理相关领域，对口岸治理发挥着越来越重要的作用。随着信息技术的日趋先进、多样和成熟，口岸通关和国际贸易领域在技术应用方式上也在经历着由电子化到数字化再到数智化（即数字化＋智慧化）的必然进程。

二、电子政务和电子商务

自第六次信息技术革命以来，世界范围内信息化建设日渐蔚然成风，发展态势呈一日千里之势，并且呈现出毫不止步迹象。信息化不仅渗透到生产与消费领域，改变了人类生活方式，而且渗透到政府部门，改变了政府传统治理方式，成为很多政府部门创新管理和服务方式、提升政府治理水平的重要技术依托。电子政务作为电子政府的初级形式，在全球范围发展迅速。目前，世界上大多数国家的政府都在利用网络传递信息。

电子政务的推行，对政府公共管理大有作用：第一，借助电子政务减少了管理层级，有利于各级政府更大程度上避免了信息上传下达过程中的失真和丢失，为中央政府提供了绕过地方政府直接与民众交流的途径；第二，提高了政策透明度和民众参与度，从而加大了监督、制约各级政府的力度，能够减少腐败和滥用职权等情况；第三，减少了行政办公的资源和成本，直接有利于提高政府效率和服务质量；第四，体现了政府便企惠民及为民服务的宗旨，使新时期生产力与生产关系更好地相互适应和相互促进。

与此同时，毫无意外地，信息技术也促进了全球范围内电子商务的发展。曾经有一句话颇有见地："21世纪，要么电子商务，要么无商可务。"无论是涉及电子商务的信用、支付问题，还是物流、仓储等其他关键问题，最终都证明了信息技术的飞速发展有效解决了这些问题乃至强力支撑了整个电子商务模式。那些具有远见卓识并"及早上车"的企业可以说是赚得盆满钵满。

电子商务使参与方能够在比价的基础上下单订货及支付货款，过程不超过1分钟。不过，向最终消费者或收货人的实际交付可能会受阻于物流的快慢。UN/CEFACT基于国际商务交易所包含的购买、运输、支付全过程，提出了真正简化的"购买—运输—支付"供应链模型（见图4），其中包括"出口准备""出口""运输""进口准备""进口"等全部环节。

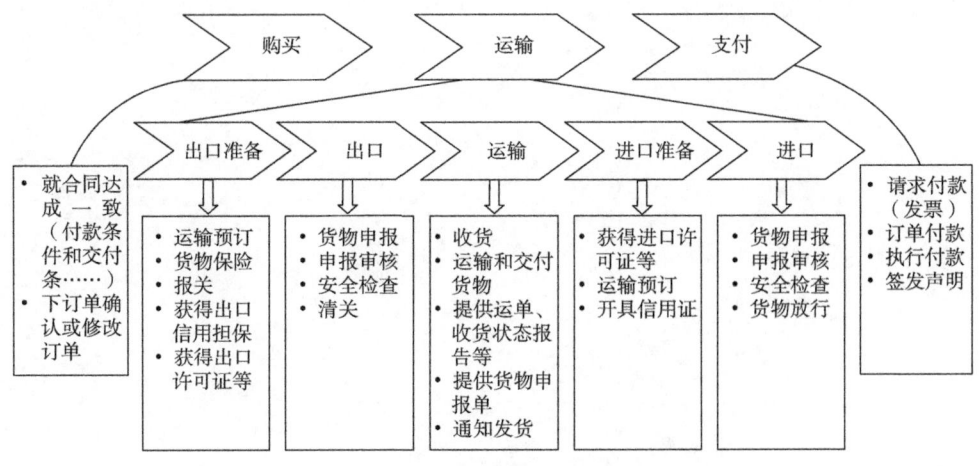

图4 购买—运输—支付模型

　　在国际贸易领域，全球货物贸易量的快速增长，对建设现代化、信息化、智能化的口岸通关模式同样也提出了更高的要求。同时，信息技术，尤其是互联网技术的飞速发展，极大地促进了国际贸易和物流运输的发展。为此，各国（地区）官方部门也都在采取改革口岸管理体制的同时，通过大力推进以信息技术为支撑的各类措施来促进国际贸易安全和便利。在诸多措施当中，依托信息化手段建设国际贸易"单一窗口"的理念和做法应运而生，并越来越受到国际组织和各国（地区）政府部门的重视，成为各国（地区）促进贸易便利化、提高国家竞争力的主要手段。

第二章

"单一窗口"
理念发展

第一节 "单一窗口"基本概念

一、"单一窗口"概念发端

"单一窗口"本身是一种治理理念，它可将传统的政府治理结构转变为能满足公众和企业需求的新型架构。在"单一窗口"模式下，公众和企业可通过访问政府的单一接入点来接受政府的服务，而服务提供过程中涉及的多部门的复杂性组织机构安排，对消费者来说都是透明的，即消费者完全不用关心背后是哪个部门或机构提供的服务，从而能够提高政府的服务效率并降低监管成本。当然，千万不要以为"单一窗口"可以在短时间内建成，实际上，按照"单一窗口"理念来提升政府服务本身就是一个不断迭代的过程，其中涉及持续性的业务协调、流程优化和无纸化等创新举措。

虽然政府对外服务的系统未必都是"单一窗口"这个名称，不过"单一窗口"的理念在政府服务领域已经存在许久。例如，很多国家的地方政府通过门户网站或便民服务中心等，实现了在一个有形的或无形的"屋檐"下提供事无巨细的一揽子公民和企业服务。同样的理念当然也适用于国际贸易领域针对货物、运输工具和人员的跨境流动所提供的监管与服务。专家们认为，进出口环节有关手续的办理在传统做法上存在成本高、效率低、手续繁、单证多、缺乏部门协调等问题，因此，这正是"单一窗口"理念的绝佳应用领域。

为在满足监管和执法需要的同时也能促进国际贸易便利化，过去三十多年全球海关部门普遍都在开发自动化的系统。信息技术的不断发展带来了一系列新的可能性，不仅与新技术有关，还与新的商业理念和架构有关，有助于改变国际贸易的监管环境，提高贸易开展的便利性和效率。"单一窗口"理念就是这种新商业理念及其架构的一种发展，它创造了一个将跨境监管机构（CBRA）的对外服务界面大大简化的良好愿景。在此愿景指引下，将涉及跨境贸易管理的所有监管机构的组织形态做了重新设计，从而能够满足企业的具体服务需求。

20世纪末，随着信息时代的到来，各国也都在寻求与信息化发展相适应的更加有效的行政管理模式和服务方式，诸如所谓的官方部门联合办公、一站式服务、统一门户网站等。在多部门管理体制下，以提高政府办事效率和减少管理相对人成本负担为目的的各类政府合作便民措施在世界各地不断涌现。这些都为后来真正的"单一窗口"的出现提供了积极的实践探索。

二、"单一窗口"理论基础

"单一窗口"的理论基础主要包括：法治理论、公共管理理论、"服务型政府"理论。

法治理论要求建立一套符合国际通行规则的法律法规及制度等。根据法治理论，"单一窗口"建设除需要实现单一接入的自动化信息系统外，还需要有法律上的保障，包括对牵头实施机构的法律授权，明确单一授权机构的协调或领导地位，同时需要确认其他机构的相应权利和协作地位，明确电子数据的合法地位，完善电子签名制度等，并需确保系统的互操作性。

公共管理理论要求政务服务要以公众需求为中心，加强政企沟通，做好公共服务。根据公共管理理论，建设"单一窗口"有利于口岸管理相关部门摆脱传统管理方式的束缚，建立健全符合国际通行规则的管理制度，加强对外开放各个环节的管理和监督，以适应贸易便利化发展的需要；有利于各管理部门转变观念，打破传统管理的思维模式，不是从管理主体的角度去考虑如何管理进出口企业，而是站在贸易商的角度来考虑政府如何更好地为企业服务，为经济社会发展服务，实现由原来的"重管制"到"重服务"的转变；有利于口岸管理相关部门与商界建立起新型的政商伙伴关系，在经济全球化大背景下构建尽可能低成本和高效率的通关环境。

"服务型政府"理论要求政府通过与服务对象建立伙伴关系，开展业务流程再造，不断创新公共产品与服务，最大限度提供透明、高效、便捷的一站式、全流程、自助式服务。其中，"无缝隙政府"理论为"单一窗口"建设提供了重要的理论支撑：一方面，通过"单一窗口"建设，打造公共的和单一的全流程、一站式服务平台，能够实现口岸各部门对外服务的一体化管理，创新公共产品与服务的模式；另一方面，贸易商或企业不需要走进政府机构就能通过一个网上窗口办理事务，如果所办事项涉及多个政府机构，企业更不需要频繁地访问各个政府机构或其对外服务系统，通过"单一窗口"即可跨部门、全天候、一站式地办理业务，使政府公共产品与服务的提供更为快捷、透明、顺畅和公平，最大程度地满足贸易商的需要。"单一窗口"可以将传统的"串联、低效"的办事模式改进为"并联、高效"的办事模式，既为企业优化了程序环节、降低了成本、提高了办事效率，也为政府部门加强了横向协同、提高了管理效率、减少了人员投入等。

三、"单一窗口"基本定义

关于"单一窗口"，包括联合国（UN）、世界海关组织（WCO）、世界贸易组织（WTO）等各有关国际组织大都形成了自己对"单一窗口"的定义，这些定义基本是一致的。国际上一般采用联合国（UN）对"单一窗口"的定义，即"单一窗口"是使国际贸易和运输相关各方在单一接入点递交满足全部进口、出口和转关相关监管规定的标准资料和单证的一项措施；如果为电子报文，则只需一次性提交各项数据。[①]

该定义来源于 UN/CEFACT 第 33 号建议书。根据该建议书，海关与其他政府机构之间的合作是从参与贸易和运输的各方与监管机构之间的信息流动的角度来解释的。该建议书通常是目前对"单一窗口"理解的基础。在全球范围内，"单一窗口"的实施情况是根据它们是否符合该建议书所述"单一窗口"定义和类型所要求的规范来判断的。同时，该建议书关于"单一窗口"的定义只是一个基本定义，以此为基础，"单一窗口"的内涵和外延在其自身发展过程中不断丰富扩大。

该建议书所附指南中也提到了"单一窗口"最常见的几种模式：一是单一机构模式，即协调所有相关机构以确保通关和物流链不受阻碍；二是单一自动化系统模式，即以集成方式统一处理信息的自动化系统，或以接口方式与进行数据接收或发送的一组系统相协调的自动化信息系统；三是自动信息交易系统，其作为交易中心集成到所有机构的系统，申报和许可证均以电子方式在一次申请中收到，并由有关部门进行无缝处理，响应结果以电子方式返回给申报人。

从该基本定义和常见模式来看，"单一窗口"通常是指由一个机构、系统或平台来协调和集中管理各参与方交换的相关资料数据，实现有关执法要求和监管目的。它有四个基本要素：一是一次申报，即贸易经营企业只需要一次性向政府相关管理部门提交信息和单证；二是通过一个平台申报，该平台拥有统一的服务入口，能对企业提交的信息数据进行一次性处理；三是使用标准统一的数据元，即贸易经营企业提交的信息应当是标准化的数据；四是能够满足政府管理部门和企业等相关各方的需求。

不过，"单一窗口"在实施中也面临诸多挑战，主要挑战有：各机构间如何建立共识，如何解决各机构间信息化自动化程度差异，如何推进各机构间数据共享以满足数据使用需求，以及如何确保"单一窗口"可持续发展而不会半途而废等。考虑到其中涉及的机构数量众多，建立"单一窗口"就需要提高议事决策级别，确定

[①] UN/CEFACT. 2005. Recommendation No. 33: Recommendation and Guidelines on Establishing a Single Window. Geneva. p3. "facility that allows parties involved in trade and transport to lodge standardized information and documents with a single entry point to fulfil all import, export, and transit-related regulatory requirements. If information is electronic, then individual data elements should only be submitted once."

牵头领导机构，建立协调推进机制，合理设计业务运营模式。采用或遵循全球通用技术标准和业务规范有助于加快"单一窗口"的实施。

"单一窗口"对接国际贸易和物流运输相关方信息化系统，用于完成所有与进出口和过境有关的程序。政府边境管制机构与"单一窗口"对接，通过后台运作处理业务交易。国际贸易和运输相关方也只需通过"单一窗口"一个系统与边境管制机构进行业务交易。另外，企业等使用"单一窗口"也很方便，与贸易或相关运输交易有关的所有信息都可以通过"单一窗口"提交和检索，通过电子方式可免去纸质文件的提交和收集，从而节省了时间和成本。尤其对于中小微企业，为它们提供了易于访问的环境，可以以低成本进行交易，无须求助中介机构，有助于提高企业竞争力。世界贸易组织（WTO）的《贸易便利化协定》（TFA）关于透明度、效率和可预测性的条款可以通过"单一窗口"来实施。

以上"单一窗口"发挥的作用，在于它具有信息共享、事件跟踪、自动化处理等能力，以及在各部门和相关方系统间进行信息交换的能力。不过，不同国家（地区）实施"单一窗口"的国情条件也各不相同，这取决于本地当前贸易和运输生态体系、国家优先改革事项及各项资源条件等。例如，参与实施"单一窗口"的贸易和运输各方就包括进口商、出口商、船舶代理人、航空公司、港口码头、机场航站楼、铁路场站、海关特殊监管区域（包括出口加工区和自由港区等）等相关主体。鉴于"单一窗口"实施的复杂性，不会有一刀切的解决方案，也不可能一蹴而就地完成，需要分阶段、分步骤，循序渐进地去推进实施。据世界海关组织（WCO）有关调查显示，"单一窗口"项目需要分阶段实施，所需时间甚至长达 5 年以上。

四、"单一窗口"发展层级

"单一窗口"单证和手续的简化和自动化是一个循序渐进的过程。联合国欧洲经济委员会（UNECE）于 2005 年举办了名为"提高效率，确保安全——国际供应链的贸易无纸化"论坛，总结了世界许多国家的经验，并为建立"单一窗口"推荐了一个路线图。2011 年在日内瓦举办的联合国全球贸易便利化大会上，一份题为"实施单一窗口的十年：面向未来的教训"的材料总结过去十年全球建设"单一窗口"的经验，并就"单一窗口"实施的渐进性作了进一步阐述，具体可分为五个层级，如图 5 所示。

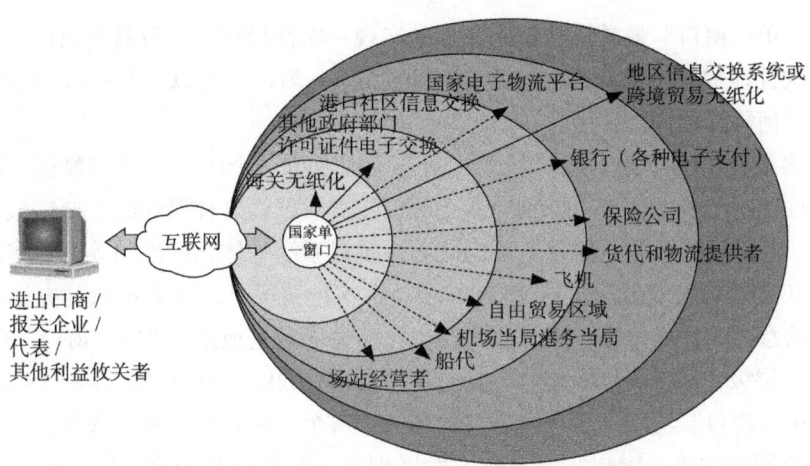

注：○ 第一层级：海关无纸化＋关税的电子支付＋集装箱电子舱单＋基于风险管理的选择查验

　　● 第二层级：海关无纸化系统与其他政府部门后台信息技术系统连接，实现许可证件的电子交换

　　● 第三层级：港口（包括海港和空港）社区系统内的利益攸关者之间实现电子单证交换

　　● 第四层级：与贸易商、物流提供者等实现一体化的国家物流平台，交换信息

　　● 第五层级：地区性信息交换系统

图5　"单一窗口"实施的五个渐进层级

第一层级：无纸化报关——建立海关无纸化报关系统。

由于每一笔进出口交易都需要向海关申报，大多数国家最初均通过海关电子报关系统来促进电子贸易便利化。电子海关报关系统通常都是由纸质报关环境或传统的电子数据交换系统发展而来，贸易商需要进行纸质和电子两种方式的报关。无纸化报关在安全网络环境下只使用电子单证，发展到后期不再需要实地申报或提交纸质单证。

海关无纸化报关系统经常拓展到与海关相关的其他活动。例如，在线支付税费，电子风险评估和选查策略，集装箱电子单证，海关报关单证与货物实体集装箱之间关联，以及为加快和便利海关放行而实施的口岸海关与场站运营方之间数据交换等。无纸化海关报关系统是建立"国家单一窗口"的第一步。

第二层级：监管型"单一窗口"——海关无纸化报关系统与其他发证部门系统的一体化。

贸易商与海关实现互联后，可建立与多个或全部参与进出口管理的部门进行电子数据交换的"单一窗口"。通过这一系统可以申请或颁发许可证件并在政府部门之间进行交换。具备这种功能后，贸易商无须在不同的监管场所之间来回奔波。

监管型"单一窗口"最具挑战性的一点是实现一次性提交，即贸易商只向"单一窗口"一次性地提交全部所需的进出口数据。"单一窗口"可以与其他部门系统对接来获得任何需要的许可证件。

大多数监管型"单一窗口"中，尚未实现通过一个接入点提交数据，而是贸易商必须通过"单一窗口"分别向各个部门提交数据。这种模式的主要挑战是发证管辖权、各部门的意愿，以及各部门既有系统对系统一体化的限制等。许多国家与进出口和运输有关的部门多达 20 ~ 40 个。在这种情况下，较为可取的办法是根据各部门的意愿、协作程度，以及投入产出比，循序渐进地推进"单一窗口"的建设。

第三层级：港口"单一窗口"或企业对企业（B2B）港口社区系统（PCS）——拓展"单一窗口"功能，为海港、空港和陆港整个贸易和物流社区服务。

以监管型"单一窗口"为基础，发展到下一阶段就是与水、陆、空口岸上的私营部门和第三方机构互联互通，有时被称为港口社区系统（PCS）或港口"单一窗口"。欧洲港口社区系统协会（EPCSA）将港口社区系统（PCS）定义为一个中立和开放的电子平台，以此实现公共部门和私营部门等利益攸关方之间智能化和安全的信息互换，以提高海港和空港社区的效率和竞争力。电子单证和信息相互连接，在港口社区各利益攸关方之间更好更快地实现协同，通过数据的一次性提交及与运输和物流链的互联互通来优化和管理港口和物流手续，保证贸易畅通。

这一阶段拓展"单一窗口"功能的主要挑战是要涵盖适用于港口社区所有利益攸关方的业务和服务，可能情况下还要将其部署到所有主要口岸。许多经济体可能会有多个主要港口，各个港口通常会有不同的利益攸关方。此外，海港、空港和陆港的数据要求和手续也不尽相同，因此需要花许多时间来为各个口岸部署实施"单一窗口"，而且各港口实施的系统可能存在差别或各自的特色。

第四层级：充分一体化的"单一窗口"——建立一个连接政府管理部门、企业及服务机构的国家一体化物流平台，以便更好地管理进出境业务全过程。

最先进的"国家单一窗口"系统不仅连接贸易商、海关及其他管理部门，还连接银行、报关企业、保险公司、货代公司以及其他物流服务供应商等私营部门。这一级的互联互通水平通常包括从第一层级和第二层级（无纸化报关与监管型"单一窗口"）拓展到其他商业领域，如银行和贸易金融、货物保险、贸易商、货代、船代和运输等企业。

充分一体化的"单一窗口"可以连接港口社区系统（PCS），也可以不和它们连接。根据联合国亚洲及太平洋经济社会委员会（UNESCAP）在 2013 年发布的《单一窗口计划与实施指南》，如果一个经济体已经建立了监管"单一窗口"和港口社区系统（PCS），则可以考虑建立一个充分一体化的"单一窗口"，并且可逐步将贸易、金融和货物保险等纳入"单一窗口"范围。

第五层级：跨境"单一窗口"交换平台——"国家单一窗口"之间通过互联互通发展成为一体化的双边或地区性跨境电子信息交换平台。

跨境电子信息交换是各贸易国之间促进地区一体化、安全、信任与合作的重要手段。例如，新西兰食品安全局与澳大利亚检验检疫局实现了卫生和动植检许可证书的电子信息交换，通过电子数据核查方便办理进出境手续，有助于便利并加快两国对农产品和食品的监管。东盟（ASEAN）10个成员方（2022年增加了东帝汶作为第11个成员方，下同）自2004年以来一直在推进"东盟单一窗口"倡议，其目标不仅要发展各成员方的"国家单一窗口"，还要实现东盟成员方之间以及与东盟其他贸易伙伴之间的"单一窗口"互联互通和数据交换。

"国家单一窗口"，尤其是两个经济体之间或本地区几个经济体之间实施跨境电子单证交换的"国家单一窗口"，可在实现更有效的风险管理的同时，保障便利的货物通行，从而推动经济一体化。"单一窗口"提高了信息的可访问度和真实性，加快并简化了信息在商界和政府管理部门之间的流通，提高了各部门之间相关数据的协同与共享程度，对跨境贸易各参与方都是有益的，从而能够更好地利用资源，提高监管效率和效能，降低政府和商界成本。

以上关于"单一窗口"循序渐进实施五个层级的发展思路，对各国建设"单一窗口"具有良好的指导意义。我国在"单一窗口"实施工作中，根据需要对五个发展层级的概念图进行了适应性调整，以使其表述更加清晰，如图6所示。

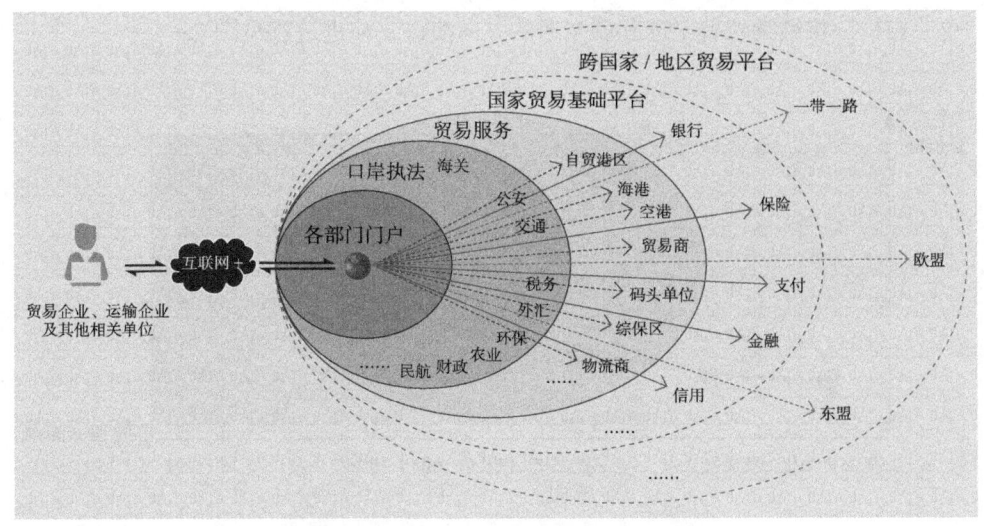

图6　中国"单一窗口"实施的五个发展层级

为符合我国"单一窗口"发展需要，调整后的"单一窗口"五个发展层级分别为："各部门门户单一窗口""口岸执法单一窗口""贸易服务单一窗口""国家贸易基础平台"和"跨国家/地区贸易平台"。这五个层级由低到高，"单一窗口"相关方从最简单的一个单独部门，到整合其他口岸管理相关部门，进一步整合口岸中介机构和物流机构，最终达到与多个国家（地区）的互联互通和信息交换。

其中，"各部门门户单一窗口"是指口岸管理相关部门各自的信息化或无纸化系统；"口岸执法单一窗口"是指集成了包括海关、海事、边检等口岸管理相关系统后形成的口岸执法类"单一窗口"；"贸易服务单一窗口"是指在"口岸执法单一窗口"基础上，集成了港口码头、物流商务、船代货代等信息系统，为企业提供综合性服务的"单一窗口"；"国家贸易基础平台"是"贸易服务单一窗口"的升级版，进一步集成贸易全链条有关的金融服务、物流商务等所有服务；"跨国家/地区贸易平台"是指在国家/地区之间开展跨国家或跨地区的"单一窗口"互联互通，或实现区域性"单一窗口"。

五、"单一窗口"演变过程

过去几十年里，全球范围"单一窗口"的概念和功能已经从最开始的海关自动化系统，演变为国家乃至区域范围内先进的贸易便利化系统。当今，东盟、欧盟、欧亚经济联盟，以及非盟等地区性组织都已经或正在尝试建立区域性"单一窗口"，并且将其作为持续性推进的地区合作项目。在可以预见的未来，各国（地区）"单一窗口"将继续朝着全球互联互通的方向演进，演进过程见图7。

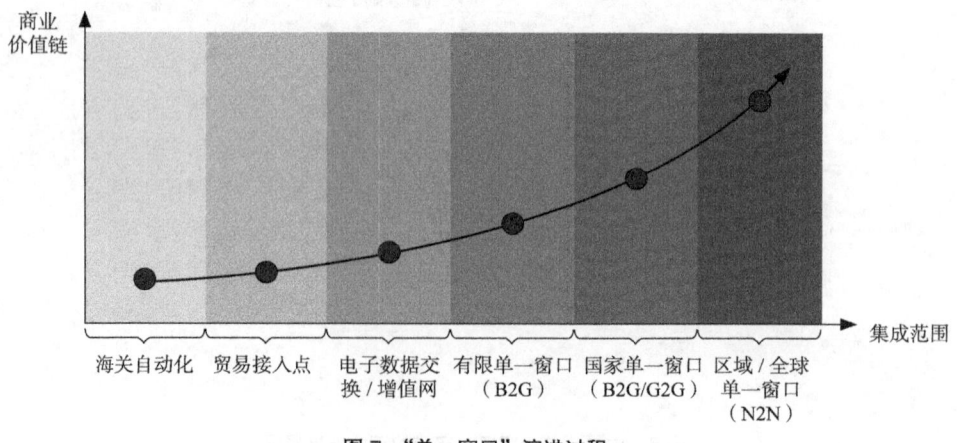

图7　"单一窗口"演进过程

回顾"单一窗口"的演进过程，从开始至今主要可划分以下几个时期：

一是海关自动化时期。20世纪60—70年代，海关当局首先开始使用由联合国贸易和发展会议（UNCTAD）提出的"海关数据自动处理系统"（Automated System of Customs Data，ASYCUDA）来实现自动化功能。

二是贸易接入点时期。以海关自动化系统为基础，各有关国家开发了国家贸易接入门户作为贸易相关信息的采集来源，并且为贸易商提供商务和市场相关数据。各个国家的贸易接入门户构成了全球电子网络并实现互联。

三是电子数据交换／增值网（EDI/Value Added Network）。这一时期，"单一窗口"发展成为电子数据交换（EDI）加增值网（VAN），其中，EDI用于贸易信息交换，增值网则由供应商运营。许多国家都采用EDI的方式来交换贸易单证，如新加坡的"贸易网"（TradeNet，1989年）、毛里求斯的"贸易网"（TradeNet，1994年）、日本的贸易结算EDI系统（1998年），以及沙特阿拉伯的Saudifni项目（2002年）。

四是"有限单一窗口"。海关、港口单一窗口和港口社区服务系统都是有限单一窗口的不同形式，它们在贸易团体和海关／港口当局之间提供单一接口，通常还没有覆盖到其他所有政府机构的许可和授权。例如，澳大利亚的海关和边境保护服务集成货物系统是"海关单一窗口"的范例，芬兰的PortNet系统（1993年）是"港口单一窗口"的范例，英国的费利克斯托（Felixstowe）港口社区服务系统（1984年）则是港口社区服务系统的范例。地方政府"单一窗口"系统则是另一种有限单一窗口类型，常见于接入了本地贸易团体和管理机构的各个国家省市级政府"单一窗口"。

五是"国家单一窗口"。它是全国性的贸易服务设施，供包括管理机构和贸易团体在内的所有参与方使用。它允许在单一接入点一次性地递交标准化的信息，并且满足所有与进出口和转口相关的管理要求，并可向企业对企业（B2B）的电子商务交易领域扩展。"国家单一窗口"是目前全球"单一窗口"存在的主要形式。

六是"区域／全球单一窗口"。东盟是最早建设"区域单一窗口"项目的组织之一，东盟单一窗口（ASW）已经能够开展一些跨境单证交换。在非洲，跨卡拉哈里（Trans-Kalahari）"单一窗口"已经与博茨瓦纳、纳米比亚和南非建立了连接。欧盟也提出了自己的"单一窗口"方案：一个是欧盟税务和海关联盟总局的"单一窗口"方案，其目标是建立社区级"单一窗口"；另一个是欧盟交通运输总局的"海事单一窗口"，其目标是在欧盟内部的海上运输运营者之间提供电子数据交换。"单一窗口"下一步的演进路径是在能够促进跨境贸易便利化的全球网络中实现"国家单一窗口"之间的互联互通和信息共享。

六、"单一窗口"优势作用

"单一窗口"作为一项重要的贸易便利化工具，要求参与贸易管理的多个政府部门通过一个平台协调各自的管理职责，为贸易商办理相关手续提供便利，进而为所有跨境贸易的参与方带来利益。

"单一窗口"若运行高效，能够有利于优化口岸部门之间的协调配合，避免单证、数据的重复收集、处理和查验的重复进行，优化政府监管资源配置，降低行政成本；有利于减少进出口货物在口岸的延误，提高口岸通关效率，降低贸易成本，促进贸易便利化，提升一国在贸易领域的竞争力；有利于增强贸易商的守法意识和政府执法的透明度，密切政府和商界在国际贸易中的伙伴关系，共同维护国际贸易供应链安全与便利。

联合国贸易便利化与电子业务中心（UN/CEFACT）根据世界有关国家的建设经验，总结归纳了"单一窗口"在整体提升政府效能和贸易商国际竞争力方面具备的五项优势：

一是降低成本。新加坡多年的成功经验证明，通过新加坡国际贸易"单一窗口"，企业节省 40%～60% 的费用，政府机构节省 50% 的费用。企业通过新加坡国际贸易"单一窗口"办理单项单证手续的费用平均为 3 新加坡元，是此前 15 新加坡元的五分之一，单证费每年节省 10 亿美元。韩国海关服务部门估计，2010 年引入"单一窗口"带来大约 1800 万美元的收益。根据联合国贸易便利化与电子业务中心（UN/CEFACT）提供的数据，国际贸易便利化措施平均每年可为世界贸易节省 1 万亿美元的费用。

二是减少负担。"单一窗口"可以同时减少企业申报负担和政府处理负担，在许多国家，参与国际贸易的企业通常都要按照进出口和转口相关的监管规定编制大量资料和单证并提交给政府主管机关。这些资料和单证往往必须经由不同的机构进行提交，每一个机构都有各自专门的（人工或自动）系统和书面格式。这些名目繁多的要求加上其相应的核算成本，对政府和企业构成一系列负担。美国"单一窗口"系统建成后，原本复杂的各类手续、程序、信息得以全面规整。企业通过"单一窗口"一次性提交信息，可以获取海关及其他 47 个政府贸易管理相关方的审批，完成整个贸易流程环节，大幅减少了企业负担。新加坡海关报关大厅原来有 134 名工作人员，在全面实行国际贸易"单一窗口"后，报关大厅仅需 1 名工作人员值班。

三是数据准确。贸易商通过录入一票数据直接提交到国际贸易"单一窗口"，系统进行自动审核，大幅减少了数据重复录入次数和单证数据差错。官方部门在进出口和转关交易等必要信息中规定使用数据和报文的国际标准，对于国际贸易将会产生重大效益，这将确保各项政府申报要求中的数据通用性和准确性，并将使各国（地区）政府都能互相交换和共享信息，从而进一步简化国际贸易和运输手续。

四是效率提升。国际贸易"单一窗口"通过政府和企业间的电子数据无缝对接，提升了执法风险防控水平和政策透明度，提升了企业的合规度，使政府和企业可以合理配置资源，提高通关效率，压缩通关时间。根据东盟各成员统计，进出口企业按照传统的程序办理一单进出口贸易手续需要 10 ~ 12 天，而新加坡的企业通过新加坡国际贸易"单一窗口"在 10 分钟内就可以办理全套完整手续，97% 的报关在 10 秒钟内就可以办理完报关手续。瑞典的企业通过瑞典国际贸易"单一窗口"办理手续只需 90 秒钟，政府办事效率提升百倍以上。

五是程序便利。通过"单一窗口"以系统化的方式收集所有数据，并就数据、单证和流程进行协调和简化，使整个贸易程序更为简洁明了和标准化。美国政府将其列入改革政府机构、提高政府效率的重要举措。2009 年系统建成后，27 个政府部门的 550 多个下设机构实现信息共享。美国与加拿大、墨西哥及英国合作，使用一套标准数据集，用于多国（地区）机构办理进出口和转口手续，进一步促进贸易便利化。国际贸易"单一窗口"彻底改变了新加坡的国际贸易单证处理流程，被认为是一个将新加坡的竞争力提高为国际贸易全球化大都市层次的国家战略信息系统。

第二节　国际组织大力倡导

一、联合国（UN）有关机构

"单一窗口"最初由联合国贸易便利化与电子业务中心（UN/CEFACT）以建议书的形式向世界各国提出，它是联合国经济及社会理事会（UNECOSOC）下属的一个政府间机构，1996 年，在联合国欧洲经济委员会（UNECE）的国际贸易程序简化工作组基础上成立的，其主要职责是简化和协调世界各国在行政、商业、运输业等方面的程序和惯例，通过标准化消除贸易障碍和简化贸易手续，促进国际商品贸易和服务贸易发展。

联合国贸易便利化与电子业务中心（UN/CEFACT）于 2004 年 9 月公布了第 33 号建议书《建设国际贸易单一窗口》，向世界各国（地区）推荐使用贸易"单一窗口"，并给出了建立贸易"单一窗口"的实施指南。2009 年，公布了第 34 号建议书《国际贸易数据简化和标准化》，给出了建立贸易"单一窗口"的基本条件和标准，倡导世界各国（地区）积极建设使用"单一窗口"。2010 年，公布了第 35 号建议书《建立国际贸易单一窗口的法律框架》，给出了如何使本国（地区）的相关法律法规与新的环境相适应，以及如何保护个人隐私。2017 年，又公布了 36 号建议书《单一窗口的互操作性》，指导各国（地区）之间如何开展"单一窗口"互联互通合作，为地区和全球的贸易"单一窗口"互联互通铺平道路。

以上联合国贸易便利化与电子业务中心（UN/CEFACT）发布的关于"单一窗口"的建议书，为各国（地区）在统一规则下开展可衡量可参照的"单一窗口"实施提供了有力的指导与帮助，有关工作成果对全球各国（地区）实施"单一窗口"来说发挥着基础性和奠定性作用。

此外，联合国亚洲及太平洋经济社会委员会（UNESCAP）对"单一窗口"的积极倡导实施贡献也非常大。它严格按照 UN/CEFACT 有关建议书的要求，推出了"单一窗口"有关具体操作指南，为各国（地区）推进"单一窗口"建设提供了具体的、可遵循的指导，主要包括以下几个方面：

第一，《单一窗口计划与实施指南》通过结合国际最佳做法和最新管理经验，为"单一窗口"的实施建立了一套高标准、一体化的管理框架，满足了各地管理人员和政策制定者在计划与监督"单一窗口"实施时的各种需要，提供了在管理策略、具体问题解决及对复杂项目制定计划和实施监督时所必需的专业知识。

第二，《单一窗口法律问题合成》认为确保无纸贸易平台正常运转并最终取代纸质操作，最关键的是确立有效的法律框架，涉及修订现有法律和制定新的法律，因此建议"单一窗口"策划者和决策者需要了解并考虑潜在的法律问题。

第三，《单一窗口环境下数据协调和建模指南》作为一种工具，通过消除冗余数据以及交换、记录过程中的重复信息，帮助官方部门和企业实现在履行所有与进出口与转口相关监管要求的国际贸易数据方面的协调和标准化。

第四，《无纸贸易一致化贸易单证设计指南》针对国际贸易交易过程中存在大量贸易单证的现状，为能让交易各方接受并准确有效理解有关单证信息，提出对贸易单证的一致化设计，从而为简化商业手续和单证要求提供有价值的服务。

第五，《简化贸易手续的业务流程分析指南》旨在提供一种简便的方法来使现行国际贸易业务流程更加优化和标准化，其分享的有关国家（地区）经验和教训有助于加深对现行贸易流程和手续的深刻理解。

根据联合国亚洲及太平洋经济社会委员会（UNESCAP）于 2015 年的调查情况，接受调查的亚太国家（地区）中，"完全建成"占比 20%，"部分建成"占比

10%，"试点阶段"占比 9%，三项合计 39%［共 17 个国家（地区）］。其中，70%的国家（地区）针对"单一窗口"进行立法，60%的国家（地区）已经协调好贸易相关方加入"单一窗口"系统。已实现的"单一窗口"功能中，报关申报和贸易许可申领功能实现较全，其他功能还有海运和空运舱单申报、原产地证书申领、海关税费电子支付、退税业务等。

2022 年 2 月，联合国（UN）公布了 2021 年联合国数字和可持续贸易便利化全球调查报告。该报告提供了 144 个经济体的贸易便利化措施实施情况的最新和可比信息，旨在帮助各国更好地监测贸易便利化进展，对标并减少跨境贸易的时间和成本，分享好的创新做法。其中，"数字化贸易便利化"项下无纸化贸易措施采用了世界贸易组织（WTO）《贸易便利化协定》第 10.4 款"单一窗口"，"可持续贸易便利化"项下将"中小企业访问单一窗口"作为为中小企业提供的贸易便利化服务措施之一，"其他贸易便利化"项下将"贸易商可以通过单一窗口获得贸易融资"作为贸易融资便利化的措施之一，此外也有很多相关措施需要依托"单一窗口"来实现。由此可见，"单一窗口"在贸易便利、贸易融资和支持实体经济方面能够发挥重要作用，并且因此受到联合国（UN）机构的高度重视。

二、世界海关组织（WCO）

世界海关组织（WCO）有关标准和工具前面介绍了很多，这里主要介绍世界海关组织（WCO）在提出"单一窗口"定义及在全球海关界倡导实施"单一窗口"方面的情况。2005 年 6 月，世界海关组织（WCO）第 105/106 届理事会年会通过了《全球贸易安全与便利标准框架》（以下简称 SAFE 标准框架）。这是世界海关组织（WCO）几个重要标准和工具之一，其中明确提出各国（地区）官方部门应积极建设"单一窗口"，以实现国际贸易数据的无缝传输和国内、国际的风险信息交换。

全球范围内，大多数情况下，海关都是贸易通关领域的牵头单位，海关在牵头协调各相关政府部门共同参与实施"单一窗口"环境方面承担重要责任，因此世界海关组织（WCO）以联合国（UN）有关建议书为基础，为其成员编写了一份题为"单一窗口：对海关管理的影响"的文件，讲述了"单一窗口"环境发展对海关业务未来可能产生的影响，并且为该文件补充制定了"单一窗口"数据协调指导方针，提供相关数据协调和开发国际标准化数据集等工具。

世界海关组织（WCO）在"单一窗口"定义上也有很大贡献，并且倾向于使用"单一窗口环境"（SWE）一词。它认为，"单一窗口环境"是一种跨境"智能设施"，允许贸易和运输各方通过单一入境点提交主要以电子格式提供的标准化信息，以满足所有进出口和过境相关的管理要求。世界海关组织（WCO）认识到，为建立一个"单一窗口环境"，在关注复杂的技术问题之前，还应当审查政策、法律和行政框架等问题。

那么，"单一窗口环境"为什么是一种"智能设施"？其中，"智能"一词含义丰富，因为"单一窗口"不仅仅是一个数据交换机或一组设施的网关，也不仅仅是一个通过门户网站的统一访问点，它是为用户提供共享服务的工具。关税计算、协调风险管理、共享运营控制，以及协调机构间业务流程和工作流程等，都是共享服务的典型例子。

当然，"单一窗口"定义的特征仍然是"一次性提交"给官方部门，以便官方部门能够对货物、人员和所有运输工具的跨境流动（包括进出口和过境）实施监管。"一次性提交"意味着避免重复向政府机构提交同一条信息。"一次性提交"并不意味着要在一次数据传输中提交大量的信息，信息是可以通过多次传输来提交的，并且申报人可以根据跨境监管通关业务流程逻辑，以增量方式来提供数据。

"一次性提交"离不开信息和文件的标准化。"一次性提交"中的"提交"是指以法律规定的方式向跨境监管机构（CBRA）提供信息，并且接收跨境监管机构（CBRA）反馈的决定或通知。贸易商和政府机构之间，以及政府机构与政府机构之间的信息流通不仅是一方发布信息的行为，也是相关立法规定的一项重要行为。申报人向跨境监管机构（CBRA）提交信息应承担相应法律责任。

"单一窗口"业务流程是一组相关联的结构化活动，旨在实现贸易商和运输参与方等企业的一次性提交，然后还包括政府机构到企业的信息反向流动，这涉及跨境监管机构（CBRA）向申报人发布协调一致的回应，这一点也是"单一窗口环境"真正潜力的很好体现。

世界海关组织（WCO）也利用其作为海关界国际性组织的优势，积极推动各成员海关开展"单一窗口"建设，单独或联合其他国际性组织开展"单一窗口"实施能力建设培训，组织各成员"单一窗口"实施情况问卷调查，并且将各经济体（国家或地区）的"单一窗口"情况以地图的形式在其官方网站上展现。

此外，世界海关组织（WCO）的《经修订的京都公约》（RKC）被视为21世纪现代高效海关程序的蓝图。近几年世界海关组织（WCO）开始大规模开展《经修订的京都公约》（RKC）的修订工作，其中一条就是将"单一窗口"作为一项重要内容写入新修订的公约及其指南中，并且要与时俱进为"单一窗口"提供新的定义。中国海关与其他相关成员海关共提了"单一窗口"提案。

三、世界贸易组织（WTO）

世界贸易组织（WTO）对各成员实施"单一窗口"的推动作用非常明显。最主要就是将"单一窗口"条款写入了《贸易便利化协定》（TFA）。世界贸易组织（WTO）《贸易便利化协定》（TFA）第10.4款"单一窗口"项下各条明确写道：各成员应努力建立或维护"单一窗口"，使贸易商能够通过单一入境点向主管机关或机构提交单证及数据，以满足货物进出口和过境要求，待主管机关或机构审查单证和/或数据后，审查结果应通过该"单一窗口"及时通知申请人；如单证及数据要求已通过"单一窗口"接收，参与的主管机关或机构不得提出提交相同单证及数据要求，除非在紧急情况或其他已公开的有限例外情况下。[①]

世界贸易组织（WTO）的《贸易便利化协定》（TFA）是其成立20年后达成的首个多边货物贸易协定，同时也是全球第一个全面将海关事务作为主要内容，具有世界贸易组织（WTO）强制约束力的多边贸易协定，是多哈回合贸易谈判（Doha Round of World Trade Talks）启动以来取得的重要成果。自世界贸易组织（WTO）贸易便利化谈判启动以来，"单一窗口"就成为世界贸易组织（WTO）贸易便利化谈判组的一个重要议题，欧洲、美洲和亚洲一些国家和组织纷纷向大会提交了"单一窗口"议案。

2013年12月，《贸易便利化协定》（TFA）在世界贸易组织（WTO）巴黎部长级会议上通过。2017年2月22日，《贸易便利化协定》（TFA）正式生效，中国作为协定签字成员之一，承诺在协定生效起两年内实施国际贸易"单一窗口"。该协定要求各成员方通过在进出口和过境相关手续中建立"单一窗口"来简化通关手续和降低通关费用，也是各成员普遍认为该协定中实施难度最大的一项条款，通常被作为B类条款（即需要创造条件才能实施的条款措施）。从全球范围看，《贸易便利化协定》（TFA）的生效和实施意味着国际贸易程序将更趋简化和协调，货物流动、放行和结关速度将进一步加快，势必推动全球贸易和经济增长。

2015年9月4日，我国向世界贸易组织（WTO）提交批准书。2018年4月，我国向世界贸易组织（WTO）通报了我国实施《贸易便利化协定》（TFA）B类条款的有关措施安排，其中，《贸易便利化协定》（TFA）第10.4条"单一窗口"措施

---

① WTO. 2014. Trade Facilitation Agreement. Article 10.4.1. p.15."endeavor to establish or maintain a single window, enabling traders to submit documentation and/or data requirements for importation, exportation, or transit of goods through a single entry point to the participating authorities or agencies."

的最终实施日期为 2020 年 2 月 22 日。2019 年 8 月 7 日，世界贸易组织（WTO）根据《贸易便利化协定》（TFA）的规定，正式公布中国"单一窗口"措施已于 2019 年 7 月 19 日提前实施，比我国承诺的时间提前了 7 个多月。

2019 年 10 月，世界贸易组织（WTO）在日内瓦总部召开贸易便利化委员会 2019 年第三次会议，审议成员提交贸易便利化措施承诺类别情况。会议了解到，截至 2019 年 10 月 15 日，已有 146 个成员批准《贸易便利化协定》（TFA），占成员总数的 89%，另有 17 个成员未批准，主要为非洲地区的最不发达成员；通报 A 类、B 类、C 类承诺措施的成员分别为 118 个、97 个、87 个。会上包括中国在内，一些成员介绍了实施"单一窗口"的成功经验，也有一些成员表示实施"单一窗口"措施感到难度较大。

世界贸易组织（WTO）的 TFA 数据库也显示，截至 2023 年 6 月，全球已有 95 个成员不同程度地实施"单一窗口"，如图 8 所示。

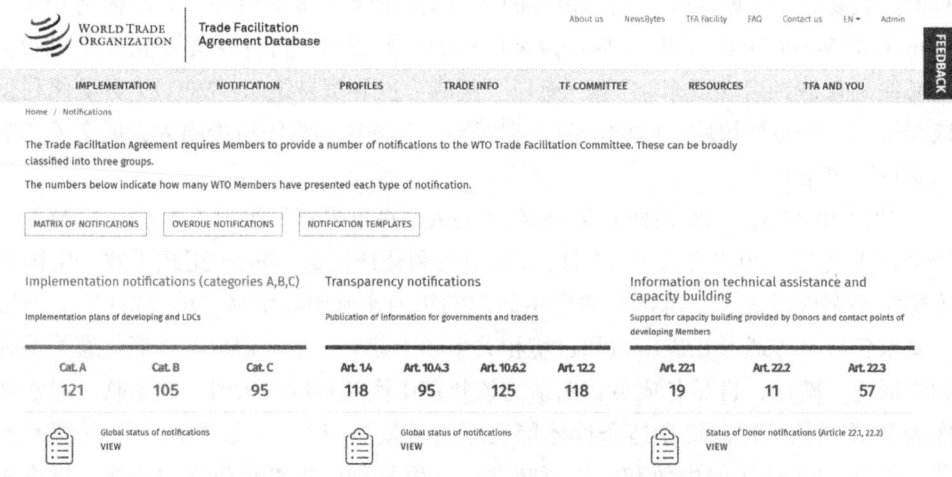

图 8 世界贸易组织（WTO）的 TFA 数据库

四、其他国际组织

亚太经济合作组织（APEC）是亚太地区重要的经济合作论坛，也是亚太地区最高级别的政府间经济合作机制，1989 年 11 月成立，共有 21 个成员。2006 年 9 月，亚太经济合作组织（APEC）通过议案成立以澳大利亚为项目牵头国的"单一窗口"工作小组，专门研究制定"单一窗口"项目的长远规划。2010 年，亚太经济合作组织（APEC）提出《努力在亚太经济合作组织各经济体建立单一窗口并努力实现和国际互联互通》建议书。2019年，亚太经济合作组织（APEC）贸易和投资委员会通过了推动国际贸易电子"单一窗口"互操作性行动计划，推动21个经济体对外贸易"单一窗口"一体化和贸易单证无纸化。

世界银行（WB）成立于1945年，是联合国（UN）的一个专门机构，由国际复兴开发银行、国际开发协会、国际金融公司、多边投资担保机构和国际投资争端解决中心五个成员机构组成。2011年，世界银行（WB）发布了《开发贸易信息门户指南》，其中"贸易信息门户"即指一个网络站点，贸易商通过该单一站点能够获得所有与国际贸易有关的法律法规所要求的信息，以满足具有出口、进口和过境等监管职能的政府部门的需要。因此，"贸易信息门户"的提法与"单一窗口"高度一致。世界银行（WB）此前每年发布的《营商环境报告》中，将各国（地区）实施"单一窗口"来促进贸易便利化的情况作为跨境贸易指标重要衡量因素之一，并且不定期开展各国（地区）"单一窗口"实施情况的调研。

亚欧会议（ASEM）成立于1996年，是亚洲和欧洲间重要的跨区域政府间论坛，旨在通过政治对话、经济合作和社会文化交流，增进了解，加强互信，推动建立亚欧新型、全面伙伴关系，截至2023年10月，有45个成员。2017年10月，亚欧会议（ASEM）在德国柏林举行第十二届亚欧会议（ASEM）海关署长会议，将"单一窗口"确定为亚欧会议（ASEM）海关2018—2019年度重点工作之一。2018年5月，在中国成都举行了第九届ASEM海关与商界对话会，这次会议上，亚欧会议（ASEM）海关和商界一致认为应继续深化"单一窗口"领域合作。

其他如联合国亚洲及太平洋经济社会委员会（UNESCAP）、亚洲开发银行（ADB）、欧亚经济联盟（EAEU）等组织，也都将"单一窗口"实施作为重要议题开展问卷调研和持续性交流研讨活动，并且在各自范围内设置试点项目计划，跟进计划进展。2022年5月，亚洲开发银行（ADB）发布《国家单一窗口指导说明》，提供了关于规划和实施电子"国家单一窗口"系统的信息，指出通过"单一窗口"处理国际贸易，可以减少货物放行时间和降低开展业务的成本，提高竞争力和效率，并且探讨了"单一窗口"系统的重要性、设计和实施路径，以及如何提升国际互操作性的方法。

第三节　各国政府积极推动

一、各国总体情况

"单一窗口"作为世界贸易改革新的浪潮方兴未艾。世界各国都将"单一窗口"作为提升国家竞争力的一种有效途径，使"单一窗口"一开始就受到世界各国政府的高度重视，并成为世界各国普遍接受的一种口岸和国际贸易管理模式。

世界主要发达国家积极推动本国"单一窗口"建设。例如，日本自1978年启动第一个电子通关系统——日本自动货运清关系统（NACCS），其后经过30年的努力建成以日本自动货运清关系统（NACCS）为核心的"单一窗口"。1982年，德国为解决汉堡港信息流通慢、成本高的问题，在汉堡港建立了"单一窗口"试点。新加坡最早于1989年开始建设贸易网（TradeNet）；同期，瑞典顺应信息技术的发展，建立了"国家单一窗口"。美国于1994年正式建设国际贸易数据系统（ITDS），后来又致力于将多个信息化系统整合，形成一个单一系统自动化商业环境（ACE），从而实现真正的"单一窗口"及大数据管理。

"一带一路"主要共建国家和地区也在积极行动。东盟于2003年通过实施"单一窗口"计划的建议书，2005年12月，东盟经济贸易部长会议签署了《建立和实施东盟单一窗口的协定》，新加坡最新版的"单一窗口"在2007年已经投入使用，文莱、印度尼西亚、马来西亚、菲律宾、泰国五国的"单一窗口"都已在2008年投入使用，另外四个东盟国家在2012年完成各自的"单一窗口"建设。

东欧和中亚各国也纷纷意识到建设"单一窗口"的重要性。俄罗斯在一系列国际和区域组织研讨会上都提交了建设成员国"单一窗口"的建议。哈萨克斯坦海关委员会专门向总统起草并递交了关于开展"单一窗口"建设的有关文件，提出具体工作设想并明确由海关牵头负责。吉尔吉斯斯坦、蒙古国也已专门成立国家协调委员会负责实施"单一窗口"。

有关部分国家的"单一窗口"实施情况详见后续章节，这里不再赘述。

二、主要建设模式

各国建设模式取决于本国口岸执法体制和模式，同时也随着各国口岸执法体制和模式的变化，在不同时期会有调整变化。归纳起来，国际上"单一窗口"建设主要有三种模式：

一是"单一机构"模式。即通过一个机构来处理进出口业务,协调并执行所有与进出境相关的监管,以瑞典为代表。

瑞典海关是该国唯一的边境执法部门,在边境上代表包括国家贸易署、农业署等多个政府部门执法,其"虚拟海关办公室"系统(以下简称 VCO 系统)将海关、国家税务局、国家贸易署、统计署、警署、国家战略产品监察署、国家债务办公室等政府职能部门的业务综合到一个虚拟窗口,可提供超过 150 种的电子服务项目。企业可以通过系统向政府监管部门提交电子数据,申请各类许可,获得政策法规及通关流程的最新信息。VCO 系统日均处理 10 万份电子数据信息,约有 1.2 万家企业、7000 人次使用。调查表明,有 80% 的用户反映该系统节省时间,54% 的用户反映节省资金。同时,政府执法成本通过该系统大幅降低。以出口退税为例,瑞典海关、瑞典农业署分别减少了 50% 和 40% 的单证处理时间。

二是"单一系统"模式。即通过一个系统整合、收集、使用并分发与进出口相关的国际贸易电子数据,以美国为代表。

美国海关于 2003 年 3 月 1 日对口岸执法资源进行重组,将原美国海关署大部分人员、移民归化局的移民检查和边境巡逻人员、检验检疫局的口岸执法人员合并组成美国海关与边境保护局(CBP),使其成为同时拥有海关、检验检疫和边检等职能的综合口岸执法部门,为实施"单一窗口"提供了机制保障。根据美国海关与边境保护局(CBP)的调查,美国不同贸易机构要求贸易商提交的单证、表格多达 300 多张,涉及将近 10000 多个数据项,其中包括大量重复数据,冗余度超过 90%。经过数据简化和标准化程序,美国制定了一个由不到 200 个数据元组成的国家标准数据集。在此基础上,美国海关与边境保护局(CBP)主导建立了自动化商业系统(ACE),将多个政府部门的系统整合在同一个平台,专门负责集中收集和分发企业向海关等多个部门提交的数据,而数据的审核处理则在各政府部门的系统中分别进行和完成。该系统不仅能使企业更好地管理其交易信息,还有助于加速合法贸易的通关速度,提高供应链管理的可视性。

三是"公共平台"模式。即贸易商可以通过一个公共平台向不同监管机构一次性申报,上述机构通过该平台将处理结果以电子方式传输给贸易商,以新加坡为代表。

新加坡于 1989 年启用了基于电子数据交换(EDI)的贸易网(TradeNet)公共平台。该平台采用统一的格式描述海关等监管机构需要的全部信息。在此基础上,以"单一窗口"的方式向贸易商提供从通关到放行的一站式服务,用户可以通过互联网登录平台,仅需填写一张电子表格就可以同时向不同监管机构申报和提交单证数据。贸易网(TradeNet)实现了贸易商与监管机构之间的全天候电子信息数据交换,以前一个需 2 ~ 7 天才能获得批准的申请,现在平均只需 10 分钟即可完成,应当缴纳的税费也会通过网上银行实现自动扣缴，不仅降低了贸易商的交易成本，也增强了海关和其他监管机构的执法统一性、透明度和可预见性。

三、主要运营模式

国际上"单一窗口"的运营模式大致可分为国家运营（政府部门或国有企业）、民企运营和联合运营三种模式。

一是国家运营模式。美国、瑞典、芬兰、马来西亚等国家采用该模式。美国"单一窗口"的运营主体为美国海关与边境保护局（CBP），用户可免费使用，运营费用从政府财政拨出的 ACE 系统开发专项经费中支出。瑞典"单一窗口"的运营主体为瑞典海关，用户可免费使用，运营费用从各相关政府机构预算中支出。芬兰"单一窗口"的运营主体为海事局，用户可免费使用，运营费用从海事局和海关预算中支出。马来西亚"单一窗口"的运营主体为国有的大港网络科技公司（DNT），用户需缴纳使用费和单证费方可使用。

二是民企运营模式。德国采用该模式。德国"单一窗口"的运营主体为DAKOSY 股份有限公司，用户需缴纳电子数据交换费方可使用，如果用户使用了附加服务还需要缴纳附加服务费。

三是联合运营模式。典型国家包括新加坡和日本。新加坡第一代"单一窗口"——贸易网（TradeNet）的运营主体为劲升逻辑公司（Crimson Logic），政府（单证服务局）负责用户准入注册，用户需缴纳注册费、会员费和使用费方可使用。日本"单一窗口"是将自动货运清关系统（NACCS）、港口交换数据接口系统（以下简称港口 EDI 系统）和入境管理局的船员登录许可签证系统连接，用户既可以通过自动货物通关系统（NACCS）、也可以通过港口 EDI 系统进行单证的递交。港口 EDI 系统的运营主体为日本海关及关税局，自动货物通关系统（NACCS）为日本海关及关税局和民营企业共同运营，用户需缴纳申报费、进港费和载货清单费方可使用。

部分国家（地区）单一窗口建设运营情况见表 3。

表 3　部分国家（地区）单一窗口建设运营情况对比

	建立时间	建设模式	运营模式		建立时间	建设模式	运营模式
瑞典	1989	单一机构	政府运营	瑞士	2022	单一机构	政府运营
美国	1996	单一系统	政府运营	吉尔吉斯斯坦	2009	单一系统	政府运营
芬兰	1994	单一系统	政府运营	韩国UNIPASS	2006	公共平台	政府运营

续表

	建立时间	建设模式	运营模式		建立时间	建设模式	运营模式
新加坡	1989	公共平台	联合运营	韩国 uTradeHub	2006	公共平台	联合运营
日本	1978	公共平台	联合运营	新西兰	2015	单一系统	政府运营
德国	1982	公共平台	企业运营	印度 尼西亚	2009	公共平台	政府运营
马来西亚	1994	公共平台	政府运营	泰国	1998	公共平台	联合运营
柬埔寨	2019	单一系统	政府运营				

　　"单一窗口"的用户几乎涵盖所有与国际贸易相关的机构，主要包括政府部门（数据接收方）和企业（数据提交方）两大用户群体。其中，政府部门更主要是以"单一窗口"共建参与方存在的，主要包括口岸管理部门、查验监管部门、商务部门、税务部门、统计部门、港务管理部门、农业部门等；企业是大量、频繁使用"单一窗口"的用户群体，主要包括贸易商、报关经纪人、货运代理人、承运人、港务服务商、银行及金融机构、保险公司等。

　　"单一窗口"在使用要求上也可分为强制使用、自愿使用和部分强制使用（也可称为指定条件强制使用）三种情况。新加坡、马来西亚、芬兰等强制推广使用"单一窗口"；美国、日本等允许企业自愿选择是否使用"单一窗口"；瑞典、德国等是部分强制使用"单一窗口"。例如，瑞典规定涉及运输流程的报关须强制使用"单一窗口"，其他情况为自愿使用；德国规定危险品运输申报和出口申报须强制使用"单一窗口"，其他情况为自愿使用。

　　另外，从各国（地区）"单一窗口"运营主体、用户情况和使用情况来看，采用政府运营和联合运营模式的运营主体基本上是以该国（地区）海关为主。许多国家将海关视为"单一窗口"建设的核心、牵头部门，认为海关机构应当主导"单一窗口"开发和实施。而在有些国家（地区），海关作为口岸的核心执法部门，其所承担的职责也不再限于海关传统业务本身，逐渐延伸到如移民、农业、环保、海洋安全等新领域，海关牵头"单一窗口"建设显得更为重要。

　　联合国贸易便利化与电子业务中心（UN/CEFACT）在制订第33号建议书时考察了12个国家（地区）的贸易"单一窗口"系统，其中海关主导建设和管理的有7个，占58%。世界海关组织（WCO）成员海关也普遍认为，各成员海关作为口岸执法部门之一，应在"单一窗口"建设中发挥关键作用。世界海关组织（WCO）统计显示，世界海关组织（WCO）的174个成员海关中有154个成员海关递交了实施意向书，占成员海关总数的89%，可见海关在"单一窗口"建设中的重要地位。

四、主要建设经验

关于"单一窗口"实施，国际上一般认为会面临诸多挑战，不仅涉及技术方面，还涉及政策上的支持、领导层的长期关注、跨部门的制度协调、各参与方期望的有效管理、业务流程、架构模型、数据与业务的互操作性、法律和财务问题等，如图9所示。

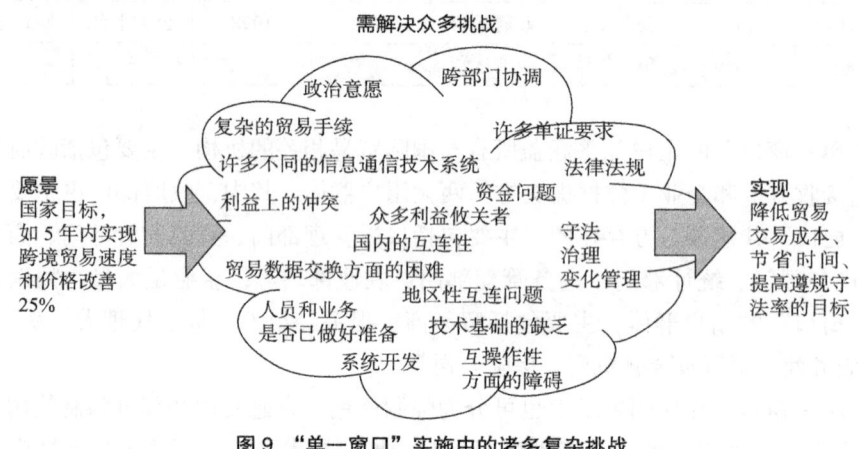

图9　"单一窗口"实施中的诸多复杂挑战

概括起来，各国（地区）"单一窗口"建设经验主要有以下几点：

一是政府领导层的强烈意愿和政治决心，并有充分的立法保障。"单一窗口"的实施，涉及政府内部各管理部门之间的利益协调问题。因此，政府推动"单一窗口"的强烈意愿和政治决心，是决定"单一窗口"建设能否成功的关键因素之一。同时还要注意到，新的制度安排不能减损相关部门各自的权力和职责。比如，海关作为"单一窗口"主要推动者，常常会被其他部门误解为借助"单一窗口"间接"扩权"。面对可能出现的这种偏见，既要有强有力的领导层，也需要产业界（企业和商界）出面进行适当解释。在法律领域，需要考虑的问题是多方面的且非常重要的。例如，各部门之间需要就建设"单一窗口"来建立工作机制或签订某种协议，并且协议中应当明确建设"单一窗口"可能引发的权责问题。

二是主责部门的主导协调和牵头实施。为顺利实施该项目，需要有一个经政府充分授权的部门作为组织者、推动者，并在项目的建设和实施过程中加强组织协调，发挥主导作用。从各国（地区）的情况看，"单一窗口"建设过程都由跨部门的委员会来管理，委员会成员来自政府主要部门和企业，主席均为政府高层官员。例如，美国成立了一个由多个政府部门参加的委员会负责实施该计划，委员会根据总统授权负责与政府有关部门的协调、做出项目计划和管理的重大决策，委员会下设项目办公室，负责监督、跟踪项目的进展情况。在此机制下，口岸执法合作变得尤为重要，它能使国际通用和法律规定的数据在国内和国际层面上无障碍地互换，并交换风险情报。

三是政府与商界良好的合作关系。"单一窗口"为政府各部门之间的合作、政府与商界之间的合作搭建了一个平台，因此在"单一窗口"的立项、评估、设计等整个过程中，要广泛听取商界的意见，充分调动其参与项目的积极性。"单一窗口"建设是为了便利进出口贸易，简化手续，降低成本，结果可能导致政府各口岸管理部门职能、机构、工作流程的重新调整。"单一窗口"以便利企业为出发点的性质，决定了它会使包括海关在内的各口岸执法部门之间及其与贸易和物流界之间的互动方式发生重大变化。

四是立足本国（地区）实际情况，分步组织实施。"单一窗口"的实施应充分考虑相关部门的利益协调、法律法规调整和科技发展水平等因素，通过分阶段、分步骤实施，使相关部门逐步增强互信，最大限度地接受"单一窗口"管理机制。许多国际组织都承认，"单一窗口"的内涵不是全世界都一样的。发达国家、发展中国家基础条件不同，发展阶段不同，内部管理复杂度不同，在实施"单一窗口"的起点、方式和架构等方面均会有所不同。在符合"单一窗口"理念的前提下，只有基于本国（地区）实际情况的最佳实践，没有放之四海而皆准的统一做法。

五是单证电子化和数据标准化。报关单、进出口许可证及其他随附单证的电子化是实现"单一窗口"的重要环节。为确保"单一窗口"功能的实现，必须对相关政府部门要求的单证和数据元进行整合，在参考国际通行标准和规则的基础上，建立统一的数据格式和标准，使得"单一窗口"系统运作顺利并可以和其他国家的系统实现对接，使信息在国际共享。为解决数据协调问题，世界海关组织（WCO）开发出"WCO数据模型"（WCO/DB），数据模型3.0版更适用于"单一窗口"环境。

五、主要实践做法

除上述主要经验外，为确保"单一窗口"能够成功实施，还需关注以下几点工作方法：

一是要有丰富的项目管理经验。"单一窗口"实施涉及由跨境监管机构（CBRA）、港口码头、机场货站等各方共同执行的多个相互关联性项目。为了能使各机构通力合作实现共同建设目标，项目管理单位的负责人需要具有丰富的项目管理经验和能力，确保各相关方实施活动的协调和同步。

二是要开展能力建设。通过能力建设，确保各方具有共同的项目管理认知和统一的项目章程，针对项目规划、项目控制、变更管理、项目收尾等关键流程和环节采取一致行动，并能组织调动相关资源。项目团队成员应具有业务分析、数据协调、流程再造等方面的能力。

三是要寻求海关支持。海关部门显然是"单一窗口"最重要的利益攸关方，"单一窗口"的实施需要海关的深度参与，因此必须从海关获得最大可能的支持。经验表明，这一过程可能非常艰难，但如果海关了解了"单一窗口"的作用及可能为海关业务带来的好处时，海关一般都会提供支持的。

四是要寻求高层决策者的认同。要建立固定的机制，确保高层决策者能够参与进来，一方面是对"单一窗口"实施进展情况保持知情，另一方面是为"单一窗口"所需支持事项提供决策帮助。

五是要做好试点测试工作。任何具体应用项目都要在上线前进行试点测试，组织少数用户（如报关行、船务代理等）使用进行验证，并且根据测试反馈的情况进行修改完善。

六是要分阶段分步骤实施。按照先易后难的原则，通常分为3～5个阶段组织实施，每个阶段最好不超过一年。将交付时间缩短，有助于及时兑现承诺和提供支持，增强项目所有相关方的信心。要合理控制需求蔓延的范围。利益攸关方认识到"单一窗口"的作用后，往往会提出更多的功能需求，但为了掌控项目实施的节奏，确保如期完工并增强项目信心，需要控制这类需求的无限延伸。

七是明确各供应商的责任。采购"单一窗口"系统最好以"交钥匙"的方式，否则如果将软件和硬件分别单独投标，在管理交付物方面会带来诸多麻烦，因为软件供应商的问题会推诿到硬件供应商，反之亦然。不如采用"交钥匙"的方式，由唯一供应商负责，这样可明确问题解决的责任主体。即便如此，也不可能完全没有其他问题。

八是要培养自身小规模开发团队。无论从避免被单一提供商"拿捏"的角度，还是从确保"单一窗口"功能实现未来可持续拓展增强的角度，这样做都是必要的。

九是要有企业用户的参与。企业用户要在项目整个生命周期中持续参与，第一，确保项目功能能够满足企业用户的需要，兑现服务承诺；第二，能够清楚明白项目功能为企业用户带来哪些增值和好处；第三，在验收测试阶段邀请企业用户代表自愿参与测试，也有利于为后期编制操作指南和培训服务。

十是要加强品牌宣传。"单一窗口"的引入会极大地改变对外贸易和运输界的业务运行方式，应当对政府和企业等相关方宣传有关建设计划、建设内容及其效益影响。加强品牌宣传有助于吸引和保持相关方的注意力，扩大"单一窗口"的社会影响力，消除可能的误解，增加用户接受度。

第三章

国际"单一窗口"
实践

第一节　亚洲和太平洋

一、新加坡"单一窗口"

（一）政府主导

新加坡是世界上最大的转口贸易港之一，得天独厚的地理环境和自由贸易港政策使新加坡与全球各地关系密切。由于实施"贸易立国"的政策，新加坡政府一直高度重视"单一窗口"建设，将其作为改善贸易投资环境、强化新加坡贸易中心地位、巩固提升其国家竞争力的关键举措。早在 20 世纪 80 年代，新加坡政府就推行贸易审批流程简化制度，制定了"国际贸易信息化计划"，强力推动新加坡"单一窗口"建设。

（二）共同推进

为组织好"单一窗口"实施，新加坡政府成立多个责任制委员会，分工协作、共同推进，并指定强有力的主办机关，使其获得法律授权和政治、人力、财力等方面的支持，能居间协调各个参与机构，主导计划执行和各阶段的监管。同时，新加坡成立由政府部门、协会和商界组成的跨部门委员会来管理"单一窗口"建设全过程。

（三）客户导向

新加坡通过实施"单一窗口"，为贸易伙伴及各参与方搭建起便利信息交流互动的平台。具体包括以下四个方面：一是企业对企业（B2B），贸易合作伙伴通过该平台和相关应用，最大限度地共享实时数据，实现共享服务式"单一窗口"；二是企业对政府（B2G），通过该平台的创新性服务，加强企业与政府各部门的信息交流，满足多变环境下灵活共享需求；三是对海关和其他监管部门（G2G），提前获取企业对企业（B2B）贸易往来信息，通过数据共享和相互印证，实现快速通关和严密监管；四是对中小企业（SME），为中小企业和不具备供应链管理的机构提供供应链管理云服务，帮助企业管理订单、货物和运输。

（四）分步实施

新加坡"单一窗口"建设能够根据不同发展阶段制定相应规划，明确阶段目标和定位，总体呈现"决策稳、行动快"的发展思路。

第一代"单一窗口"——贸易网（TradeNet）。贸易网是新加坡海关第一代"单一窗口"，它基于电子数据交换（EDI）系统，目标是建成电子通关"单一窗口"，于 1988 年 10 月投入使用，至 2007 年 10 月推出 TradeNet 4.0 版本，实现 100% 贸易通过该系统申报。作为连接贸易界与新加坡海关和其他贸易监管机构的 IT 平台，包括许可申请在内的海关程序都可以在 TradeNet 上完成，所有的贸易申报都向该系统提交并在该系统办理。新加坡每笔进口货物都需要进口许可（继续留在自由贸易园区或转运至其他国家的货物除外），因此企业必须在进口前获得进口许可证，根据新加坡的放行时间研究（TRS，2018 年），提交给 TradeNet 的海关许可证申请通常在 10 分钟内获得批准，许可证申请费用通常为 2.88 新加坡元。企业开展进出口业务需向企管部门备案并获得统一机构代码，然后激活海关账户。

第二代"单一窗口"——商贸通（TradeXchange）。它由新加坡海关、新加坡信息通信发展局、经济发展局和标准、生产力与创新局（SPRING）共同实施，以 TradeNet 4.0 版为核心组件，目标是建成"贸易＋物流"综合信息平台，于 2007 年 10 月投入运行，是新加坡全国范围的贸易信息交换系统，奠定了新加坡全球综合物流及相关行业中心地位。商贸通可通过单一数据交换平台整合贸易流程，并且将单证和信息以业界接受的标准格式流转，从而减少数据重复录入，降低差错率，使贸易相关流程更加高效。2021 年以来，增加的新服务包括商贸通（TradeXchange）原产地电子数据准备服务、许可证报表服务和资料存放服务等。

第三代"单一窗口"——互联网贸易平台（NTP）。它是新加坡最新一代的"单一窗口"，于 2018 年 9 月投入使用。通过旧平台向贸易和物流商提供的服务已于 2018 年 5 月迁移至互联网贸易平台（NTP）。通过互联网贸易平台（NTP）提供的政务服务包括 TradeNet 注册、进口许可证申请、优惠原产地证书电子提交与交换、未再加工证明的电子申请与检索，以及随身携带出口货物的数字海关签注。互联网贸易平台（NTP）除了为企业对政府（B2G）交易提供一站式门户，还提供了企业对企业（B2B）贸易相关服务的生态系统。它使企业能够与合作伙伴和政府共享数据和文档，并在后续操作中复用数据，从而减少重复性数据项，加快贸易相关流程效率。互联网贸易平台（NTP）有效降低了中小企业数字化门槛，提高供应链连接便利性，助力全行业数字化转型，为行业提供业务增长机会，是连接新加坡内外价值链所有主体的一站式贸易和物流生态系统，最终将会发展为国家贸易信息生态系统。新加坡"单一窗口"网站首页如图 10 所示。

图 10　新加坡"单一窗口"网站首页

（五）注重效果

新加坡"单一窗口"真正实现了贸易商与监管机构间全天候电子数据交换和业务办理，不仅降低了贸易商的交易成本，也增强了海关和其他监管机构的执法统一性、透明度和可预见性。有资料显示，通过新加坡"单一窗口"，企业可节省40%~60%的费用，政府机构可节省50%的费用。鉴于新加坡整个国家"公司化管理"特点，政府通过设立国有独立公司负责运营"单一窗口"，费用由贸易商支付，不产生政府财政支出。

（六）广泛合作

新加坡积极参与区域级尤其是东盟区域内贸易便利化倡议。例如，新加坡一直支持"东盟单一窗口"（ASW）倡议，并在东盟货物贸易协定（ATIGA）框架下参与 ASW 试点项目，推动 ASW 与中国、美国、日本、韩国等贸易重点国家"单一窗口"合作。

"东盟单一窗口"（ASW）倡议旨在通过自动数据交换缩短货物通关作业时间。新加坡是东盟的活跃成员，在 2018 年担任东盟主席国期间，为提高东盟的商业和投资吸引力而完成了多项举措：一是"东盟单一窗口"（ASW）于 2019 年 12 月投入使用，所有东盟成员国通过该系统交换《东盟货物贸易协定》（ATIGA）项下电子原产地证书；二是 2020 年 9 月实施东盟范围内的"自我认证"计划，为企业节省时间和成本；三是《东盟电子商务协定》《东盟服务贸易协定》《东盟全面投资协定》等措施，提高了数字联通性，改善了东盟市场准入，促进了服务业增长，减少了投资障碍。

为推动实现东盟经济共同体（AEC）愿景，新加坡还参与了东盟的以下贸易便利化举措：一是东盟海关过境系统，允许企业通过单一海关手续和运输行程，实现货物在"东盟单一窗口"（AMS）范围内更自由的过境陆路运输，囊括柬埔寨、老挝、马来西亚、泰国、新加坡和越南六国；二是通过开展互认安排，避免重复检测并减少时间和成本；三是最终实现涵盖区域电子商务生态系统的单一"东盟数字经济体"；四是东盟全面复苏框架（ACRF）。

新加坡长期支持贸易便利化倡议，率先批准世界贸易组织（WTO）《贸易便利化协定》并且已经实施了该协定的所有规定。新加坡继续实施其贸易便利化和基于风险的综合系统（TradeFIRST），根据该系统，海关将企业按照五级分类管理实施贸易便利化措施。新加坡还率先实施贸易信任计划（TradeTrust），即由一系列全球公认标准组成的框架，旨在促进国际贸易和物流中单证的数字化及互通性，以及一套连接到区块链主干信息技术基础设施的软件组件。贸易商、公共机构和私营机构都可通过贸易信任计划（TradeTrust）搭建一个全球信任合作伙伴网络，用于跨境交换和验证数字贸易文件。其最终目标是使贸易伙伴国之间的商品流通更加顺畅，减少因使用纸质单证导致的效率低下和复杂流程，使跨境贸易更加简便安全。

新加坡还基于互联网贸易平台（NTP）建设全球互联网络平台，广泛开展互联互通国际合作，为区块链、人工智能等新技术提供了绝佳的应用场景，并于 2018 年 11 月与中国海关总署签订了"单一窗口"合作框架协议，于 2021 年 12 月与中国海关总署签署了《"单一窗口"互联互通联盟链合作备忘录》。

二、日本"单一窗口"

日本自 1978 年启动第一个电子通关系统——空运 NACCS，经过 40 多年的努力，逐步建成了以海关 NACCS 系统为核心系统的"单一窗口"。实施过程中，NACCS 核心系统功能、领导机构与运营主体，以及立法先行、动态修订的"单一窗口"法律保障，是其成功的关键因素。

（一）政府主导，市场运营

日本"单一窗口"（NACCS）是由日本海关主导并推动的。同时，在政府职能以外，考虑到现代进出境通关程序的服务性，采取了市场导向的做法，以公司运作主体来实现其"单一窗口"系统的高效、务实、便利的运行与服务，将海关从繁重的系统运作中解脱出来，能够更加专注于通关管理职能。

日本"单一窗口"的实际运营主体是 NACCS 中心，其作为政府认可的法人始建于 1977 年，当时由日本政府和民间企业共同出资设立。1991 年 10 月 1 日，该机构的法人名称改为通关信息处理中心。2008 年 10 月 1 日，随着 NACCS 系统的进一步整合及私有化发展，改为由政府资助的公共实体机构，正式命名为进出口货物与港口信息处理中心株式会社，本部设在神奈川县川崎市。通过私有化和市场化运作模式，NACCS 中心对市场有高灵敏度和灵活反应力，能够更加注重其服务性，向客户提供更加高效、便利的服务。日本"单一窗口"网站首页如图 11 所示。

图 11　日本"单一窗口"网站首页

此外，NACCS 中心在满足本国"单一窗口"建设的同时，还积极支持越南（2014 年 4 月）、缅甸（2016 年 11 月）等其他发展中国家政府开展"单一窗口"建设，提供方案咨询和技术协助等，有关项目由日本国际协力机构（JICA）援助执行。

（二）立法先行，动态修订

日本"单一窗口"建设坚持立法先行。1978 年 8 月，最初的空运 NACCS 系统运行之前，日本颁布了《空运货物海关程序特别法》（以下称《NACCS 特别规则法》），为海关程序电子化提供了法律基础。《NACCS 特别规则法》随着 NACCS 系统和"单一窗口"的发展多次修订以适应最新变化，直至 1991 年 10 月，更名为《电子数据处理系统海关程序特别法》。同时，还为 NACCS 中心作为经授权组织的合法成立与运作提供了法律依据。2001 年通过了《特殊法人等改革基本法》，为 NACCS 中心提供了专门性法律基础与运作规范。

（三）立足核心系统，不断整合优化

1. 早期海关信息化时期

20 世纪 60 年代开始，日本经历了长达近 50 年的外贸快速增长时期，再加之后来航空技术的不断进步，使航空运输货物量快速增加。解决人员不足和贸易快速增长之间的矛盾、如何快捷处理通关事务，成为摆在日本海关等边境执法部门面前的重要课题。为此，日本财务省早在 20 世纪 60 年代末即着手研究电子化通关程序，1971 年启动空运进口货物自动化通关程序开发。1978 年 8 月，日本第一个货物进口程序自动化系统——空运 NACCS 投入运营，并进一步扩展至整个日本的出口申报和航空器到达/离港通知。1991 年，日本"海运 NACCS"投入运行，并于此后推广到全国海运口岸。2001 年 8 月 28 日，日本财务省启动盐川计划，改革日本国际物流业，将 NACCS 与其他自动化贸易管理系统整合成统一的界面系统，目标是实现一次性提交所有所需贸易单证，并行处理不同部门的监管审批。该系统被命名为日本货物与港口自动化综合系统（Nippon Automated Cargo and Port Consolidated System，同样称为 NACCS）。

从 1990 年开始，日本海关着手开发海关内部风险管理系统"海关智能化数据系统"（以下简称 CIS 系统），通过采集汇总企业法人信息、近三年进口通关数据、海关查验信息、申报违规信息、后续稽查审计结果、可疑进口商信息、国外可疑出口商信息、申报数据与海关监管结果二者差异信息和关员认为有价值的其他数据，作为风险评估的参考依据，使 CIS 系统成为海关 NACCS 运作的执法能力保障。

2. "单一窗口"建设时期

日本"单一窗口"以早期海关 NACCS 系统为基础,于 1997 年正式启动建设,经过四次大的升级改造,不断整合优化口岸其他部门系统并拓展功能,已发展为社会公私各部门共同使用的稳定可靠的系统、经济贸易领域运行高效的公共基础设施,以及兼具口岸行政执法和物流服务功能的综合信息平台。

在建设初期,日本"单一窗口"先将海关 NACCS 纳为核心系统,后于 1997 年 2 月实现与厚生劳动省处理食品检疫程序的食品自动化进口通知与检验网络系统(FAINS)连接,实现进出口人或通关业者可以在一台 PC 机上同时接入 NACCS 和 FAINS 两个系统。此后,日本"单一窗口"又先后与农林水产省的动物检验检疫程序自动化系统(ANIPAS)、植物检疫网络系统(PQN),以及处理进出口许可证的日本贸易控制电子开放式网络系统(以下简称 JETRAS 系统)连接。1999 年,NACCS 功能扩展到进出港口程序,与港口经营者共建"港口 EDI 系统"。2003 年,NACCS、港口 EDI 系统与移民机构的船员上岸许可支持系统(CLPSS)连接,通过 NACCS 或港口 EDI 系统均可向后者提交文件并被复制传输到其他系统。2008 年 10 月,国土交通省的"港口 EDI 系统"并入 NACCS。2010 年 2 月,空运 NACCS 与海运 NACCS 两个子系统合二为一,同时经贸产业省的 JETRAS 系统也并入 NACCS。NACCS 不仅整合了多个跨部门的进出境程序系统,还具有外汇调整、税收计算、资金的电子转账等诸多功能。

日本"单一窗口"已整合近 10 个公、私部门的 8 个进出口及港口管理程序高级系统,是"单一系统"建设模式的典范。在这一高效运作的"单一窗口"平台上,NACCS 系统发挥着核心系统的作用。NACCS 系统以海关 NACCS 为基础,将除几个检疫程序系统外的进出口和港口系统都并入进来,以财务省的海关为领导部门,整合包括经贸产业省、国土交通省、移民局、司法部、港口经营人等其他部门的货物进出口通关、进出口许可、船舶和飞机出入港(如泊位申请、危险货物申报)、进出口贸易货物的食品卫生手续、动植物检疫手续、境外人员入境与检疫、舱单、旅客清单、船员清单等程序。此外,NACCS 系统还与重点进出口企业架设直连专线,保障日常大量数据信息的传输速度。

日本"单一窗口"发展历程详见图 12。

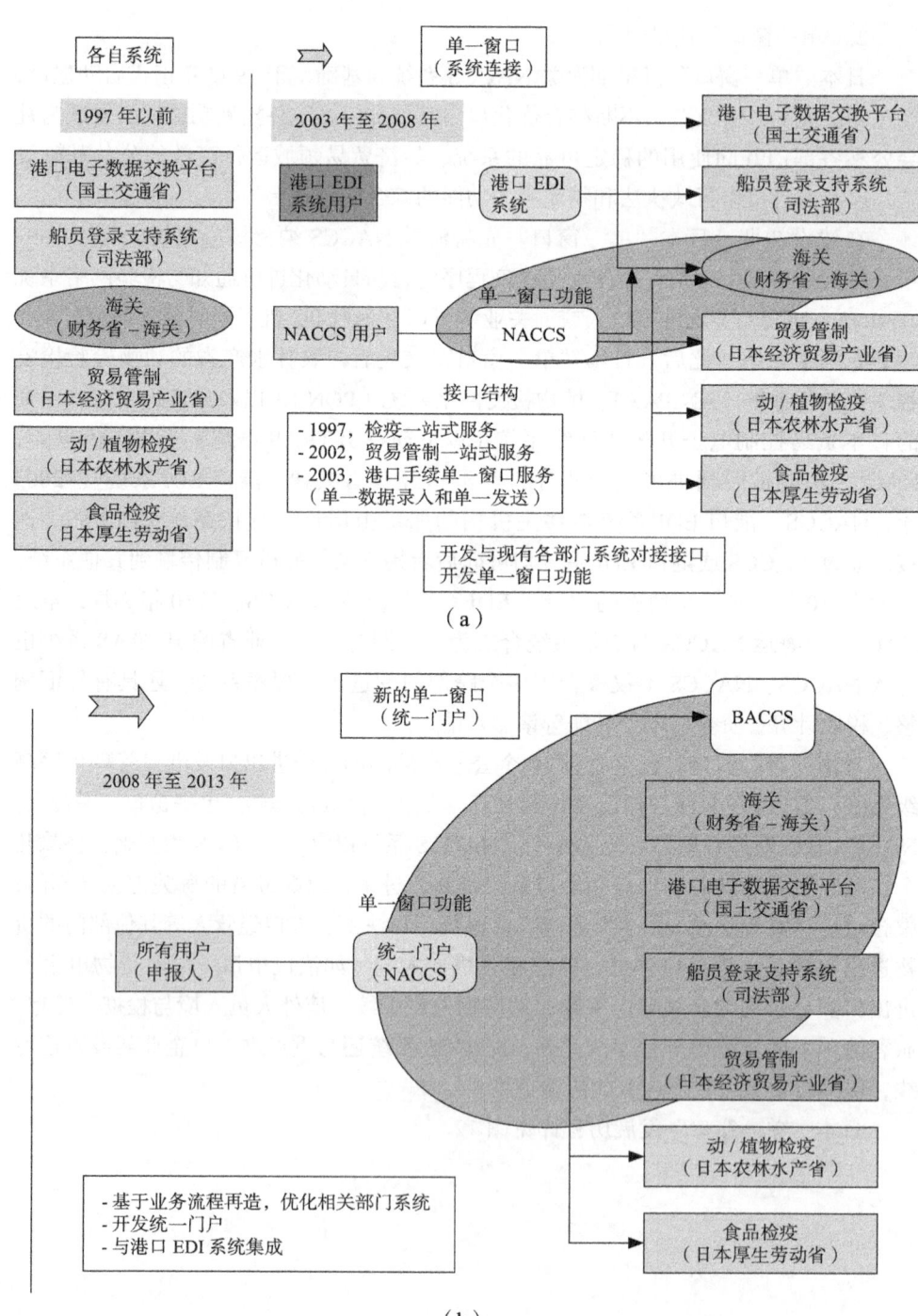

（a）

（b）

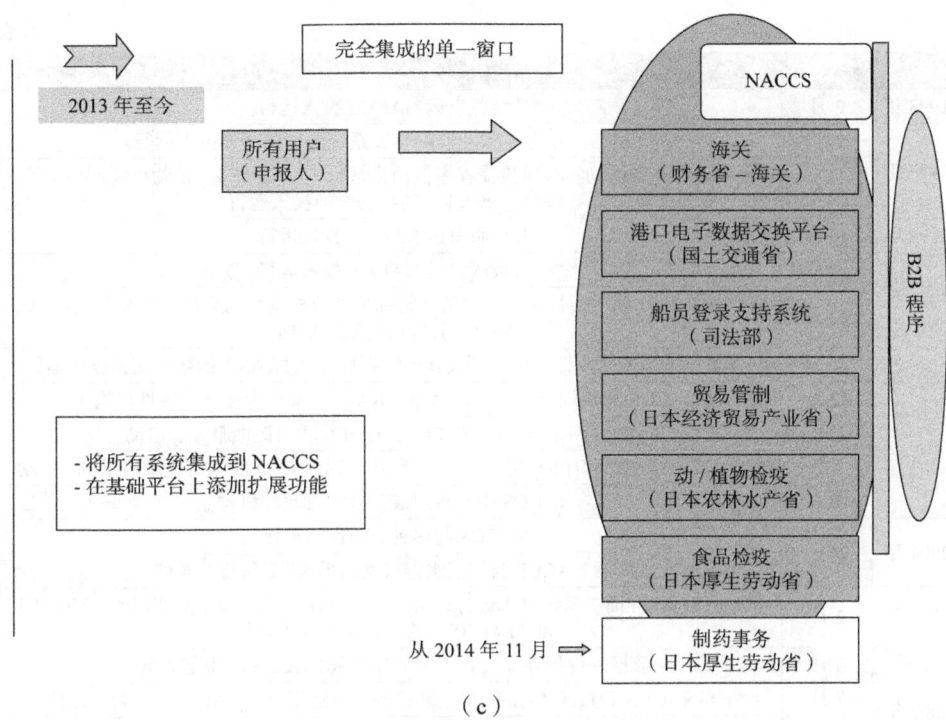

图 12 日本"单一窗口"发展历程

（四）注重实施效果

NACCS 核心系统成功高效运行，大大节省了商界的贸易成本和公共部门的管理成本。因此，虽然对商界而言，选用 NACCS 系统来履行进出口程序是一种自愿选择，但是该系统的贸易便利化效果使得日本近乎 100% 的进出口申报选择了 NACCS 系统，进口程序所需时间由 1991 年的 168.2 小时（7.0 日）缩短至 2018 年的 61.9 小时（2.6 日）。日本"单一窗口"演进过程中的重要时间节点见表 4。

表 4 日本"单一窗口"演进过程中重要时间节点

年度	月份	事项
1977 年	5 月	国会通过《空运货物海关程序特别法》（简称《NACCS 特别规则法》）。
	10 月	NACCS 中心成立。
1978 年	8 月	空运 NACCS 进口系统开始运行。
1985 年	1 月	空运货物进出口整合系统（the Integrated Import/Export Air Cargo System）开始运作；直接接口（界面）系统开始运行（私人出口业务）。
1991 年	3 月	《NACCS 特别规则法》修改为以电子数据处理系统处理进出口有关业务法案。
	7 月	根据《NACCS 特别规则法》，日本空运货物通关系统运营组织改名为日本自动化货物通关系统运营组织。
	10 月	海运 NACCS 投入运行。

单一窗口　理论、实践与思考

续表

年度	月份	事项
1993 年	2 月	升级版空运 NACCS 投入运行。
1997 年	2 月	与健康、劳动与福利部 FAINS 系统的数据交换投入运行。
	4 月	与农林水产省的动物检验检疫程序自动化系统（ANIPAS）、植物检疫网络系统（PQ-Network）的数据交换投入运行。
1999 年	10 月	升级版海运 NACCS 投入运行。
2001 年	10 月	升级版空运 NACCS 投入运行。
	12 月	根据内阁 2001 年 11 月 19 日通过的《特殊公共机构重组与合理化计划》，NACCS 转型为独立的行政性机构。
2002 年	11 月	与经贸工业部的贸易监管电子开放式网络系统（JETRAS）的数据交换投入运行。
	12 月	《NACCS 特别规则法》局部修改（NACCS 重组为独立行政性机构）。
2003 年	3 月	NACCS 网络版（netNACCS，通过互联网提供服务）启动。
	7 月	进出口或口岸相关程序的"单一窗口"系统（连接 NACCS 与有关政府系统）启动。
	10 月	NACCS 中心重组成为独立行政性机构。
2004 年	3 月	NACCS 与多种支付网络连接。
	9 月	海运 NACCS 与"清水港口网络系统"（私营）连接。
2005 年	2 月	升级版接口（界面）系统投入运行；与国土、基建、交通与旅游部门的"MOTAS"和"LMVIS"的数据交换投入运行。
2007 年	3 月	数据处理指导委员会开发了升级版 NACCS 的规范大纲。
	7 月	海运 NACCS 和日匹（Hibiki）集装箱码头营运系统（CATOS，私营）连接。
	12 月	根据内阁 2007 年 12 月 24 日通过的《独立行政机构重组和合理化计划》，NACCS 中心将私有化为特殊的企业。
2008 年	4 月	NACCS 中心正式加入泛亚电子商务联盟（Pan-Asian e-Commece Alliance，PAA）。
	5 月	《以电子数据处理系统处理海关程序特别法》修改为《电子数据处理系统的海关程序特别法》（行政性机构 NACCS 中心的私有化）。
	10 月	NACCS 中心重组为股份公司。 升级版海运 NACCS 投入运行。 进出口程序和口岸相关程序的接口系统投入运行。 实时账户转移（直接方式）方式启动。
2010 年	2 月	新 NACCS（整合了空运 NACCS 和海运 NACCS）投入运行。 贸易监管子系统投入运行。 空港到达/启运程序的"单一窗口"系统启动。 为了传送预报旅客信息（API），将 SITA 与 NACCS 连通。
2013 年	10 月	动物检疫、植物检疫和食物卫生加入"单一窗口"。
2014 年	3 月	为了日本预提交规则通过 NACCS 向海关提交舱单信息投入运行；为了从海外的信息提交人处接收信息，NACCS 与各服务提供人连通。
	4 月	NACCS 型系统（VNACCS）在越南开始运行，该系统是在 JICA 项目下，NACCS 中心致力研发的。
	11 月	药物和医疗设备进出口程序在 NACCS 中运行。
	12 月	为了传送预报旅客信息（API），将 ARINC 与 NACCS 连通。
2015 年	4 月	通过 NACCS 提交旅客姓名记录（PNR）投入运行。
2016 年	3 月	信息处理管理委员会决定了下一代 NACCS 升级的具体规范 通过销售国有股权而注入的私人资本占比（少于 50%）。

058

至今，NACCS 作为日本电子"单一窗口"系统仍在为日本海关和相关机构提供在线业务办理服务。尽管通过 NACCS 提交海关申报并非强制措施，但至 2021 年，通过该系统处理的进出口货物货值占比达 99.9%。NACCS 不仅连接相关政府部门，还连接金融机构。政府部门对企业使用 NACCS 系统不收费，不过金融机构可以对服务对象收费。通过向用户收取使用费，NACCS 实现了可持续发展。NACCS 还为企业提供各种在线物流服务。另外，企业报关也可不依赖报关行。

三、韩国"单一窗口"

韩国"单一窗口"是韩国海关（KCS）的电子清关系统（以下简称 UNI-PASS 系统），可用于办理进出口清关操作、进口货物管理、关税征收、关税退税、检疫检验等业务，包括报关程序在内的海关清关和货物管理系统都已全部实现计算机化，方便企业随时办理贸易和海关手续，无须分别访问每个政府部门。韩国"单一窗口"网站首页如图 13 所示。

图 13　韩国"单一窗口"网站首页

韩国"单一窗口"由海关部门牵头，于 2005 年启动建设，参与"单一窗口"建设的部门有海关、海事、移民、交通、科技、工业、金融、自然资源、农业、卫生、央行、税务、市场、广播电视、林业、铁路、航空、医药、外汇、食药、渔产、动植等部门。2012 年，韩国"单一窗口"对接的政府部门为 34 个，2016 年达到 40 个，货物管理和进口报关保持 100% 无纸化。自 2016 年 4 月起，UNI-PASS

系统第 4 代开始运行。

自 2009 年开始，韩国使用标准电子文件管理系统作为连接世界各地海关网络的工具，在"全球单一窗口"概念框架下促进贸易效率与安全。考虑到实现"全球单一窗口"目标时需要与他国海关系统互连，UNI-PASS 系统采用了世界海关组织（WCO）数据模型（DM）3.0、联合国代码和开放技术标准等国际标准。为了扩展海关作业全球标准的应用范围，韩国海关（KCS）使用 UNI-PASS 系统设计了内部网络通用电子文件，目前韩国海关（KCS）网络中 96.9% 的 XML 文档是基于世界海关组织（WCO）数据模型（DM）3.0 的。

UNI-PASS 电子清关系统已输出到哈萨克斯坦（2005 年）、吉尔吉斯斯坦（2008 年）、多米尼加（2008 年）、蒙古国（2009 年）、危地马拉（2009 年）、厄瓜多尔（2010 年、2011 年）、尼泊尔（2011 年）、坦桑尼亚（2011 年、2012 年）、乌兹别克斯坦（2012 年）、喀麦隆（2015 年）、埃塞俄比亚（2017 年、2019 年）、加纳（2018 年）、阿尔及利亚（2018 年）、塔吉克斯坦（2019 年）和巴拉圭（2020 年）。

韩国海关（KCS）于 2010 年启动了 FTA-PASS 系统，用于原产地确定和管理，简化原产地证明文件。将该系统连接到 UNI-PASS，以便及时、方便地发布原产地证明文件。自 2015 年以来，一站式《自由贸易协定》（FTA）支持中心已在遍布全国的六个主要海关办事处运作。

自 2018 年 8 月以来，韩国海关（KCS）实施了一系列试点项目，利用区块链技术实时共享物流单证（如原产地证书和电子商务等）。2021 年 5 月，建立了基于区块链技术的新的 UNI-PASS 平台，以加强数据准确性、过程可靠性、快速性和效率。

在"单一窗口"互联互通合作方面，韩国"单一窗口"已实现与中国海关和印度尼西亚海关的原产地电子信息交换。

四、泰国"单一窗口"

1998 年以前，泰国的货物放行和清关程序基本上还是基于纸质文件，只因要获取进出口数据和贸易统计信息等，才引入了一个计算机系统。1998 年 4 月，海关通关电子数据交换系统（以下简称 EDI 系统）正式实施，2000 年实现了全国通关。EDI 系统使海关部门和贸易界（包括进口商、出口商、报关行、货运代理、集装箱堆场、内陆集装箱站、仓储、出口加工区、银行、海运公司、航空公司、陆运公司、海港和机场）之间能够进行电子文件交换。

1998—2006 年期间，泰国在 EDI 系统中采用了 UN/EDIFACT 标准和 XML 标

准，贸易商可以通过该系统一次性提交多个单证，同时需附相应纸质文件。2006年实现从 EDI 系统到电子海关无纸化服务的重大转变，具体包括引入 ebXML 标准、采用公钥基础设施（PKI）和识别数字签名等，有力地推动了泰国无纸货物清关环境的发展，2008 年 7 月，在全国全面投入使用。

泰国成立由总理担任主席的国家物流委员会，指定由国家经济和社会发展局（NESDB）起草首个国家物流发展战略并于 2007 年获批通过。国家物流发展战略指定工业部和农业部牵头改善所有部门的物流，交通运输部牵头运输物流网络优化，商务部牵头物流服务实施，财政部牵头加强贸易便利化，教育部、劳动部和国民经济和社会发展委员会牵头推进物流部门能力建设。其中，泰国"单一窗口"电子物流促进贸易便利化是战略议程的核心组成部分之一。

2005 年 12 月，泰国政府指定财政部海关司为牵头机构（具体为泰国海关进口出口和物流信息交换管理与开发部），与其他相关机构合作建立泰国"单一窗口"。此后，泰国国家物流委员会还成立了进出口和物流综合信息联系国家小组委员会，由财政部常务秘书担任主席。国家小组委员会由相关政府部门和企业界的高管组成。2008 年 1 月，国家小组委员会将泰国"单一窗口"电子物流更名为泰国"国家单一窗口"，并以"国家单一窗口"名义加入《建立和实施东盟单一窗口的协议》。根据该协议，东盟定于 2015 年前逐步整合并运行东盟单一窗口。

泰国《电子交易法》（ETA）自 2002 年 4 月生效以来，已在法律上允许在无纸环境下使用和交换电子文件。自那时起，泰国继续发展和完善其电子交易的法律框架，并在 2008 年通过了《电子交易协议》第二修正案，允许接受扫描文件作为原件。泰国电子交易发展局（ETDA）起草了《电子交易法》（ETA）第三修正案，以进一步促进国际电子交易。泰国"国家单一窗口"涉及相关政府机构的法律法规也逐步得到修订，方便在无纸化环境中加强企业和商业机构之间的信息共享。

泰国"国家单一窗口"根据国际标准、最佳实践和世界海关组织（WCO）、联合国贸易便利化与电子业务中心（UN/CEFACT）、国际标准化组织（ISO）、结构化信息标准促进组织（OASIS）等相关国际机构的建议而实施。

泰国"国家单一窗口"主要发挥以下作用：一是作为国家层级的"路由器"，提供一个标准化和受监管的环境，促进政府机构和商界之间开展进出口和物流服务相关数据和信息的无缝和优化的路由；二是充当共享应用程序的功能集成平台，以实现监管和商业功能，简化与跨境贸易交易相关的标准化和协调化信息流的处理；三是作为电子文件存储库，供相关方共享参考资料，具体涉及实施指南、法律法规、协议、谅解备忘录、培训材料、参考文件、国家标准数据集、国际标准代码清单、研究报告等；四是成为与东盟"单一窗口"和东盟区域内外其他"单一窗口"

系统互联的国家门户和单一接入点。

　　截至 2022 年年底,泰国"国家单一窗口"已对接了 18 家商业银行、37 家政府机构,服务几十万家贸易商。通过实施"单一窗口",每年可节省物流成本几十亿美元。泰国"单一窗口"网站首页如图 14 所示。

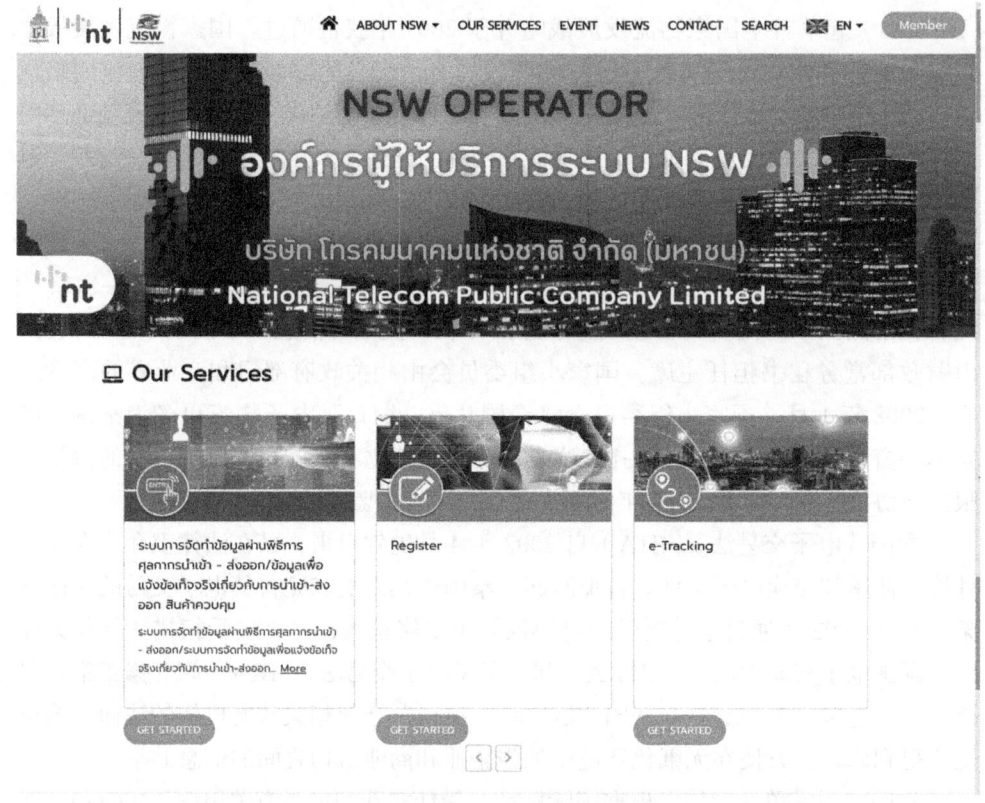

图 14　泰国"单一窗口"网站首页

五、印度"单一窗口"

　　印度海关通过电子数据交换网关(ICEGATE),与多个国内政府机构实现互联互通,包括印度储备银行、工商部对外贸易总局及商业情报和统计总局、钢铁部、估价局及其他参与进出口贸易的政府机构。电子数据交换网关(ICEGATE)向贸易、货运承运人和其他贸易伙伴提供以下服务:进口货物报关单、运单等文件的电子申报及文件状态跟踪;中央消费税和服务税的电子支付及退税;知识产权在线注册；7×24 小时全天候在线咨询，并提供与进出口贸易相关的其他重要网站的链接。目前，电子数据网关（ICEGATE）为超过 12.5 万家出口商提供服务。电子数据交换网关（ICEGATE）所处理的所有电子文件、信息均由进出口商通过"单一窗口"在线提交，有效地减少了进出口商与各级政府监管机构的多头接触，节省了办理时间，降低了经营成本。

印度的"贸易便利化单一窗口界面"（SWIFT）通过电子数据交换网关（ICEGATE）平台进入，允许进口商和出口商在单一接入点在线提交清关文件，并可在线获得其他监管机构的许可证件，而无须单独联系各相关部门。SWIFT 系统简化了托运清关的整个流程，大大减少了贸易商与监管机构之间的接触，印度"单一窗口"网站首页如图 15 所示。

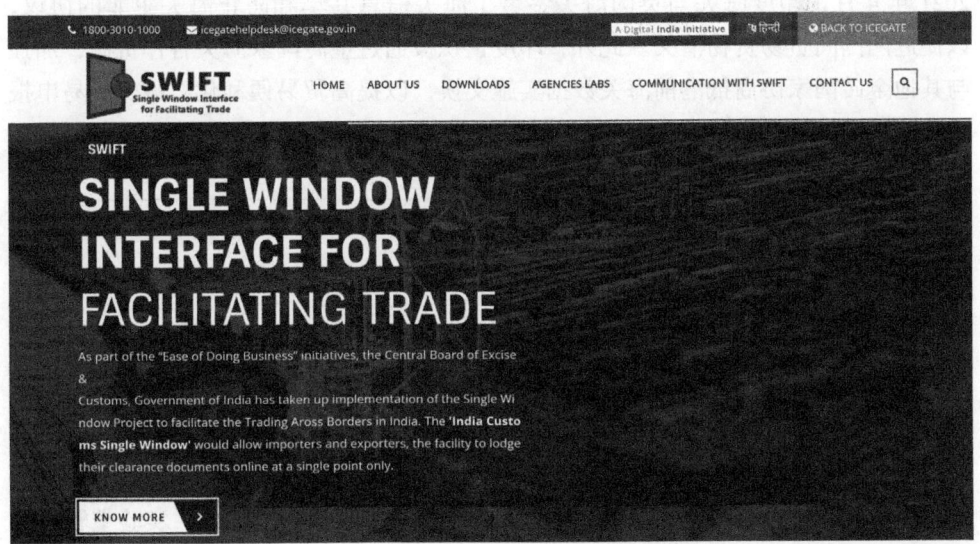

图 15　印度"单一窗口"网站首页

SWIFT 提供的功能有：

（一）一体化申报。贸易商只需提交包含有相关管理部门所要求清关相关信息的完整进出口报关单，无须额外提交其他表单和申报单。涉及为现场货物签发清关或无异议证书的主要进口监管部门都是使用一体化申报单。

（二）综合风险评估。相关管理部门都使用自动化系统，按照风险选查原则进行查验和检测。目前海关已有基于风险的选择性阻截货物的有效风险管理系统。现在，主要进出口监管机构对货物的拦截、抽查和检测的风险标准已经整合到该综合风险管理系统中。

（三）自动路由。该系统应用业务规则，根据申报单识别货物后，自动将货物信息发送至相关管理部门。

（四）在线清关。该系统记录并核对相关管理部门涉及通关的决定和审批意见，并通过单一接入点将结果反馈给贸易商。在线系统将货物信息发送给主要进出口管理部门。

（五）无纸化处理。贸易商可以电子方式提交所有带数字签名的托运清关证明文件。交易者无须向监管部门提交纸质文件，从而使整个过程无纸化处理，无须面对面办理。

在国际合作方面，2021年7月22日，印度海关与马尔代夫海关签署数据共享备忘录，同意实时自动交换两国海关数据，缩短清关时间，提高查缉走私效率。2021年4月，印度海关与英国海关签署了海关信息共享和防止海关犯罪的协议，以促进两国间贸易货物清关。此外，印度正积极通过金砖国家海关合作机制，加强与其他金砖国家协商抵港前海关数据实施交换，以提高贸易便利化，减少贸易申报错误。

六、巴基斯坦"单一窗口"

巴基斯坦"单一窗口"（PSW）由巴基斯坦海关牵头，于2017年启动建设，具体由成立的国有公司巴基斯坦"单一窗口"公司负责技术实施。参与共建的政府机构有海关、海事、交通、科技、工业、自然资源、卫生、央行、税务、市场、林业、航空、医疗、外汇等部门。巴基斯坦"单一窗口"功能主要包括：货物申报、舱单、运输工具、监管证件、企业资质、金融保险服务、通关评估、电子支付、出口退税、统计查询、跨境电子商务、加贸保税、智能物流跟踪、大数据应用、实验室管理系统、PSI集成、基于人工智能技术的综合风险管理系统、港口系统、贸易信息门户等。巴基斯坦海关与中国海关有交换原产地证书的电子数据交换（EDE）协议。

巴基斯坦政府针对"单一窗口"建设推出了《2021 PSW法案》，该法案要求所有77个相关政府部门和海关机构优化业务流程后纳入PSW平台，并且成立一家财政支持的PSW公司来建设、运营、维护和升级PSW系统。PSW通过内部开发和外包两种方式分阶段逐步实施。

第一阶段于2022年4月完成，与海关、银行及4个有较多监管证件的政府部门实现了系统对接。同时，还推出了针对B2G和B2B业务的电子支付解决方案、实现单一注册的在线身份证明系统，并且积极推广进出口业务单一申报做法。

第二阶段积极拓展覆盖其他业务，计划于2024年6月前完成，包括2022年

12月前建成综合风险管理系统，以改善所有有权在港口和边境扣留和检查货物、车辆及船员的海关和相关政府机构的合规管理，2023年6月建成港口社区系统（PCS），2024年6月建成航空社区系统。

七、格鲁吉亚"单一窗口"

格鲁吉亚致力于简化海关手续，努力通过"单一窗口"促进海关数字化和贸易便利化，推进国内各部门之间，以及与境外贸易伙伴之间的数据交换。从填写报关单，到申请并接收相关部门颁发的许可证件和证书，再到申请预裁定决定书等所有通关文件，都以纳税人统一电子账户为基础关联起来。税收服务电子门户网站共提供约130项服务。为获得许可证、执照或证书等证明文件，贸易商需向相关主管部门直接提交申请，大多数都已实现在线提交。国家开发了统一电子证照系统，为进出口企业和相关部门间交换海关强制性证件信息提供平台基础，并可供海关当局查阅。截至2022年年底，该系统汇集了8个部门的38种监管证件，各部门签发的证件信息可以实时获得。

格鲁吉亚遵循"数字海关"理念并与贸易伙伴海关部门开展数据交换（例如，与土耳其、阿塞拜疆、乌克兰和亚美尼亚开展数据交换），积极推进强制性证件［发票和CMR（一种《国际公路货物运输合同公约》公路运输中签发的运输单据）］等现有纸质监管证件的数字化，以及以数字化方式与贸易合作伙伴进行交换。

格鲁吉亚加入了旨在促进贸易的各种与海关和贸易有关的协定和公约，2016年批准了世界贸易组织（WTO）《贸易便利化协定》，2018年11月加入了世界海关组织（WCO）《经修订的京都公约》。此外，还计划加入欧盟《共同过境程序公约》和《简化货物贸易手续公约》，这两项公约始于1987年5月20日，明确了简化和统一海关程序的措施，从而便利其缔约方［即欧盟、欧洲自由贸易联盟（EFTA）国家（冰岛、列支敦士登、挪威和瑞士）、土耳其、北马其顿和塞尔维亚］之间的货物流动。2019年5月，格鲁吉亚成立了国家贸易便利化委员会，以监督协议的实施，并就贸易便利化事宜向政府提供建议。

2019年，格鲁吉亚通过了新的海关法和相关的二级立法，以进一步简化海关流程，并确保其与《深入全面的自由贸易区协定》规定的欧盟海关立法接近。同年，格鲁吉亚开始实施海运"单一窗口"，以支持过境通关活动。

报关申报可以纸质提交或选择以下两种方式之一进行电子提交：一是电子海关（eCustoms）；二是电子税务（eServices Portal）。虽然两者都是向税务部门提交，但其中，电子海关（eCustoms）是经认证的企业进行报关申报和辅助单证提交的

"单一窗口"，而电子税务（eServices Portal）则是经认证的纳税人办理税务和关税电子支付的"单一窗口"。

八、其他国家"单一窗口"

（一）越南"国家单一窗口"

越南"国家单一窗口"（NSW）整合了13个部委和机构的174个行政程序，服务3万多家企业，日申报量达230万票。贸易企业向"单一窗口"提交货物进出口报关单，"单一窗口"自动生成贸易企业和海关加快货物清关所需的结果。越南UNNExT持续开发越南"国家单一窗口"（NSW）系统，对接供应链上所有政府机构，以及银行、保险公司、进出口企业和物流运营商等利益相关方，越南"国家单一窗口"（NSW）网站首页如图16所示。

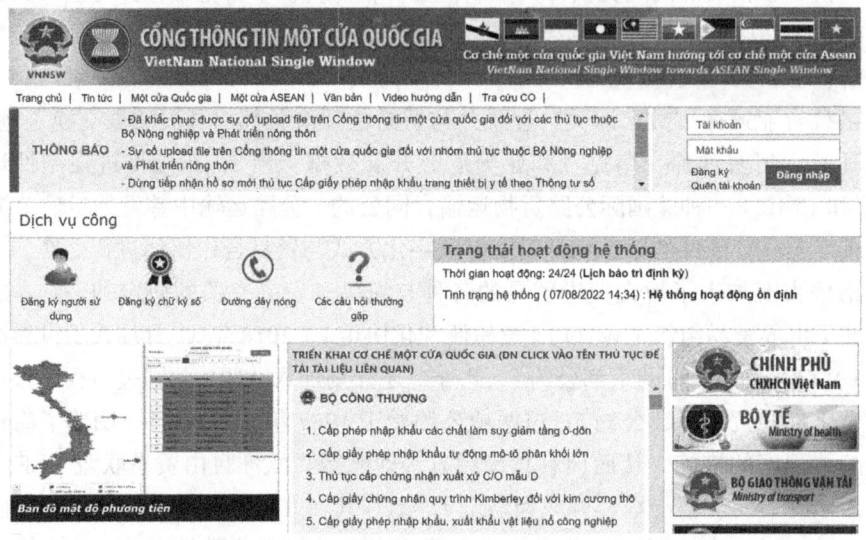

图16 越南"国家单一窗口"（NSW）网站首页

（二）马来西亚"单一窗口"

马来西亚"单一窗口"由马来西亚财政部牵头，技术实施单位为政府性质，2009年启动建设，已建设完成。参与马来西亚"单一窗口"建设的政府部门包括海关、工业（国际贸易和工业）农业等相关部门，实现功能包括货物申报、舱单申报、许可证件、电子支付、原产地证、"区域单一窗口"等功能，技术标准采用世界海关组织（WCO）数据模型。

马来西亚"单一窗口"已实现与"东盟单一窗口"（ASW）系统对接，传输内容包括东南亚国家联盟原产地证（e-Form D）和东南亚国家联盟海关报关单（CDD）。下一步，将继续通过 ASW 与包括中国在内的东盟对话伙伴开展电子单证交换（海关报关单暂不考虑）。

（三）柬埔寨"国家单一窗口"

柬埔寨"国家单一窗口"建设由海关部门牵头，于 2019 年启动建设。柬埔寨"国家单一窗口"网站首页如图 19 所示。参加"单一窗口"建设的部门有海关、科技、工业、农业、卫生、商务和柬埔寨发展理事会等部门，私营机构 vCargo Cloud 公司承担柬埔寨"单一窗口"建设任务，截至 2022 年年底，已经实现许可证件管理、电子支付、查询统计、"区域单一窗口"等功能。跨境合作方面，柬埔寨"国家单一窗口"已对接联合国海关数据自动化系统（ASYCUDA），并与"东盟单一窗口"（ASW）实现了东南亚国家联盟原产地证（CO ATIGA e-Form D）和东南亚国家联盟海关报关单的电子交换。柬埔寨"国家单一窗口"网站首页如图 17 所示。

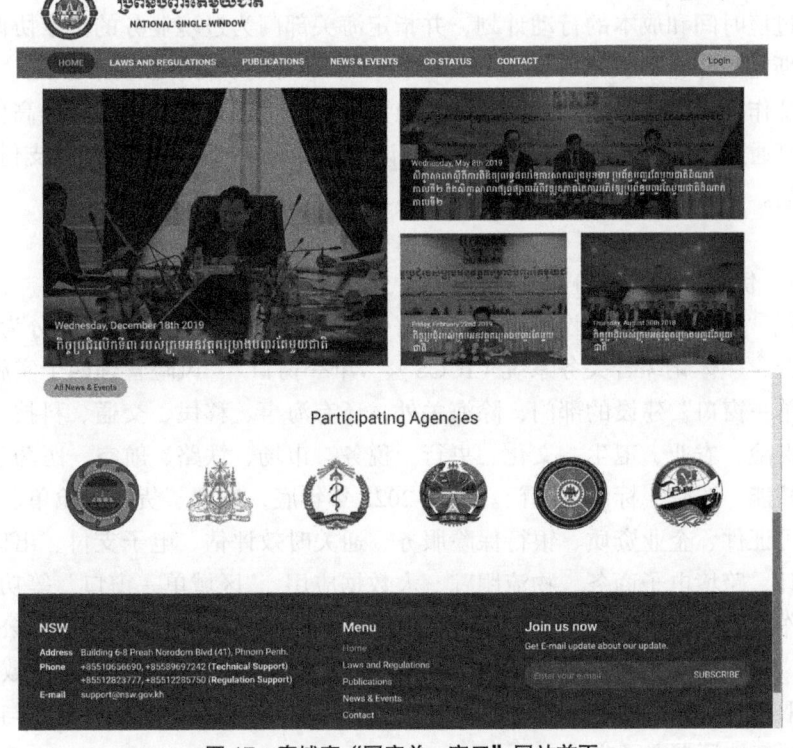

图 17　柬埔寨"国家单一窗口"网站首页

（四）塔吉克斯坦"单一窗口"

塔吉克斯坦重视"单一窗口"建设，根据塔吉克斯坦总统埃莫马利·拉赫蒙（Emomali Rahmon）的指示，将简化贸易程序作为政府优先事项。"贸易商单一窗口系统"于2008年获得批准，2010年12月成立了一家国有机构，即海关下属的"单一窗口"中心。2014年9月，在统一自动化信息系统（UAIS）下全面实施了货物和车辆电子申报。2019年11月8日，在杜尚别启动了塔吉克斯坦共和国"进出口和过境业务单一窗口"试运行版本。该系统联结颁发货物进出口及过境所需资质的所有相关部门，计划今后与UAIS集成为一个正式运作的"单一窗口"。

塔吉克斯坦"单一窗口"是在亚洲开发银行（ADB）的中亚区域经济合作（CAREC）改善边境服务项目支持下实施的，其建立"进出口和过境业务单一窗口"的主要目的是为了简化贸易程序，消除行政壁垒，增强透明度，节省企业在外贸经济活动中的时间和成本，实施现代信息技术，加快外贸周转，扩大经济范围。根据计划，"进出口和过境业务单一窗口"在试运行期满后，于2020年9月1日全面投入运行，涉及从事外贸经济活动领域关税和非关税监管的所有政府机构。

为简化贸易手续和降低运输、过境成本，政府通过了关于减少贸易商货物进出口及过境时间和成本的行动计划，并指定海关部门为过境业务的国家协调机构。塔吉克斯坦五年中期发展计划（2016—2020年）明确了将为投资者改进"单一窗口"系统作为重要任务之一，以增强企业竞争力、促进经济多样化和提高生产率。投资者可通过该系统办理建筑许可证、登记房地产和动产抵押品，以及支付税款等各种手续。

（五）伊朗"单一窗口"

伊朗"单一窗口"建设由伊朗海关署牵头，于2015年启动建设，分为基础设施与安全、一体化综合关务系统（ICCS）、"单一窗口"、风险管理四个实施阶段。参加"单一窗口"建设的部门，除海关外，还有海事、移民、交通、科技、工业、金融、保险、农业、卫生、文化、央行、税务、市场、铁路、航空、医药、经济、通信、核能、法院、标准等部门。截至2022年年底，实现了货物、舱单、运输工具、许可证件、企业资质、银行保险服务、通关时效评估、电子支付、出口退税、查询统计、跨境电子商务、物流跟踪、大数据应用、"区域单一窗口"等功能。在跨境合作方面，与阿塞拜疆、土耳其共同参与了e-TIR项目，实现《国际公路运输公约》（TIR）信息的交换；与俄罗斯、阿塞拜疆、巴基斯坦、阿富汗的数据交换合作也取得了进展。此外，与俄罗斯启动了简化通关走廊（SCC）项目，与韩国商会实现原产地证书电子交换。

（六）阿联酋"单一窗口"

阿联酋认识到"单一窗口"对贸易商来说能够达到"获信息、减时间、增预期、降成本"的效果，对政府部门来说能够少投资源、提升服务、保障信息质量与安全。为此，自 2020 年 5 月启动其"单一窗口"——高级贸易物流平台（以下简称 ATLP）建设，提供 700 多项服务。其中，政务服务占 20%，非政务服务占 80%，已累计申报近 5300 万票，覆盖 12 个对外海、空港口。ATLP 采用电子签封、溯源追踪、商业智能、人工智能、智能集装箱、区块链等技术创新服务。全球疫苗供应链区块链联盟方案，累计交付 2 亿多支疫苗，服务 40 多个国家（地区）。

（七）巴林"单一窗口"

巴林"单一窗口"——国际贸易便利化电子海关系统（以下简称 OFOQ）自 2011 年开始运行。OFOQ 旨在为巴林海关和监管机构与贸易和物流运营商提供一体化、无缝隙的电子贸易运营方案，贸易商可以通过这个"单一窗口"平台进行报关。进口许可证可通过政府门户网站获得。OFOQ 仍在不断优化和拓展各种功能，包括许可申请系统。使用 OFOQ 不收费。2020 年 4 月，海关部门启动了货物远程清关服务，该服务可通过 OFOQ 的计费系统远程提交报关单并完成财务费用的支付，企业无须亲自前往港口办理清关手续。

（八）土耳其"单一窗口"

2013 年，土耳其明确"单一窗口"主导建设和协调职责交由土耳其海关负责。"单一窗口"作为贸易商办理出口贸易单证和许可证的一站式接入点，同时逐步向出口领域拓展。截至 2022 年年底，共有 22 个政府部门和非政府机构的 170 种进出口贸易许可证业务通过"单一窗口"办理。2018 年，土耳其建立港口"单一窗口"系统，以简化船舶运输机构的数据信息交换。2019 年，土耳其贸易部启动了无纸通关项目，要求所有出口申报及随附单证都必须在线提交、处理和存储。其中，出口单证和许可证业务通过"单一窗口"进行，出口报关业务通过比尔格系统（BILGE）进行。此外，进口货物（不含过境）概要申报的预先信息必须通过BILGE 计算机海关作业系统向土耳其海关提交，单证包括报关单、优惠原产地证、非优惠原产地证、发票、货值声明、提单及空运单等。

第二节　北美和欧洲

一、美国"单一窗口"

（一）政府意愿

美国政府高层高度重视"单一窗口"建设，将其列入改革政府机构、提高政府效率的重要举措。早在 1993 年，美国通过了《美国海关现代化法案》，通过法律使贸易流程更加现代化，标志着美国开始从将进口监管作为一项政府职责向将海关合规作为与贸易商共同责任转变。1994 年，时任美国副总统艾伯特·戈尔签署备忘录建设国际贸易数据系统（ITDS），启动美国"单一窗口"建设。2006 年，国会通过《港口安全与责任法案》，要求所有需要共享进出口信息的政府有关部门必须加入 ITDS，如不加入，需总统办公室特别批准。2009 年，系统建成后，47 个政府部门及海关的 550 多个下设机构实现信息共享。通过 ITDS 共享信息不断增多，共享机构范围逐步扩大。2016 年 12 月 31 日前，建成了统一的国际贸易数据系统（ITDS）。美国"单一窗口"网站首页如图 18 所示。

（二）牵头部门

美国海关与边境保护局（CBP），是同时拥有海关、检验检疫和边检等职能的综合口岸执法部门，牵头"单一窗口"建设。

2014 年 2 月，美国出台关于"简化美国进出口商业流程"的第 13659 号总统令，要求 2016 年 12 月 31 日前完成国际贸易数据系统（ITDS）建设，以及建立边境跨部门执行理事会（BIEC），由各政府成员单位（PGA）组成，负责制定加强边境管理部门间协调的政策和流程。该理事会下设风险管理委员会、外部参与委员会、业务协调委员会等，为实施"单一窗口"提供了机制保障。

（三）需求导向

美国"单一窗口"以需求为导向，由政府和贸易商组成联合小组委员会，以定期开会、走访和网络调查等形式加强沟通。根据企业需要，"单一窗口"功能涵盖通关贸易流程中各项业务办理，提供舱单、报关、报关清单和出口四大核心业务。

数据输入方面，提供门户或 EDI 交互界面录入等不同形式。数据标准方面，美国使用国家信息交换模型（NIEM）标准来分享跨政府部门数据。根据美国相关部门介绍，国家信息交换模型（NIEM）符合世界海关组织（WCO）数据标准，替

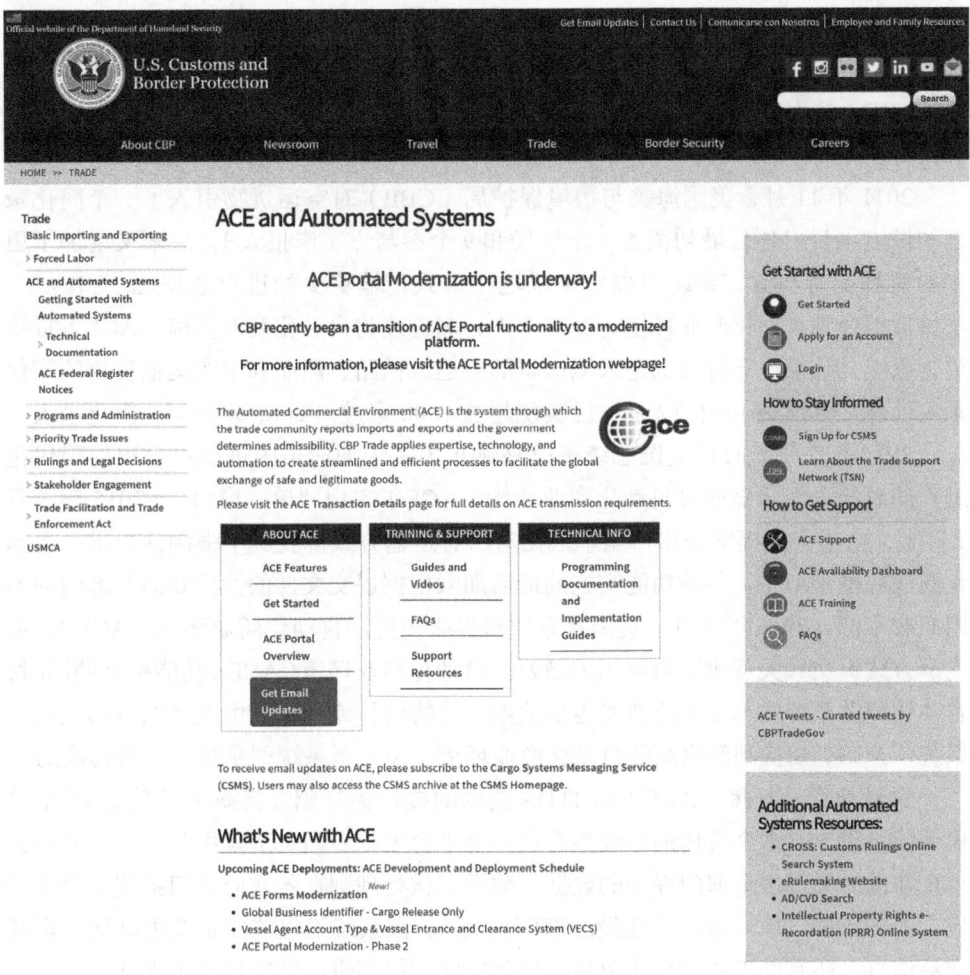

图 18 美国"单一窗口"网站首页

代了原有 47 个 PGA 的超过 200 个不同并重复的表单。自动化商业环境（ACE）已经部分实现与世界海关组织（WCO）数据模型的协调，并作为 2016 年后自动化商业环境（ACE）部署活动的一部分，实现进一步的协调。数据传输方面，通过交互性 Web 服务（IWS）在海关和 PGA 间传输数据，使政府提高信息共享能力和决策效率。文档图像方面，集中电子化存储在文档图像系统（DIS）中。

（四）分步实施

美国"单一窗口"起源于"综合监督"理念，早在 1984 年就开发了追踪、监管和处理进入美国货物的自动化商业系统（ACS），后衍生出ITDS系统，为"单一窗口"提供了技术发展平台。"9·11"事件后，美国成立了美国海关与边境保护局（CBP）并由其主导设计发展自动化商业环境（ACE），用于加强边境安全并便利贸易。

2011年11月，美国海关与边境保护局（CBP）对空运货物引入了一个简化录入的试点项目。项目最初覆盖3个机场和9个参与方（申报人），后来又增加了更多的机场和参与方。系统可以实现以电子方式传输更少的进口数据元。2014年，项目被整合到自动化商业环境（ACE）中，名称改为自动化商业环境（ACE）货物放行系统，该系统支持在选定入境口岸的空运、铁路、船舶和卡车运输货物的简化录入处理。截至2014年12月，已实现超过1000家进口商85万余票的简化录入。

2014年2月，时任美国总统奥巴马颁布了关于加速美国进出口过程的现代化进程的总统令，明确通过自动化商业环境（ACE）实现"单一窗口"。2015年5月1日起，电子方式提交进出口舱单数据对所有运输方式都变成了强制性要求。自动化商业环境（ACE）各种功能实施的最后期限根据提交文件的性质和涉及部门的不同而有不同。2016年2月，美国宣布贸易界必须使用自动化商业环境（ACE），以电子方式提交入关货物资料及相关摘要。自动化商业环境（ACE）功能扩充的同时，自动化商业系统（ACS）的功能逐步关停，货物放行流程功能由关停的自动化商业系统（ACS）切换到新启用的自动化商业环境（ACE）系统，是最后一批切换的。

自动化商业环境（ACE）以ITDS提供的接口为基础，将海关及其他47个政府部门下设550多个机构的系统整合在一个平台上，专门负责集中收集、分发和共享企业向海关等多个部门提交的数据，数据审核处理则在各政府部门系统中分别完成，参与美国"单一窗口"建设的部门见表5。该系统不仅能使企业更好地管理其交易信息，还有助于加速合法贸易的通关速度，提高供应链管理的可视性。

表5　参与美国"单一窗口"建设的部门

农业部		交通运输部	
AMS	农产品运销局	BTS	运输统计局
APHIS	动植物卫生检疫局	FAA	联邦航空管理局
FAS	外国农产品局	FHA	联邦公路管理局
FSIS	食品安全及检疫局	FMCSA	联邦客车安全管理署
GIPSA	谷物检验、包装及牲畜饲养场管理局	MARAD	海事管理局
商务部		NHTSA	国家公路交通安全管理局
BIS	工业和安全局	PHMSA	危险品管道运输安全管理局

续表

USCB	美国人口普查局		卫生部
FTZB	自由贸易区委员会	CDC	疾病预防与控制中心
E&C	执法及合规局	FDA	食品和药品管理局
OTEXA	纺织品及服装办公室		财政部
NMFS	国家海洋渔业局	IRS	国家税务局
	国防部	OFAC	外国资产管制办公室
USACE	美国陆军工兵部队	TTB	酒类和烟草税收贸易管理局
DCMA	国防合同管理局	FinCEN	金融犯罪执法网络
	能源部		国务院
OFE	石化燃料办公室	A/LM	行政管理局（后勤管理办公室）
EIA	能源情报署	DDTC	国防贸易管制局
OGC	总法律顾问办公室	OES/OCM	海洋及国际科学事务局
	司法部	OFM	外交使团办公室
ATF	烟酒枪械与爆裂物管理局		独立机构
DEA	禁毒署	CPSC	消费品安全委员会
	劳工部	EPA	环境保护署
BLS	劳工统计局	FCC	联邦通信委员会
	国土安全部	FMC	联邦海事委员会
USCG	美国海岸警卫队	ITC	国际贸易委员会
CBP	美国海关与边境保护局	NRC	核能管理委员会
TSA	美国运输安全管理局	USAID	美国国际开发署
	内政部	USTR	美国贸易代表处办公室
FWS	鱼类及野生动物管理局		

自动化商业环境（ACE）作为美国海关与边境保护局（CBP）和各政府成员单位（PGA）为进出口业务实施"单一窗口"制度的贸易处理系统，是美国海关与边境保护局（CBP）进行贸易处理和风险管理的基础，以及各机构在共享信息基础上开展贸易活动的关键，它为美国海关与边境保护局（CBP）、各政府成员单位（PGA）和贸易方提供了一点接入、集中访问的入口。贸易商通过自动化商业环境（ACE），可获取海关及其他政府部门的审批，完成整个贸易流程环节，与之前分别向各部门申报的通关模式相比，效率有了很大提高。

截至2016年年底，全面建设的ITDS允许企业使用自动化商业环境（ACE）以电子方式录入美国海关与边境保护局（CBP）及47个政府部门所要求的全部数据，并判定进出口货物通过与否。ACE门户成为业务交易和财务数据的在线中枢访问节点。

（五）注重效果

根据美国海关与边境保护局（CBP）的调查，美国不同贸易机构要求贸易商提交的单证、表格多达 300 多张，涉及将近 10000 个数据项，其中包括大量重复数据，其冗余度超过 90%。经过数据简化和标准化程序，美国制定了一个由不到 200 个数据元组成的国家标准数据集。

"单一窗口"系统建成后，原本各类复杂手续、程序和信息得以全面规整，企业通过"单一窗口"一次性提交信息即可获取 47 个政府部门及海关的审批，整个贸易流程环节可节省企业经营成本 4.2 万亿美元以上。美国"单一窗口"运营费用从政府财政自动化商业环境（ACE）系统开发专项经费中支出，企业可免费使用，系统运营属非营利。

此外，美国也在与加拿大、墨西哥及英国合作，使用一套标准数据集，用于多国机构办理进口、出口和转口手续，进一步促进贸易便利化。例如，在跨越边境行动计划项下，美国和加拿大比较了录入、放行和各政府成员单位（PGA）的数据要求，并对各自"单一窗口"系统中双方共同数据元达成一致。美国与墨西哥共同制定协调化的铁路舱单数据元，以形成符合两国申报要求的单一报文集。

二、欧盟"单一窗口"

（一）欧盟海关"单一窗口"的建设历程

欧盟及其成员国最早于 2008 年提出推进"单一窗口"服务框架建设、打造欧盟电子海关环境的理念，并于 2014 年的《威尼斯宣言》中提出了具体行动计划。随后，欧盟委员会（European Commission）在多份重要文件中强调了建设"单一窗口"的重要性，将其确定为优先推进的重点工作之一。

欧盟海关事务部门税务和关税联盟总局（TAXUD）一直致力于支持欧盟的贸易利益，促进成员国之间的合作，制定协调一致的海关政策，并建设欧盟"单一窗口"环境。欧盟首个"单一窗口"试点项目为"欧盟海关单一窗口"入境通用动物检疫证书核查系统（BU CSW-CVED），于 2012 年启动，2014 年 12 月投入使用。该项目由欧盟税务和海关联盟总司（DG TAXUD）、卫生和食品安全总司（DG SANTE）共同负责推进，实现了 3 种非海关业务监管单证的自动核查。项目开始时共有 5 个成员海关自愿加入，截至 2022 年年底，已在 9 个成员海关部署实施，该项目已升级为"欧盟海关单一窗口"单证交换系统（EU CSW-CERTEX）。新系统进一步优化了用户操作流程，扩大了监管单证自动核查范围，增加了数量管理等新功能，已于 2020 年年底上线。

此外，欧盟"单一窗口"在最初纳入通用动物检疫证书的基础上，于 2021 年纳入了森林执法管理和贸易（FLEGT）许可证、有机检验证书（COI）、植物保护通用健康入境文件（CHED-PP）等一些新证书。此外，消耗臭氧层物质（ODS）、氟化温室气体和两用出口货物等证书也纳入其中。

欧盟一直致力于实施通关"单一窗口"并分阶段推进。第一阶段顺利实现报关单随附单证的自动验核，并且将植物检疫证书纳入该系统。第二阶段将纳入其他证照和许可证件。《欧盟海关法典》（UCC）的目标之一是实现包括简化和现代化海关程序在内的欧盟统一 IT 流程。此外，《欧盟海关法典》（UCC）规定海关法规所要求的海关与海关之间，以及海关与贸易商之间，包括申报、申请或决定在内的所有信息交换，均应使用电子数据处理技术。为在 2020 年前建设必要的基础设施，《欧盟海关法典》（UCC）（2013 年 10 月 9 日生效，2016 年 5 月 1 日正式启用）设置了过渡期，过渡期内将对几乎所有现有系统进行更新和集成，最终确定了 17 个电子系统用于实施《欧盟海关法典》（UCC）规定，其中，3 个电子系统于 2017 年投入使用，其他系统于 2020 年前分阶段实施。

在运输服务领域，欧盟于 2017 年和 2018 年发布了一系列协调和简化道路运输及其他运输方式的法律框架，旨在使欧盟成员更好、更一致地执行规定，支持公平竞争，改善道路运输环境并鼓励创新。2019 年 8 月 15 日，欧盟通过了一项关于建立海运"单一窗口"环境（以下简称 EMSWE）的法规，目的是减轻航运公司行政负担，加快海上运输和改善信息流互操作性，进一步统一船舶到达或离开欧盟港口时提交信息的规则。EMSWE 经欧洲议会和理事会批准后，将于 2025 年起全面实施，可使办理港口停靠行政手续所需的时间减半。

2022 年 5 月 19 日，欧盟委员会共同立法人（Co-legislators）就欧盟海关"单一窗口"环境计划达成一致。该计划将使企业能够通过一个端口一次性提交货物进出口和过境所需海关和其他部门全部监管信息，改变企业需要在不同监管机构的平台提交（经常是纸质）信息以满足卫生、安全、环境、农业、渔业、文化遗产、市场监督和产品质量等不同监管要求的情况，从而进一步促进贸易便利化，提升安全和守法监管，支持数字和绿色转型，降低政府和企业成本。

（二）欧盟海关"单一窗口"的建设规划

1. 规划目标

一是制定欧盟边境综合治理工作框架，加强海关与其他进出口贸易主管部门之间的合作，在适当的业务领域寻求交互性强、收益显著的合作解决方案；二是优化进出口贸易监管部门之间的工作实践，提升货物通关流程的自动化、电子化和集成化水平；三是解决不同部门数据间的兼容性问题，促进数据共享使用，为海关和其他部门履行进出口货物监管职责提供便利。

2. 主要措施

一是强制成员海关使用欧盟海关"单一窗口"单证交换系统，确保涵盖欧盟层面的法律法规要求，系统提供自动化数量管理功能；二是在成员海关层面建立"单一窗口"环境，为企业和有关机构提供兼容性强的统一数据接入端口；三是依托欧盟现有的经营者注册和识别号码（EORI）系统，优化整合海关和有关贸易主管部门的企业验证流程。

3. 实施与评估

欧盟"单一窗口"先行推进措施实施期为 7 年。2027 年 12 月 31 日前，欧盟委员向欧洲议会提交欧盟海关"单一窗口"环境运行情况报告，包括"欧盟海关单一窗口"单证交换系统（EU CSW-CERTEX）的整体情况评估，此后每三年评估一次。欧盟根据海关与其他进出口贸易主管部门之间的数字化协作开展情况，评估欧盟海关"单一窗口"环境的功能和实施效果，及时更新、优化、整合系统流程，确保简化通关手续，有效执行各项监管制度。

（三）欧盟海关"单一窗口"的工作条例

2020 年 10 月，欧盟委员会提出了欧盟海关"单一窗口"环境（EU Single Window Environment for Customs）建设规划，制定了《欧盟海关单一窗口环境建设和制度修订工作条例》，旨在通过进一步加强欧盟及其成员进出口贸易主管部门间的协调合作，优化整合企业在进出口环节提交电子数据的渠道，逐步实现对非海关业务监管单证进行自动核查和政府部门间的进出口信息共享，持续优化营商环境，提升欧盟的通关便利化水平。该条例于 2022 年 12 月 12 日生效，为欧盟出口、过境和进口清关的"单一窗口"奠定了法律基础，其主要内容有以下几个方面。

1. 总则部分

总则规定了欧盟委员会将启动欧盟海关"单一窗口"环境建设工作，对"单一窗口"、海关合作伙伴、非海关业务手续、监管单证、数量管理、非海关业务系统等作出了解释，明确了"单一窗口"建设工作包括欧盟海关"单一窗口"单证交换系统、各成员"单一窗口"环境和非海关业务系统建设。

2. 关于欧盟海关"单一窗口"单证交换系统

欧盟委员会及其成员共同承担系统的开发和运维工作，8 个非海关业务手续于 2023 年 3 月至 2025 年 3 月间陆续上线整合，主要涉及动植物和商品入境卫生检疫、商品检验、破坏臭氧层物质、氟化温室气体、文化物品进口许可及进口声明；

系统内个人信息使用仅以数据交换和数据转换为目的，个人信息范围限定于自然人的姓名、地址、国家（地区）代码，以及根据执法需要调取的系统和监管单证内已有的信息；系统各使用方加强协调合作，确保信息互联互通和有效交换，切实保证信息的安全性、可及性和完整性等。

3. 关于成员"单一窗口"环境建设

各成员方负责本地区"单一窗口"环境建设，确保该系统与欧盟系统的有机整合和正常运行，从而为海关、其他进出口贸易主管部门、企业间高效的数据交换提供一站式解决方案，提升海关执法水平，优化非海关业务监管流程。成员方层面的"单一窗口"环境重点提供以下功能；一是海关自其他非海关业务部门系统接收货物通关数据后，系统可自动核查有关监管单证；二是系统使用方可在适当情况下对所涉非海关手续进行数量管理；三是为企业完成进出口货物海关和非海关业务手续提供统一的通信渠道，提升通关便利化水平；四是该系统可作为各使用方实施联合监管的统一行动平台。

4. 关于数字化合作、信息互换及其他程序性规定

①数据交换。海关通过"单一窗口"接收其他进出口贸易主管部门负责的监管单证信息，自动核查并反馈核销和监管结果；促进海关和非海关业务间的流程整合，以实现进出口货物通关流程的全自动化，支持实施一站式解决方案；支持欧盟法律法规许可的海关与其他进出口贸易主管部门之间的自动数据交换共享，必要时可进行数据格式转换，以提升数据兼容性。

②与非海关业务流程有关的其他数字化合作。为企业提供提交非海关业务监管单证的统一平台，向企业反馈监管结果；在监管过程中确定是否满足以下条件：海关要求提交的监管单证确为必需文件、主管部门核发的特定监管单证数量准确、其他非海关业务系统中的企业信息可在经营者注册和识别号码（EORI）系统中识别、成员方层面支持在"单一窗口"环境中进行非海关业务数据共享的法律法规完备。此外，欧盟委员会将对欧盟层面的共享信息和成员方层面的个别共享信息需求分别作出规定。

③与非海关业务流程有关的其他程序性规定。系统所有的使用方均可使用EORI系统，成员方层面需指定一个主管机构为联络机构来统筹欧盟海关"单一窗口"环境建设工作。

5. 关于系统费用和工作机制

欧盟海关"单一窗口"单证交换系统的开发、整合、运行、维护等费用由欧盟承担，各成员方承担本地区"单一窗口"建设及相关费用。欧盟将组织专项工作推进"单一窗口"建设，定期对项目实施情况进行评估。

6. 关于授权程序和制度修订

根据《欧盟海关单一窗口环境建设和制度修订工作条例》有关内容，欧盟委员会在征求成员方意见的基础上，可授权有关部门和机构使用欧盟海关"单一窗口"单证交换系统，并向欧洲议会报告，如两个月内未收到反对意见，即可完成授权程序。

（四）欧盟海关的过境制度

1. 欧盟主要过境制度

①欧盟过境制度用于规范货物在欧盟成员间的过境业务，主要包括：欧盟货物及部分特殊欧盟货物运往欧盟过境制度国家或经由以上国家的过境业务，以及将欧盟过境制度国家为起运地和目的地，但需经第三国（地区）关境的过境业务。

②共同过境制度。用于规范货物在欧盟成员、欧洲自由贸易联盟成员（冰岛、挪威、列支敦士登和瑞士）、土耳其和北马其顿之间的货物运输。

③《国际公路运输公约》（TIR），涉及运输车辆或集装箱安全、国际担保、TIR 手册、海关监管互认、严格准入等业务。根据 TIR 协定，持有 TIR 手册的集装箱公路运输承运人可在不缴纳关税的情况下进行过境运输，其中欧盟作为单独关境对待，欧盟各成员则单独签约。

④其他国际过境制度。主要包括：暂准进口单证册（ATA）、曼海姆公约（主要规范经由荷兰、德国、法国、比利时、瑞士等莱茵河沿岸口岸的货物运输）、北约 302 号文件（主要规范北约军用物资运输）、快件包裹过境制度（万国邮政联盟等）。

2. 欧盟过境制度和共同过境制度的主要特点

①直接货物运输：在欧盟过境制度和共同过境制度规范下，过境货物经由成员海关过境时，可直接由起运地运抵目的地，而无须在过境国（地区）办理过境手续。

②信息化过境系统：欧盟成员间建立了统一的信息化过境系统，实现了成员海关间的实时信息共享、电子传输、有效监管和数据统计，同时也进一步提高了监管验放效率，简化了行政审批手续，提供了更多元化的信息服务等。

③担保制度。分为单一担保和多项担保两类业务：单一担保业务仅由担保人对一项海关业务提供担保，一般为涵盖了全部应缴税款和其他费用的现金担保；多项担保业务则由担保人对多项海关业务提供担保，担保金一般为一周内多项海关业务的应缴税款和其他费用，或根据特定条件降至 30% 或 50%。

④简化手续。欧盟海关可对符合特定条件的承运人提供以下简化手续：全面

担保，授权发货人，授权收货人，使用特殊关封，更改已备案货物运输行程，简化过境手续办理，其他本国、双边、多边简化手续等。例如，有全面担保资质的收发货人，可在不到海关办理手续的情况下直接将货物存于海关授权场所。

3. 欧盟过境安全措施

欧盟海关实行事先电子货运申报制度，并建立有欧盟自动风险管理框架，同时对经认证的经营者（AEO）提供差别化便捷服务。但并非所有过境运输货物都适用事先电子货运申报制度，且欧盟与瑞士、挪威间暂无货物运输安全措施。

三、荷兰"单一窗口"

（一）海关与其他边境部门协作

荷兰海关以征收关税、保护边境和提升竞争力为目标，加强与商界、其他政府部门合作，强化欧盟内部协调边境管理，提升口岸物流效率，建立风险分析，广泛收集信息。荷兰海关的合作伙伴包括其他国家（地区）的海关、行政部门和执法机构，以及企业和研究机构。荷兰政府在法规和条例的执行方面做了很大的努力，按照符合荷兰和欧盟成员间共同认可的操作标准，针对不同项目与其他机构开展相应的合作，在各个层面协调边境管理。

荷兰海关的监管任务主要来自荷兰政府中的农业自然及食品品质部、经济事务部、教育文化和科学部、财政部、外交部、卫生福利及体育部、基础设施和环境部、公共安全和司法部8个政策制定和立法部门。上述部门授权荷兰海关在边境开展相关领域执法，海关与各部门每年会对执法情况开展评估，讨论下一年度工作安排。

在执行层面，荷兰海关与食品和消费品安全局（NVWA）、环境和运输检查机构（ILT）、国家文化遗产机构、财政信息和调查局（FIOD）、荷兰核安全和保护机构（ANVS）、卫生监督局等部门及警方在边境建立合作关系。此外，荷兰海关与鹿特丹港、史基浦机场空港等地方行政或物流管理机构开展合作，以降低物流延迟等可能造成的不利影响。

为加强跨部门协调，荷兰海关在业务成立"SHEE小队"，小队成员由海关各领域专家组成，主要工作目标聚焦于安全、卫生、经济和环境四个方面，通过电话或现场援助、提供专业的信息和业务培训、发挥实验室作用或援引其他部门专家等方式开展专业性合作，主要合作对象是食品和消费品安全局（NVWA）、环境和运输检查机构（ILT）。

此外，在鹿特丹港由海关牵头成立了"彩虹组"，作为边境管控的日常协作机制，主要作用是协调与边境管理相关的食品和消费品安全局（NVWA）、环境和运输检查机构（ILT）、环境管理部门（DCMR）、就业和社会事务监管部门（IE&SA）、国家警察和港务部门等单位，讨论确定边境管控重点事项等。

（二）荷兰"单一窗口"建设

荷兰"单一窗口"是荷兰海关与其他政府部门间，以及相关政府部门与企业间进行电子信息传输交换的必要工具，根据荷兰两大港口鹿特丹港和史基浦机场空港的实际情况，主要提供海运和空运申报执法服务。

作为荷兰电子政务计划的重要部分，荷兰政府部门建立了数码港平台（Digiport 平台），作为处理政府信息流的中央枢纽和面向商界的"政府电子邮局"。该平台提供可用于企业与政府部门进行信息交换的通信基础设施，进、出口商通过该平台向多个政府部门提交信息时，只需一次提交即可，政府机构可在整个业务链中实现自动化流程处理。

为加强与产业界的信息交换与合作，荷兰开发了"贸易与运输单一窗口"系统，通过连接公共部门和私营机构实现物流网络的无缝整合和一站式服务。该系统的研发基于两个平台：海运"单一窗口"和内陆航运"单一窗口"。这两个平台的连接加强了内陆航运和海港间查验的协调配合，使得查验逐步向"单一执法部门"的方向发展。海运"单一窗口"平台的承建方为 Portbase 公司，该公司由鹿特丹和阿姆斯特丹两家港务运营单位共同筹建，为非营利性质的国有企业。

在"贸易与运输单一窗口"框架下，荷兰还启动了中立物流信息平台项目。物流被确定为荷兰经济的龙头产业，物流行业和政府间的充分信息沟通将使物流业保持竞争力。在此背景下，荷兰海关与其他公共部门和私营机构开发了中立物流信息平台（NLIP），旨在协助承运商、物流提供商、港口和政府部门更好地管理供应链，减少干预，提高效率。该平台将空运"单一窗口"（Cargonaut 系统）、海运"单一窗口"（Portbase 平台）以及 Digiport 平台连接起来，使各平台储存的信息实现共享，政府和私营机构可根据各自的使用目的反复使用这些数据。

荷兰"单一窗口"使用世界海关组织（WCO）推荐的统一数据格式（Data Model）实施建设，2019 年实现了所有申报信息的电子方式传输。通过"单一窗口"，实现了货物数据的"一次申报"和提前申报。企业申报数据通过"单一窗口"传送给海关、移民局及食品和消费品安全局，政府部门的执法状态和结果也会通过"单一窗口"反馈给企业。同时，"单一窗口"具备延伸的贸易服务功能，例如，可以将物流信息传输给港口部门并与海关查验信息互通，从而提高港口物流效率。

荷兰海关通过申报信息自动审查系统辅助监管作业，从而加强海关与其他部门的配合；通过货物风险分析控制系统（PRISMA）实现进出口货物风险信息分析比对；通过申报无纸化和提前申报来节省申报时间。荷兰海关在客户导向理念的指导下，不断推进海关与商界的关系，密切与企业的联系，加强与企业的交流，不仅为企业提供法律法规政策咨询和海关信息，而且对关企合作间产生的问题也积极寻求对话解决，逐步将被动式的联系变为主动式的合作伙伴关系。

四、芬兰"单一窗口"

（一）芬兰"单一窗口"基本情况

芬兰是欧盟成员中较早开展"单一窗口"建设且成效明显的国家，20世纪90年代就开始了"单一窗口"的研究，2000年建立了芬兰"单一窗口"——PortNet系统。PortNet系统由芬兰国有软件公司——VTTK负责开发，芬兰海事局运营，芬兰海关、移民局等口岸管理部门全部接入该系统，实现数据共享和业务协同，口岸治理信息化水平较高。

一是遵照欧盟统一顶层设计。欧盟"单一窗口"建设分为两个层面：欧盟层面，统一研究制定"单一窗口"系统的基本要素、数据模式和标准，并据此开发建设欧盟"单一窗口"系统；成员层面，各成员按照欧盟统一标准建设各自的信息化管理系统，并根据实际业务需要拓展服务功能。各成员系统与欧盟"单一窗口"系统连接。这种建设模式与中国"单一窗口"的中央和地方两个层面建设类似。芬兰PortNet系统在欧盟统一的顶层设计下建设，统一的标准使得芬兰PortNet系统可以与欧盟其他国家实现信息共享、业务协同和系统的互操作性。

二是大力推进"单一窗口"建设。芬兰"单一窗口"以企业需求为导向，不断迭代、完善，2019年已升级为PortNet 3.0。系统采用了业界主流技术和开放理念，支持多种接入方式和技术标准，降低了各参与方的接入门槛。系统功能包括到港/离港通知、货物申报、危险品进港申请和回复、集装箱到港通知、支付航运手续费和减免航运手续费、船舶数据库、自动生成国际海事组织（IMO）便利化7张表格、预订港口相关服务等。

为了推广PortNet系统，在应用推广初期，对应用企业给予费用减免优惠，几大口岸运营单位给PortNet用户提供1%的口岸费用减免。此外，还提供多样化的应用培训，举办大型培训班，在网站上发布培训视频，多次在国内和国际上做系统推广展示，并积极联系相关机构鼓励其加入该系统。截至2019年年底，PortNet系统注册用户约2500家，日均访问用户约1000家，年服务国际航行船舶约7万艘，系统应用率达到99%以上。

2016 年修订的《欧盟海关法典》强制规定，报关、清关等各环节必须经过电子系统进行申报。2019 年 8 月 15 日，（EU）2019/1239《建立欧洲海上单一窗口环境数据集》法规生效，2025 年起全面实施。该法规进一步统一船舶抵达或离开欧盟港口时提交信息的规则，将有效减少航运公司行政负担，加快海上运输和促进信息互通，办理口岸行政手续所需时间将会减半。

三是多渠道保障平台建设经费。PortNet 系统免费给企业使用。芬兰海事局、海关分别支付部分 PortNet 系统的建设及运维费用，同时，21 个大型口岸运营单位也需分摊建设和维护费用。另外，芬兰政府积极向欧盟欠发达国家（地区）推荐 PortNet 系统。

（二）芬兰"单一窗口"建设经验

1. 顶层设计延续性强

芬兰"单一窗口"建设采用了欧盟的统一标准和联合国（UN）有关机构的建议书，并且在 10 多年的实践中不断完善，既保障了欧盟成员间的互联互通，又具备可操作性，各相关方协同顺畅。经过长期磨合，芬兰各机构间已经建立起了协作机制，通过协商决定融资、技术领导、法律支撑等重大事项，实现有效管理。

2. 紧跟科技前沿

芬兰在积极考虑建设更加完备的掌上申报系统，同时也就如何应用人工智能和大数据技术优化 PortNet 系统，开展前瞻性研究。此外，各港口也在积极运用最新技术进行信息化改造，以图尔库港为例，在欧盟资金支持下，该港口启动了名为新一代互联系统（Nextgen link）的港口改造计划，在扩建港口等基础设施的同时，引入 5G 通信、智能查验等先进技术，提升查验效率和口岸管理能力。

3. 法律体系非常完备

相关法律规定十分详细具体，特别是针对贸易对象和税基等规定涵盖了财政经济等可能领域的诸多方面，由此建立了完善而庞大的贸易和税收管理法律体系。充分的法律依据和严谨细致的具体规定，使任何一项执法行为都有法可依、有章可循。

4. 芬兰海关非常注重对进出口企业的信用管理

充分利用风险分析、后续稽查等手段，将实际监管前推、后移至进出口贸易链条的各个节点，甚至可以延伸到市场销售环节。相对完善的违法惩戒制度和执行标准，有力地震慑了潜在的违法意愿，形成了"不敢违法"的贸易经营环境。

五、俄罗斯“单一窗口”

俄罗斯联邦海关署通过“单一窗口”机制积极推动和实施无纸化，目的是使纸质流程向电子流程转变，以使提交给一个政府部门的电子文件，其他相关部门均可利用。俄罗斯“单一窗口”分五个阶段实施：一是投入使用海关电子系统，该系统可以对海关申报进行电子处理；二是引入“单一窗口”监管框架，相关机构可以通过电子方式进行合作，发放外贸活动所需全部许可；三是建设“单一窗口”跨境信息交换平台，通过“单一窗口”将所有海关进出口监管点连接起来；四是将“单一窗口”机制转换为全面一体化的“单一窗口”，保证物流链上所有相关方（政府部门、商界和服务提供商）之间直接、有效地交换信息；五是通过双边或区域跨境信息交换平台整合对接相关国家（地区）“单一窗口”，使国家（地区）“单一窗口”之间实现连接和协同工作。

2014 年开始，海关部门在海运口岸部署了一个系统，相关方可以电子方式进行交互和合作。此外，欧亚经济联盟框架下建设“单一窗口”的工作也在进行中。根据欧亚经济联盟最高理事会 2014 年 5 月 29 日第 68 号决定《关于对外经济监管体系单一窗口机制发展方向》，欧亚经济联盟成员相关部门和商界代表制定了 2020 年前关于建立“单一窗口”和将“国家单一窗口”整合为跨境“单一窗口”的行动计划。

《欧亚经济联盟海关法典》根据国际标准和实践对海关手续进行了实质性简化，其规定，在开展有关货物抵离港及报关等海关业务时，可以使用“单一窗口”系统。这是通关作业一次性向监管部门提交证件的法律依据。随着《欧亚经济联盟海关法典》的施行，货物放行时间从报关单登记时刻算起缩短至 4 小时，前提是报关单经检查不需要额外递交其他文件。

《欧亚经济联盟海关法典》对所有欧亚经济联盟成员具有约束力，俄罗斯联邦也将针对新的海关法典修改其国内法。根据欧亚经济委员会最高理事会 2015 年 5 月 8 日第 19 号决定，海关和其他边境监管机构建立“国家单一窗口环境”的目标时间是 2019 年 12 月 31 日。俄罗斯联邦海关署开发的海运口岸门户系统，部署在海运检查点，就是“单一窗口”系统的一个组成部分，可以确保在海运口岸的相关各方基于网络技术进行信息互动。

自 2018 年开始，海关与相关方之间的互动已经完全转向电子文档管理。它涵盖公共服务提供、关税和税费支付管理、清关后审计、对决定书的申诉、海关当局作为或不作为等。2018 年 5 月第 204 号总统令关于国家发展目标提出要在 2021 年前建设"单一窗口"系统，以减少国际贸易领域的行政障碍。未来"单一窗口"的要素已整合在海港门户网站中，有助于监督通过俄罗斯联邦海上检查站的贸易流动。

六、其他国家"单一窗口"

（一）白俄罗斯"单一窗口"

截至 2022 年底，白俄罗斯"单一窗口"仍在实施阶段。"单一窗口"网站是 2018—2019 年期间启动的，该国计划 2022—2023 年期间启动新网站。"单一窗口"建设牵头部门是外交部外经贸局，目前参与部门有海关、运输、信息通信、铁路和一些许可监管机构，预计未来还会有工业、金融、农业、央行、税务、市场、林业、航空、外汇、科技等部门加入。"单一窗口"的技术实施单位是政府性质的国家电子服务中心，未来将新确定一个长期固定的技术实施机构。

白俄罗斯"单一窗口"已具备货物申报、许可证件、电子支付、统计查询等功能，其他还包括与海关系统交换共享信息，以及国际铁路运输承运人之间电子货运单证交换等。未来有关运输工具、企业资质、金融服务、通关评估、退税、跨境电商、加工贸易和保税服务、智能物流跟踪、大数据应用等功能也会跟上。

在"单一窗口"互联互通方面，2004 年 7 月，白俄罗斯铁路公司与俄罗斯铁路公司就国际铁路货运电子数据交换签署了协议，实现两国铁路承运人之间运输单证电子数据交换，传输的数据类型包括 SMGS 铁路运单、列车转运单、发票、装箱单等。2012 年 11 月 12 日，白俄罗斯铁路公司与俄罗斯铁路公司签署了一项利用无纸化电子单证共享实现私营铁路货物运输转移的协议，传输铁路货运注册电子签名信息。此外，俄白两国通过项目合作在外贸企业和监管部门间建立电子交互，并在俄罗斯纳乌什基站和白俄罗斯布雷斯特两地沿线进行了电子海关过境程序测试，并拟将其扩展到欧亚经济联盟成员之间的其他铁路运输路线。

（二）英国"单一窗口"

英国自脱欧后，着手实施"单一贸易窗口"，贸易商可通过单一门户将进出口全部信息提交给英国边境管理部门。

英国没有统一履行检验检疫的部门，而是由英格兰、苏格兰、威尔士和北爱尔兰四地不同部门或机构负责，致使英国履行边境检查职能的部门数量较多。以植物和植物产品检验检疫为例，在英格兰和威尔士是由两地的英国环境食品和农村事务部（DEFRA）负责，在苏格兰是由苏格兰行政环境与农村事务部（SEERAD）

负责，而在北爱尔兰则是由北爱尔兰农业和农村发展部（DARD）负责。仅英格兰、威尔士、苏格兰三地涉及履行海关全面检查边境职能的机构部门就多达 37 个。

为简化进出口企业申报，加强跨部门间协调合作，提升跨境便利化水平，英国志在建设全球领先的"单一贸易窗口"，并且将其作为英国海关智能化建设的重点工作之一。英国政府正在重新审查和修改全面边境检查计划，尤其在智能化建设和数据使用方面，明确 2023 年年底建设"单一贸易窗口"的计划生效。

此外，英国也在实施东南亚国家联盟—英国对话伙伴关系行动计划（2022—2026），其中一项任务就是完善信息通信技术（ICT）和数字集成工作，就"东盟单一窗口"（ASW）与英国"国家单一窗口"互通可能性进行研讨，探索最佳实践，通过交换数字贸易文件来降低贸易交易成本。

（三）加拿大"单一窗口"

加拿大边境服务局（CBSA）推出了两项促进贸易的举措，其中一项就是"单一窗口"措施（以下简称 SWI）。加拿大海关法及其实施条例、《进口货物报告条例》以及《货物运输条例》提供了加拿大进口程序的主要框架。"单一窗口"措施（SWI）于 2015 年 3 月启动，允许进口商通过综合进口申报平台，对受监管和非受监管货物的舱单信息实行单一电子传输，以满足多个政府部门的全部进口监管要求。综合进口申报提交的信息可在货物到达前 90 天内发送至加拿大边境服务局进行处理。

加拿大边境服务局将进口商的数据直接传输给负责监管货物的相应部门，由该部门审核评估后，将相应决定发送给加拿大边境服务局。截至 2018 年 11 月，有食品检验、核安全、环境与气候变化、渔业与海洋、全球事务、医疗健康、自然资源、公共卫生、交通运输九个部门参与 SWI，共提出了 38 个项目需求。未来，综合进口申报平台将是各政府成员单位（PGA）实施货物监管的唯一电子放行渠道，此前的到货前审查系统（PAR）和最简文件发布系统（RMD）将会被取代。

（四）波兰"单一窗口"

波兰"单一窗口"建设由海关部门牵头，于 2021 年启动建设，2022 年为部分实施阶段。波兰有 14 个进出口许可证审批发放机构，包括农业农村、经济发展、环保和环保督察、农业和食品质量检查、卫生和卫生监督、兽医、植物卫生和种子检查、环境、药品监督、国家农业支持中心、区域海洋渔业监察、医药产品、医疗器械和生物杀灭产品注册等部门。

波兰海关会同相关合作伙伴主管当局（PCA）密切合作实施"单一窗口"建

设。没有自建 IT 系统的合作伙伴主管当局（PCA）将可以通过"单一窗口"平台的"合作伙伴模块"发放证书给进出口贸易企业，已有 IT 系统的合作伙伴主管当局（PCA）将实现与"单一窗口"的系统对接和数据交互。因此，"单一窗口"可以覆盖海关申报所要求的所有合作伙伴主管当局（PCA）文件。波兰"单一窗口"计划对接欧盟海关"单一窗口"证书交换系统（EU CSW-CERTEX），以实现合作伙伴主管当局（PCA）认可的欧盟有关单证的传输交换，并在欧盟层面进行可用性检查和数量管理。

2021 年年底，与渔业监察局合作向经营者提供首个电子服务——捕捞证。2022 年第二季度开始，通过"单一窗口"发放有关卫生、植物检疫和兽医的电子单证。

第三节　非洲和拉丁美洲

一、毛里求斯"单一窗口"

毛里求斯规定所有报关单都必须以电子方式提交，其最早的"单一窗口"——贸易网（TradeNet）是一个电子数据交换系统，于 1994 年实施，它允许在线向海关提交舱单、报关单、原产地证书、进出口许可证和其他贸易单证。除了商业性质的银行，其他如报关行、船务代理和货运代理也都实现了与"单一窗口"联网，从而实现了关税和税费的电子支付。贸易网还支持提交申请与办理各部门管理的进出口许可证件。自 2013 年开始，进口商和报关行可以通过手机追踪报关状态，包括付款和托运清关状态。毛里求斯"单一窗口"网站如图 19 所示。

2016 年，毛里求斯开始实施新版"单一窗口"——贸易通（TradeLink），它是贸易网（TradeNet）的一部分，用于在线申请、办理和审批贸易相关许可证件等，也是许可证申请和处理的唯一渠道，用于减少通关作业时间和成本。截至 2022 年年底，所有参与进口货物清关的相关部门都已连接到"单一窗口"，涉及海关、海事、交通、工业、金融、自然资源、农业、卫生、央行、税务、市场、广播电视、林业、医药、外汇等部门。

毛里求斯"单一窗口"已具备货物申报、舱单、运输工具、许可证件、银行和保险服务、通关时效评估、电子支付、退税、统计和查询、跨境电子商务、加贸保税等功能。截至 2021 年 5 月，13 个有进口监管证件的部门中，只有药监委、环

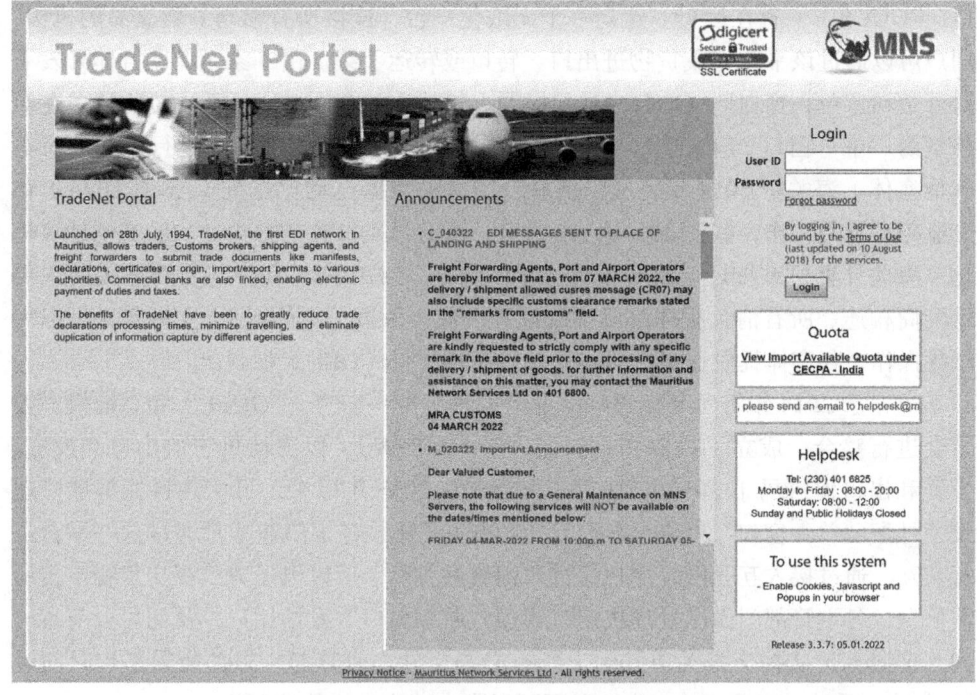

图 19 毛里求斯"单一窗口"网站首页

境部、固废物管理和气候变化等部门还需要人工办理进口许可证件，但也在和贸易网（TradeNet）开展系统对接。

为了简化港口有关业务单证，将路易港建设成为智能港口，毛里求斯正在建设海事"单一窗口"（MSW），使停靠路易港的船只在入港之前能更快速、简便、合理地清关。

此外，毛里求斯还启动了一个名为贸易"单一窗口"（ISWT）的新项目。该项目可为所有贸易主体提供单一门户，并将利用最新技术确保其先进性。

二、西非国家经济共同体"单一窗口"

多哥自 2014 年以来，分步骤推进企业开办手续便利化。企业手续中心（CFE）是创业开办手续的"单一窗口"，并具有企业商品注册手续办理功能。企业开展货物清关，需要提供发票、装箱单、提单、电子货物跟踪单（BESC），以及负责在目的地检验货物的公司出具的验证证书。必要时可能还需要其他文件，如原产地证书、卫生检疫证书、植物检疫证书等。自 2014 年 6 月以来，对外贸易"单一窗口"（GUCE）一直在运行。这是一个无纸化平台，连接所有参与外贸交易的机构，用户可以通过该平台完成货物进出口、转口或转运手续。由一家企业联合体开发了对外贸易"单一窗口"（GUCE），并根据十年特许权合同进行运营。货物清单在对外贸易"单一窗口"（GUCE）申报后，将自动转发给使用该平台进行清关的所有其他实体。海关于2014年完成了向联合国海关数据自动化系统（ASYCUDA）移交业务系统的工作，截至2016年12月底，所有涉及清关的办事处均已实现计算机化。海关计算机系统还与对外贸易"单一窗口"（GUCE）和参与货物清关的主要运营商相连。所有清关程序都已实现计算机化（从报关到放行），文件传送可以无纸化操作。各实体提供服务的成本在单一费用文件（DFU）中列出。

　　贝宁于2014年将贸易促进局、业务办理"单一窗口"（GUFE）和总统投资委员会进行整合，成立了投资和出口促进局（APIEX），以支持贝宁的出口和投资。投资和出口促进局于2015年10月开始运营。2015年以来，贝宁在科托努港口建设了外贸"单一窗口"，促进交易无纸化和简便化，各部门业务都通过这一平台进行交互。通过接入互联网，用户（进口商或报关行）可以电子方式提交货物申报所需信息，各主管部门做出处理决定，通过"单一窗口"发给用户，从而可以节省时间。据测算，从提交报关单并附上所有必要文件之时算起，报关所需平均时间是48小时。同时，建设"单一窗口"还可以大大减少港口物流延误。

　　尼日尔针对从事进出口贸易的贸易商的强制性登记程序仍然复杂的情况，由工业部部长办公室牵头建设外贸手续"单一窗口"（GUFCE）。主要实现的功能包括：一是对进出口企业认证授权；二是指导进出口企业的贸易规则；三是收集贸易信息。2022年，外贸手续"单一窗口"（GUFCE）不再向进出口企业提供识别号，企业只需在NIF数据库中注册即可。除企业身份认证（NIF）外，进口商、出口商还必须提交年度证明，证明其税务状况良好，方可向外贸手续"单一窗口"（GUFCE）提交注册申请。

　　布基纳法索企业协会（MEBF）成立于2002年，主要由私营部门管理，是企业家特别是中小企业创业者的信息和咨询中心。布基纳法索企业协会（MEBF）提供了几个便利化行政办事窗口，即建筑许可证便利中心（CEFAC）、瓦加杜古商业手续中心（CEFORE）和贸易投资单一窗口局（DCGU-CI），这些"单一窗口"都连接进出口交易虚拟联络系统（SYLVIE）。其中，贸易投资单一窗口局（DCGU-CI）隶属贸易部，有关贸易和投资领域的授权认证都由贸易投资单一窗口局（DCGU-CI）负责。

　　科特迪瓦政府与一家私营公司签订合同，为边境部门建立对外贸易"单一窗口"（GUCE），方便进出口经营者办理手续。据海关称，拟纳入对外贸易"单一窗口"（GUCE）的 16 项功能中，大部分已于 2017 年 5 月投入使用。

三、巴西"单一窗口"

巴西的贸易便利化政策中，新的单一窗口项目发挥至关重要的作用。它为履行《贸易便利化协定》（TFA）有关承诺提供了基本框架，如风险管理、运抵前处理、放行时间发布、边境机构合作，以及查验手续和单证要求等。20 世纪 90 年代，巴西重新开放贸易，其中建立电子"单一窗口"——综合外贸系统（SISCOMEX）就是这一进程的一部分，分别于 1993 年和 1997 年实施了系统的出口部分和进口部分，并要求所有涉及外贸业务的政府都使用"单一窗口"来处理其进出口要求和手续。

综合外贸系统（SISCOMEX）利用自动化和信息技术进行了重大改进，然而它并没有履行其作为"单一窗口"的承诺。随后几年，外贸复杂度、交换的货物数量，以及外贸业务相关机构数量都大大增加。在内部，还促成了政府机构的重组和关于贸易管制的新政策。在综合外贸系统（SISCOMEX）最初的设计中没有考虑到在实施这些额外控制方面缺乏协调，导致必须访问不同系统，重复输入数据。

综合外贸系统（SISCOMEX）的设计目的是服务于旧的法规，但是无法符合新的程序和要求，过时的架构和日益增加的复杂性成为改革的严重障碍，因此需要全新的努力。首先是要采用业务流程建模方法来重新设计巴西政府处理外贸业务的方式，新的制度和条例也将以新的工作流程为基础，而且整个贸易界都要参与进来，充分考虑不同利益相关者的关切，以获得最佳结果。为此，巴西建立了外贸现代化物流联盟（以下简称 Procomex 联盟），由贸易商、报关行、机场、港口、货运代理、海事公司、快递公司、信息技术服务提供商等共 80 个实体组成。

2011 年，Procomex 联盟开始牵头绘制所有外贸流程图，邀请 11 个相关政府机构和 390 多家公司和协会参加，最终于 2014 年启动了新的外贸"单一窗口"计划——对外贸易门户网站。由新系统支持的新程序最大限度地减少原来的官僚工作，相关部门日常工作的重要性不仅得到了认可，而且与其他边境机构的新式合作得到加强。这一成功经验的关键是找到能够满足所有利益相关方关切的解决方案。例如，开展数据协调工作大大简化了许可证件和其他贸易单证的申请手续，使这些单证能关联到相应的海关申报单。

重新设计"单一窗口"导致公共和私营部门之间新的伙伴关系模式形成。边境机构之间的合作提高了可预测性，节省了货物跨境运输时间和成本。2018 年 8 月已完成出口业务向新的"单一窗口"的过渡，平均出口业务时间已从 13 天缩短至 9 天（海运）。2019 年 10 月，新的"单一窗口"开展进口业务试点，可将处理进口业务的时间从 17 天缩短至 10 天。

四、古巴"单一窗口"

古巴"单一窗口"（VUCE）由古巴外贸和对外投资部和海关部门牵头，海事、运输、金融、农业、卫生、林业等 28 个涉及许可证发放的政府部门共同参与，于 2021 年 8 月份启动建设，古巴外贸和对外投资部请求联合国贸易和发展会议（UNCTAD）为设计外贸"单一窗口"项目提供支持，联合国贸易和发展会议（UNCTAD）与古巴计算机应用公司——DESOFT 共同负责实施，欧盟提供建设资金，2022 年处于部分实施状态，已经完成 VUCE 立法工作。

联合国贸易和发展会议（UNCTAD）提供的软件解决方案包括 eRegulations、eImplications、eRecords 三部分。eRegulations 是一个内容管理系统（CMS），允许在线记录和发布不同程序；eImplications 是联合国贸易和发展会议（UNCTAD）提出的"单一窗口"实施方法步骤，包括简化行政程序的十项原则；eRecords 是"单一窗口"开发平台，用于开发所需应用程序。

古巴"单一窗口"第一阶段是外贸电子"单一窗口"开发阶段，使"单一窗口"方便进口商、出口商以简单的程序线上申报及接收反馈结果，可实现外贸业务处理时间减少 80%，2022 年已具备货物申报、舱单、许可证件、企业资质、通关评估等功能。第二阶段将实现所有外贸产品许可证件在线申领和货物通关，预计可减掉 75% 的处理程序和 80% 的流程时间，计划于 2024 年完工。

在对外合作方面，古巴已和俄罗斯海关进行了交流，并且根据与越南的双边贸易协定开展了一个项目。

五、巴拿马"单一窗口"

巴拿马于 2012 年开始投入使用外贸"单一窗口"（VUCE），它是办理各种手续的一站式实体办公室，仅用于出口或再出口程序。出口商可以在外贸"单一窗口"（VUCE）办理出口所需的任何证件或授权书。进口需要报关行协助，出口（或再出口）则不需要。出口所需文档包括：海关程序启动通知、出口申报、税表、运输文档、商业发票、原产地证及可能的动物健康证明。通过外贸"单一窗口"（VUCE），出口商可以提交文档或处理出口（或再出口）所需任何其他种类的许可证或授权书。

2016 年，巴拿马建立手续办理"单一窗口"（VUT），用于快捷处外贸单证和许可证，以及巴拿马科隆自由贸易区（ZLC）所需的其他单证。

2017 年，巴拿马海事"单一窗口"（VUMPA）投入使用。巴拿马海事局（AMP）作为运营方对有关港口改革措施进行了精简，提高了港口运行效率。企业通过 VUMPA 能够完成货物申报、船员名单申报，以及船舶的抵港、停靠、离港和转运、相关支付等功能。根据有关部门的说法，VUMPA 可以实现自动监管、数字化文档受理（减少纸质材料），以及船舶抵港前的 100% 风险评估等，以尽可能缩短周转时间（预计全年可为港口码头节省 6000 小时）。

巴拿马海关正在开发"通关＋物流"集成项目，通过集成技术、基础设施和财政监管模块来促进边境程序现代化。在中美洲地区贸易便利化和竞争力战略的承诺框架下，巴拿马和哥斯达黎加将以协调边境管理（CBM）为重点，共同建立海关和移民"单一窗口"，促进两国之间人员往来。

此外，巴拿马在行业发展法案中明确了建立行业"单一窗口"，将公共机构用于保障工业、农业运转所需的程序集中起来。

六、其他国家"单一窗口"

（一）埃及"单一窗口"

建立"单一窗口"是埃及执行《贸易便利化协定》，促进贸易便利工作的一部分，埃及 2015 年第 2295 号法令规定了建立贸易便利化委员会，由工业和贸易部牵头，成员有交通部、财政部、投资和国际合作部、央行、工会和商会等，致力于推进建立"单一窗口"。为推动"单一窗口"实施，埃及海关借鉴其他国家经验和做法，设立专门工作组，下设四个机构分别负责立法、单证、程序和技术。同时，交通部、海事局和贸易部等部门也设立了类似工作组。2022 年已完成理论研究，下一步进行业务流程、程序和单证简化的探索。

（二）几内亚比绍"单一窗口"

几内亚比绍已建成用于企业经营者（法人）在一个地方办理部分行政程序的"单一窗口"，例如，创建企业及获得经营许可证。自然人要获得经营许可证需向贸易部门申请。2011 年，该国为腰果出口成立了出口许可证跨部门委员会，由贸易部领导。2014 年 5 月，该国海关部门为腰果出口相关行政程序设立了"单一窗口"。

（三）尼日利亚"单一窗口"

尼日利亚通过投资国家"单一窗口"项目来加强跨部门信息交换，完善通关技术平台，增加税收并提高效率。该基金还侧重于投资工业化项目，以刺激经济增长和社会发展。国家主权投资局（NSIA）的活动通过将尼日利亚经济定位在竞争力和多样化的道路上来促进尼日利亚经济发展。

尼日利亚农业检疫局（NAQS）是联邦农业和农村发展部下属的一个机构。NAQS 运营一个"单一窗口"，以电子方式处理文件要求（例如，许可证申请和签发）和货物边境检查安排。

（四）阿根廷"单一窗口"

2013 年，阿根廷海关开始使用联邦公共收入管理局（AFIP）引入的新系统 Malvina 计算机系统（SIM）来取代 MARIA 计算机系统，用于记录和处理进口 / 海关申报。

2014 年，联邦公共收入管理局（AFIP）建设了外贸"单一窗口"（VUCE），或称电子"单一窗口"。外贸经营者可通过外贸"单一窗口"（VUCE）获得货物进出口和转关的必要认证和证书。理论上，外贸"单一窗口"（VUCE）向外贸业务主管部门、外贸有关私营机构，以及海关登记在册的外贸经营者开放。不过实际上，只有某些机构能够加入外贸"单一窗口"（VUCE），因此通过外贸"单一窗口"（VUCE）只能处理部分业务。2015 年，外贸"单一窗口"（VUCE）增加了新的智能工具，称为海关程序计算机系统（SITA）。该工具使在海关登记在册的外贸经营者能够以电子方式完成各种程序，并以数字形式提交证明文件。

2015 年建设了综合进口监控系统（SIMI），旨在控制和管理进口消费品的风险。进口商在进口货物前必须按照综合进口监控系统（SIMI）要求申报信息。主管部门须在 10 日内作出答复，进口商可以通过系统跟踪业务办理流程。

2016 年，阿根廷外贸单一窗口（VUCEA）开始建设，2019 年投入运行。任何机构涉及外贸领域相关法规信息发布都要纳入外贸"单一窗口"信息中心（CIVUCE），以便贸易商及时掌握。

2019 年，阿根廷成立了贸易便利化国家委员会，目的是促进内部协调和适用世界贸易组织（WTO）《贸易便利化协定》的规定。

第四章

中国"单一窗口"建设

第一节　电子口岸早期建设

一、电子口岸产生背景

　　电子口岸是经国务院批准，由海关总署会同国家国家发展改革委等十多个部委共同建设的跨部门、跨地区、跨行业（三跨）的大通关统一信息平台。它依托国家电信公网，将进出口货物流、资金流、信息流（三流）存放在集中式数据库中，实现进出口相关管理部门间与大通关流程相关的数据共享和联网核查，并为进出口相关企业提供"一站式"服务。

　　电子口岸是我国适应经济贸易全球化和信息时代发展的必然产物，它的出现顺应了我国政府在外贸领域强化综合执法能力、提高通关效率、降低贸易成本，以及打击经济犯罪的迫切需要。20 世纪 90 年代中期，不法分子利用假单证、假批文、假印章实施逃套汇、骗退税的活动日益猖獗，大量外汇通过非法渠道流入国内，国民经济秩序受到严重冲击，国家金融安全面临重大威胁。1994 年，我国实现了人民币经常项目下可兑换，企业提供订货合同、发票、进口货物报关单等有效单证，即可用人民币购买进口所需外汇，其中报关单是贸易真实性的最有力证明。但一些不法分子和企业出于走私、骗税、套利等目的，想方设法骗购外汇，非法截留、转移和买卖外汇。

　　面对这种形势，1998 年海关总署和外汇管理局联合紧急开发了第一个跨部门联网核查应用项目"进口报关单联网核查系统"，自此揭开了我国电子口岸建设的序幕。通过电子数据与纸质单证双核查，实现了海关和外汇部门的报关单数据共享，通过将报关单电子数据作为底账与纸面单证进行比对，大大提升了甄别伪造单证的水平，很快遏制住了套汇骗汇的违法活动。该系统于 1999 年 1 月 1 日起在全国范围内推广应用，当年国家外汇顺收和贸易顺差趋于平衡（外贸顺差 293 亿美元，外汇顺收 235 亿美元，其后基本实现同步增长）。

　　1999 年 3 月，时任国务委员吴仪视察海关总署工作时指示，要在巩固"全国进出口报关单联网核查系统"的基础上，尽快解决依靠计算机联网实现对出口结汇核销单、许可证、出口退税等电子数据计算机核查问题，建立进出口监管、外汇管理、许可证管理、出口退税管理等共享的数据库，全面提高进出口执法管理的综合水平。为此，海关总署会同国务院其他有关部门，全面开展了我国电子口岸的研发工作。2000 年年底，在总结"进口报关单联网核查系统"成功经验的基础上，当时国务院 15 个部委联合建设的中国电子口岸正式上线运行，并相继开发了出口收结汇、进口增值税、出口退税等一系列跨部委联网应用项目，通过建立"电子底账＋联网核查"的管理方式，收到了很好的应用成效。

随后，国务院办公厅先后多次发文推动电子口岸建设，包括 2001 年国务院办公厅印发的《关于做好"口岸电子执法系统"推广工作的通知》，2006 年国务院办公厅印发的《关于加强电子口岸建设的通知》和《关于印发国家电子口岸建设协调指导委员会工作制度的通知》，2012 年《关于印发电子口岸发展"十二五"规划的通知》，以及 2014 年年底国务院《关于印发落实"三互"推进大通关建设改革方案的通知》等，均有力地推动了全国电子口岸建设。

二、电子口岸发展阶段

经过多年的持续建设，电子口岸已逐步发展成为集口岸通关执法管理及相关物流商务服务为一体的大通关统一信息平台。其发展过程大体上可以分为三个主要阶段。

（一）电子口岸初创阶段（1997—2005 年）

20 世纪 90 年代海关总署联合国家外汇管理局开发应用的"进口报关单联网核查系统"，实现了报关单电子数据的联网交换，使得外汇管理部门能够通过电子信息与纸质单证进行核对，彻底解决了骗汇违法活动，从此揭开了电子口岸建设的序幕。系统推广应用后，"三假"（假单证、假批文、假印章）案件显著下降，海关税收大幅增长，国家贸易顺收和顺差趋于平衡，电子口岸发展史上第一个应用项目宣告大获成功。

电子口岸建设初期，主要以实现中央部委间与大通关业务有关的互联互通、信息共享和联网核查为目标，重点完成中央层面口岸电子执法系统建设。2001年，《国务院办公厅印发关于做好"口岸电子执法系统"推广工作的通知》。按照"电子底账＋联网核查"模式，海关总署会同税务、外汇、商务等部门从实际监管需要出发，先后开发了出口退税、外汇核销单、许可证等一些联网应用项目，有效地提高了执法部门和进出口管理部门的整体行政效能，取得了显著的社会效益和经济效益，得到了国务院和社会各界充分肯定，并在此过程中不断深化联网应用。

随着中央层面电子口岸建设的示范效应，各地方也根据国务院关于加强电子口岸平台建设、推进大通关制度改革的要求，开启了建设地方电子口岸的积极尝试。2002 年 5 月，经国务院批准，在上海召开了推进大通关建设提高口岸工作效率现场会。上海大通关建设现场会后，按照国务院关于"政府牵头协调、统一信息平台、手续前推后移、加快实货验放"的大通关建设要求，各地也纷纷提出共建地方电子口岸、建立大通关统一信息平台的要求。

为规范和推动此项工作，海关总署开始先后与各地方省级人民政府签署地方电子口岸建设合作备忘录，并提出"统一品牌、统一身份认证、统一数据标准"的原则，目标是建立包括交通、铁路、民航、港务等部门在内的口岸大通关信息平台，面向企业提供全面政务公开及信息咨询服务，增强政府的综合执法能力，改善地区投资环境，降低企业成本，实现数据共享和联网核查，为地方大通关服务。

（二）中央和地方两个层面协调发展阶段（2005—2014年）

2005年11月，经国务院同意，在宁波召开了全国地方电子口岸建设现场会，以这次会议为标志，电子口岸建设内容由主要面向口岸管理相关部门联网应用的中央层面建设，逐步扩展到面向企业提供一站式综合服务的中央和地方两个层面协同建设。

为进一步完善电子口岸建设有关制度和组织保障，2006年5月，国务院办公厅印发《关于加强电子口岸建设的通知》（国办发〔2006〕36号），将"口岸电子执法系统协调指导委员会"更名为"国家电子口岸建设协调指导委员会"，并且明确了电子口岸建设的基本内容、指导原则和发展目标，明确了电子口岸分为中央和地方两个层面建设的新的领导体制和工作机制，明确了电子口岸的发展目标是用五年左右的时间，把电子口岸建设成为具有一个"门户"入网、一次认证登录和"一站式"服务等功能，集口岸通关执法管理及相关物流商务服务为一体的大通关统一信息平台，坚持"统一认证、统一标准、统一品牌"，实行"共建、共管、共享"。2006年11月，国务院办公厅制定了《关于印发国家电子口岸建设协调指导委员会工作制度的通知》（国办函〔2006〕87号），明确了电子口岸建设的工作制度。2006年12月，国务院办公厅组织召开了国家电子口岸委第一次全体会议。

地方层面，随着海关总署与各地方陆续完成地方电子口岸建设合作备忘录的签署，各地方成立以主管领导为组长、相关口岸管理部门为成员的地方电子口岸建设领导机构，设立了办事机构，制定了地方政府牵头的地方电子口岸建设机制，并且将地方电子口岸作为地方唯一的大通关统一信息平台，于是地方层面电子口岸建设逐步展开。全国范围先后建设了35个地方电子口岸平台，开发应用了舱单申报、船勤申报、海铁多式联运、网上订舱、堆场联网、物流综合信息查询等600余个具有地方特点的综合服务项目。上海、广州、宁波等地方电子口岸相继开发应用了一批围绕大通关核心流程，领导关注、监管需要和企业受益的应用项目，走在地方建设的前列。

电子口岸坚持"以服务为宗旨，以应用为目的，以需求为导向，以合作促发展"的建设思路，不断强化内部管理和基础建设，在基础设施、系统运行、联网项目、客户服务、人才储备等方面取得了显著的成绩。2012 年 7 月，按照国务院对电子口岸建设工作的总体要求，为加快电子口岸建设步伐，进一步提高口岸通关效率，提升贸易便利化水平，结合电子口岸发展需要，制定并出台了《电子口岸发展"十二五"规划》，这是关于电子口岸发展的第一个单独制定的五年规划，所列"十二五"期间中央层面 15 项重点任务和地方层面 7 项重点任务均如期完成，进一步拓展了电子口岸联网范围，提升了电子口岸应用效益。

（三）国际贸易"单一窗口"建设阶段（2014 年至今）

2014 年 12 月，以《国务院关于印发落实"三互"推进大通关建设改革方案的通知》（国发〔2014〕68 号）提出推进"单一窗口"建设为标志，电子口岸发展进入了一个"换档升级"的新阶段。通知提出，中央层面通过国务院口岸工作部际联席会议统筹推进全国"单一窗口"建设，地方层面由各省、自治区、直辖市人民政府牵头形成"单一窗口"建设协调推进机制，负责推动相关工作的具体落实。

随后，2015 年 4 月，国务院出台了《关于改进口岸工作支持外贸发展的若干意见》（国发〔2015〕16 号），明确提出依托电子口岸公共平台，推进国际贸易"单一窗口"建设，加快推进形成电子口岸跨部门共建、共管、共享机制，并提出2015 年年底在沿海口岸、2017 年在全国所有口岸建成"单一窗口"的建设目标。2015 年 8 月 28 日，国务院口岸工作部际联席会议第一次全体会议审议通过《国务院口岸工作部际联席会议制度》《国务院口岸工作部际联席会议成员单位数据使用与管理办法（试行）》等。

2016 年 9 月 26 日，国务院口岸工作部际联席会议第二次全体会议审议通过了《关于国际贸易"单一窗口"建设的框架意见》（以下简称《框架意见》），并于同年 10 月 14 日印发实施。该意见明确了我国"单一窗口"建设的指导思想、建设目标、基本原则、总体布局、建设内容、建设阶段和保障措施等，加强了对全国和各地方"单一窗口"建设的顶层设计和规范指导。随后，为落实意见要求，在国家口岸管理办公室（简称国家口岸办或国口办）的协调推动下，正式拉开了国际贸易"单一窗口"建设的序幕。国际贸易"单一窗口"建设是本书的讲述重点，具体情况后面章节中还要重点讲述，这里不再赘言。

三、电子口岸机制演变

电子口岸的体制机制分为中央和地方两个层面。中央层面相关体制机制设在海关总署，先后经历了"口岸电子执法系统"协调指导委员会、国家电子口岸建设协调指导委员会（以下简称电子口岸委）和国务院口岸工作部际联席会议制度等逐步的演变过程。地方层面相关体制机制设在地方人民政府，比照中央层面来建立和完善。

（一）中央层面体制机制情况

1. 机制沿革

为加强电子口岸建设的组织领导，2001 年国务院批准成立"口岸电子执法系统"协调指导委员会，由海关总署牵头，外经贸部、公安部、国家税务总局、中国人民银行、国家外汇管理局、国家工商总局、国家质检总局、铁道部、交通部、民航总局、信息产业部共 12 个部门组成，负责组织、协调、监督口岸电子执法系统运行工作。此后，海关总署先后与国家税务总局、国家外汇管理局等部门实现了联网应用。

2006 年，根据《国务院办公厅关于加强电子口岸建设的通知》（国办发〔2006〕36 号），"口岸电子执法系统"协调指导委员会更名为国家电子口岸建设协调指导委员会。根据《国务院办公厅关于印发国家电子口岸建设协调指导委员会工作制度的通知》（国办函〔2006〕87 号），电子口岸委由国务院分管副秘书长任主任委员，海关总署分管领导任副主任委员，成员包括国家发展改革委、工业和信息产业部、公安部、财政部、环境保护部、交通运输部、铁道部、农业部、商务部、中国人民银行、海关总署、国家税务总局、国家工商总局、国家质检总局、林业局、民航局、国家外汇管理局 17 个部门的分管领导。

后根据《国务院关于同意建立国务院口岸工作部际联席会议制度的批复》（国函〔2015〕97 号），建立了口岸工作部际联席会议制度，由国务院副总理任召集人，海关总署署长和国务院分管工作的副秘书长任副召集人，并扩大成员单位范围至21 个（2018 年又再次扩大至 25 个成员单位）；同时，撤销原电子口岸委，其指导和协调全国及各地方电子口岸建设的职能并入联席会议制度。

2. 办事机构

电子口岸办作为电子口岸委的办事机构，设在海关总署，与海关总署科技司是一个机构、两块牌子，承担电子口岸委的日常工作，职责主要包括：负责组织拟订电子口岸规章、规范，汇总、整理电子口岸委组成人员单位提出的电子口岸发展规划及年度工作计划；督办电子口岸委议定事项；推动部门间联网和数据交换；建立与电子口岸委组成人员单位及地方电子口岸建设协调机制办事机构的工作联系；承办电子口岸委全体会议和联络员会议、组织专题调研、沟通汇总信息、定期通报情况、开展宣传工作；办理电子口岸委交办的其他事务。电子口岸办的日常主要工作由海关总署科技司联络处承担。

国务院批复同意建立国务院口岸工作部际联席会议制度后，联席会议办公室设在海关总署，由国家口岸管理办公室承担联席会议日常工作，相应取消了原电子口岸办职能。联席会议设联络员，由各成员单位有关司局负责同志担任。为落实国务院批复意见，做好相应职责调整，2016年3月，海关总署对国家口岸管理办公室和科技司两部门的职责做了调整，除将科技司原承担的"全国及各地方电子口岸建设业务指导和综合协调"职责划归国家口岸管理办公室外，还进行了职数调整，在国家口岸管理办公室成立口岸四处，具体承担电子口岸发展和"单一窗口"推进建设等工作。

3.议事制度

电子口岸委实行全体会议、专题会议、联络员会议和项目工作组会议制度。其中，电子口岸委全体会议的主要任务是审议电子口岸工作制度、中长期发展规划，以及年度计划等电子口岸建设全局性问题，原则上每年召开一次。电子口岸委专题会议的主要任务是专题研究解决电子口岸建设中某个方面的重要问题，协调、统一相关单位的意见，推动专项工作，根据工作需要不定期召开。联络员会议的主要任务是通报情况、听取意见，研究提交电子口岸委议定的有关事项，原则上每半年召开一次，或根据需要召开。项目工作组会议的主要任务是研究确定相关联网应用项目的业务需求、方案设计，推动联调测试、验收、培训和推广等工作。

国务院批复同意建立国务院口岸工作部际联席会议制度后，联席会议根据工作需要定期或不定期召开会议，由召集人或召集人委托的副召集人主持。成员单位根据工作需要可以提出召开会议的建议。在全体会议之前，召开联络员会议，研究讨论联席会议议题和需提交联席会议议定的事项及其他事项。联席会议以纪要形式明确会议议定事项，印发有关方面并抄报国务院，重大事项按程序报批。此外，为方便开展电子口岸建设工作，原电子口岸委在工作层面的议事协商制度根据需要调整后，沿用了下来。

4.运营实体——中国电子口岸数据中心

为建立适应中国电子口岸发展的工作机制，2001年，经国务院同意，中央机构编制委员会办公室批复成立中国电子口岸数据中心，作为海关总署在京直属事业单位，具有独立法人资格，主要承担中国电子口岸的环境建设、项目研发、运行维护和客户服务等工作，并在安全管理数据标准和身份认证等方面对地方电子口岸建设进行指导，并根据需要承担海关外网建设工作，业务上接受电子口岸办指导（《国务院办公厅关于做好"口岸电子执法系统"推广工作的通知》国办发明电〔2001〕12号），人事上受海关总署领导。数据中心领导由海关总署任命，其余人员由中国电子口岸数据中心自主管理，实行全员聘任制。

2002年，中央机构编制委员会办公室批准在全国所有直属海关设立中国电子口岸数据分中心，作为中国电子口岸数据中心的地方分支机构，主要负责本地区电子口岸应用项目推广和用户卡制作等工作，向本地用户提供技术支持、热线咨询和培训服务。数据分中心实行数据中心和直属海关双重领导的管理体制，一些数据分中心也根据需要参与直属海关信息化建设与维护工作。这些机构的建立健全，极大地推动了电子口岸的发展。

（二）地方层面体制机制情况

地方各省、自治区、直辖市按照国务院要求，与海关总署签署了《地方电子口岸建设合作备忘录》，明确了地方政府牵头建设机制，成立了以主管领导为组长、相关口岸管理部门为成员的电子口岸建设领导小组。一些地方还设立了地方电子口岸办，作为地方电子口岸建设领导小组的日常办事机构。

地方层面以共建部门协商决策的领导体制和"共建、共管、共享"的运行机制为基础，建立并完善包括有关会议制度在内的议事机制，加强平台建设运营的资金保障，协调共建部门共同参与制定有关发展规划，实行全国"统一认证，统一标准，统一品牌"。

根据《国务院办公厅关于加强电子口岸建设的通知》（国办发〔2006〕36号）精神，尊重地方政府对运营模式的自主选择，允许进行一些有益的探索，不搞"一刀切"。有的地方电子口岸采用事业单位作为运营实体，有条件的省市申请成立（或加挂）事业单位性质的"地方电子口岸中心"；有的地方电子口岸成立了股份制公司作为运营实体，由电子口岸共建部门、重点口岸（港航）单位等中立性机构共同出资成立实体公司，完善董事会议事制度，坚持以电子政务为核心，向物流商务领域拓展，不断深化应用服务。

中央及地方层面电子口岸建设协调推进机制示意图见图20。

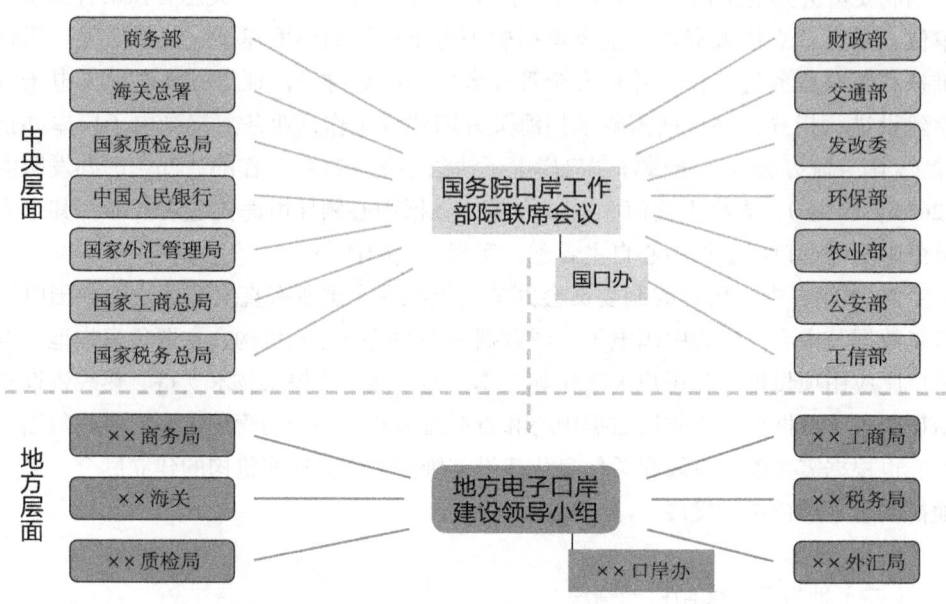

图 20　中央及地方层面电子口岸建设协调推进机制示意图

四、电子口岸早期成效

（一）中央层面建设成效

截至 2016 年年底，国际贸易"单一窗口"建设启动前，中央层面电子口岸建设已实现与 17 个部委、港澳台地区、欧盟有关机构，以及 23 家商业银行的联网，跨部门联网应用项目达 41 个，入网企业达 103 万余家，各类单证日均交换 140 万笔，累计交换、共享数据 21.8 亿条。联网应用范围涵盖了许可证、通关单、出口退税、增值税抵扣、汽车证明书联网核查，以及跨境贸易人民币结算数据联网和铁路舱单数据共享等，基本实现了大通关核心环节的数据共享和联网核查。

其中，海关总署与国家税务总局共建的进口增值税联网核查系统，实现了增值税缴款书信息的数据交换和联网核查，完善了现行有关监管流程，有效防止、打击及查处不法企业利用虚假进口增值税专用缴款书骗取抵扣的违法行为；出口退税联网核查系统实现了出口退税报关单的数据交换和联网核查，简化了企业出口退税申报流程，保证企业申报数据的正确性、规范性、合法性，有效杜绝违法骗税行径。此外，还先后推进完成进出口企业综合资信库、濒危物种允许进口证明书联网核查、财关库银联网税费核销、关检原产地证书联网、黄金许可证件联网核查和药品进出口准许证联网核销等项目，进一步发挥电子口岸联网共享和成员单位综合执法的作用。

此外，还积极推进电子口岸入网流程优化。2016 年 8 月，海关总署、商务部、国家税务总局、国家工商总局、国家质检总局、国家外汇管理局 6 个部门联合发布《关于进一步优化电子口岸企业入网资格审查流程的通知》（署岸发〔2016〕165 号），电子口岸企业入网联网资格审查系统于 9 月 1 日配套上线运行，10 月 1 日起全面实行企业入网资格联网审查。此前，企业入网需人工办理、纸质盖章，多部门往返奔波、手续繁琐、制卡周期长，异地办理尤其不便。流程优化后，企业无须到各部门现场办理审查手续，直接入网实行联网资格审查，审查项由原来 6 项减为 4 项。通过联网资格审查，变"人工"为"自动"，改"串行"为"并行"，让数据多跑路，让企业少跑腿，进一步提高入网审查效率。以青岛、南京等企业入网业务量较大的关区为例，据粗略测算，实行联网资格审查后，每年可为山东入网企业节省入网办理成本约 216 万元，可为江苏入网企业节省办理成本约 853+ 万元。

总结起来，电子口岸早期建设主要在以下四个方面取得了明显成效：

一是为推动口岸管理部门"三互"奠定了基础。电子口岸建设实现了海关与国家质检总局、商务部、生态环境部等部门之间通关单、自动进口许可证、固体废物进口许可证等 23 种监管证件联网核查，占涉证报关单量的 99% 以上，为各政府部门实现口岸监管及联网核查、税费支付、海关无纸化通关作业打下良好基础。

二是为国家经济改革措施提供保障。与中国人民银行、国家税务总局、国家外汇管理局等部门实现通关数据联网，为国家实行退税、结汇、人民币国际化等各项经济金融改革措施提供有力支撑。

三是作为跨境联网合作的唯一通道。积极推进 CEPA[①]、ECFA[②] 等自贸协定原产地信息、中欧贸易供应链安全（简称安智贸），以及跨国执法信息的共享，同时为香港海关免费开发 ECFA 中转证明联网、红葡萄酒联网监管等系统，扩大对外影响。

四是依托电子口岸平台作为支撑，相继开展了跨境电子商务服务试点、跨部委进出口企业综合资信库、关检合作"三个一"统一版系统，以及"单一窗口"等一批国家重大工程项目建设，配合了国家的深化改革，落实了"简政放权、放管结合、优化服务"等要求。

---

① CEPA 为内地与香港特别行政区、澳门特别行政区签署关于建立更紧密经贸关系的安排。
② ECFA 为《海峡两岸经济合作框架协议》。

（二）地方层面建设成效

在各省、自治区、直辖市签署《地方电子口岸建设合作备忘录》的基础上，在地方政府的牵头推动下，地方电子口岸建设也全面展开并取得积极进展，沿海地区电子口岸快速发展、内陆及沿边地区稳步推进。到"单一窗口"建设启动前，全国共设立了 39 个地方电子口岸办事机构，并已建成 31 个电子口岸实体平台和 7 个电子口岸虚拟平台。

各地方相继开发应用了上海"世博物流信息综合管理系统"、天津"一次录入、分别报检、报关系统"、浙江"义乌小商品市场综合管理系统"等一批以口岸通关服务为主、集相关物流商务服务为一体的一站式大通关综合应用项目，开发应用了舱单申报、船勤申报、网上订舱、堆场联网、物流综合信息查询等 600 余个具有地方特点的综合服务项目，面向企业的一站式综合服务内容不断丰富，特别是随着各地方关检合作"三个一"和国际贸易"单一窗口"试点的有效推进，在改善口岸通关软环境、提高通关效率、降低贸易成本、提升企业国际竞争力等方面发挥了积极作用。

第二节 "单一窗口"建设初尝试

一、关检合作"三个一"建设

关检合作"三个一"，就是原海关和原检验检疫部门针对进出口货物开展"一次申报，一次查验，一次放行"通关作业模式的简称，是海关和检验检疫以"体制不变，机制优化"为原则，依托电子口岸信息系统，通过机制优化、模式创新和执法合作，在企业申报、关检查验、货物放行 3 个环节进行协调简化，使通关手续更简便、作业流程更优化，以达到减少重复作业、节约企业通关成本、提高口岸通关效率和关检执法效能的目的。因此，"三个一"可以理解为是只有海关和检验检疫两个方面参加的微缩版"单一窗口"，这是未来部委层面共建"单一窗口"的雏形。

"三个一"的概念最早在 2012 年由地方海关提出，开始时是部分地区自主试点实施，很快其他地区纷纷效仿，使"三个一"在全国范围迅速推广开展。由于缺乏中央层面集中统筹，各地方的实施模式有差异，于是海关总署和原国家质量监督检验检疫总局（原质检总局）合作开发乐关检合作"三个一"统一版"一次申报"功能。相关任务后来也成为国务院督办任务。海关总署和原质检总局两家积极落实国务院任务要求，不过仍有一些客观因素影响"三个一"合作进行，包括双方技术架构不同、数据标准不同、管理和运营模式不同等各方面。最后，双方同意共同开发一个公共组件，分别嵌入各自系统门户中用于对企业录入进行逻辑校验控制，从而既能实现统一用户录入的要求，又能实现分别对外服务的要求，从而技术实施得以进行下去。

公共组件作为一个思路，后来在最初的"单一窗口"总体技术方案中也得到使用。这个不得已而为之的方案也算是一种解决问题的智慧。最后双方通过电子口岸平台和检验检疫平台实现数据同步，双方分别将公共组件嵌入自己系统，分别对外提供服务，但是两系统合起来还算是一个大的系统。2014 年 9 月至 2015 年3 月，双方多次组织集中工作，完成从业务需求到技术实践，再到最后验收相关任务。最终系统于 2015 年 4 月 30 日上线。

二、"三个一"向"单一窗口"转变

公共组件的做法，其实就是海关向检验检疫版客户端提供海关规范申报功能组件，同时检验检疫也向"海关版"客户端提供检验检疫规范申报功能组件，两个组件合成一个共同组件。由于双方为对方提供的公共组件功能不够完善，导致海关和检验检疫双方各自版本客户端的企业用户在申报办理对方业务时都有一些退单，使该系统在全国推广应用必然不可持续，最终被"单一窗口"所取代。

尽管如此，关检合作"三个一"仍然有积极的意义。关检合作"三个一"的全面推动实施，有效减少了关检双方分别申报、分别查验、分别放行环节，提高了企业的通关效率，降低了通关成本，得到了企业和地方政府的认可和肯定。关检合作"三个一"作为特定阶段的产物，为后来全面开展"单一窗口"建设进行了小型预演。通过开展关检两家关于"三个一"通关模式的创新合作，进一步密切了关检合作关系，促进了口岸部门大通关建设，提升了关检服务质量，同时也对后来构建"单一窗口"、打造"信息互换、监管互认、执法互助"的新型通关管理模式提供了有益的探索。

海关和原检验检疫部门之间的"三个一"合作，是对"公共平台"模式"单一窗口"的探索，为我国建设真正意义的"单一窗口"提供了一次预演。"三个一"通关模式基本符合"单一窗口"的四大要素：贸易商向海关和检验检疫只需一次申报；搭建了依托电子口岸的公共信息平台；申报统一使用了关检共同商定的 92 个数据项；基本满足海关、检验检疫和企业的需求。

关检合作"三个一"开启了后续建设"单一窗口"的序幕，但是，"三个一"距离真正意义上的"单一窗口"仍有不小的差距。主要表现在以下几个方面：一是

"三个一"的核心在"一次申报",但"一次申报"无论在适用的商品范围还是贸易类型上都是有限的,且申报便利性仍有待提高,企业受惠面不广,导致该模式效能未充分发挥;二是关检数据仍保持各自独立,大多数仍未实现交换共享,这与公共信息平台本应赋予的功能定位不符,与"信息互换、监管互认、执法互助"的要求有距离;三是公共平台建设主体仍不明确,缺乏政府层面强有力的统筹;四是尽管海关与检验检疫部门合作对贸易便利化起着至关重要的作用,但是口岸大通关流程涉及诸多环节,边检、海事、外汇、银行等其他管理部门以及码头、船代、货代等物流部门仍未纳入合作之中。

三、地方试点单一窗口建设

最早以"单一窗口"名义进行建设是从 2014 年的试点建设开始的,在这之前的建设都是以"电子口岸"名义进行的。2013 年 11 月 12 日,中国共产党第十八届三中全会通过了《中共中央关于全面深化改革若干重大问题的决定》,其中提到"推进口岸管理相关部门实现信息互换、监管互认、执法互助"。紧接着,2014 年 1 月 26 日,国家口岸管理办公室组织中央编办、公安部移民局、交通运输部、海关总署、国家质检总局等部门共同召开了口岸工作座谈会,与会代表结合本部门工作实际,就如何落实十八届三中全会相关精神,推进和深化口岸管理改革,推动口岸管理相关部门"信息互换、监管互认、执法互助",进一步整合口岸执法资源等方面进行了深入的交流讨论,提出了规划设想,并达成了广泛共识。

在此基础上,国家口岸管理办公室于 2014 年 2 月组织成立了"单一窗口"试点工作组(后改称为"建设工作组"),主要职责是负责顶层设计与统筹协调。工作组组长由国家口岸管理办公室主要领导担任,成员包括公安部移民局、交通运输部、海关总署、国家质检总局等部门有关工作负责人,海关总署科技司电子口岸办的领导也加入了工作组。同时,上海由上海市口岸办牵头,各在沪查验单位、上海电子口岸办、相关市政府部门以及部分试点企业组成"单一窗口"上海推进组,负责制订方案和项目推进。从事上海"单一窗口"试点建设的技术单位为上海电子口岸建设运行主体——上海亿通国际股份有限公司,试点功能运行于上海电子口岸平台之上。

2014 年 6 月 18 日,上海"单一窗口"的两个试点应用正式上线,截至同年 10 月底,试点中的"货物申报"功能共完成 3700 多票业务,"船舶联网核放"功能完成近 7300 艘次。可以说上海"单一窗口"试点建设率先为全国"单一窗口"试点建设积累了主要经验,包括:一是做好组织保障工作,由中央、地方两级口岸主管部门分别牵头统筹协调,口岸管理相关部门共同参与,共同推进建设;二是发挥口岸管理部门作用,以现行监管作业模式为基础,各部门主动推进业务改革,制定管理规则;三是发挥进出口相关企业主体作用,围绕企业实际需求对系统不断改进、完善,让试点企业全程参与项目开发、测试、评估和功能完善等环节;四是充分依托电子口岸公共平台与相关各方信息系统进行对接。

2014年10月11日,国家口岸管理办公室组织召开了沿海地区口岸"单一窗口"建设推进会。根据会议部署,两年内在沿海地区各口岸推进"单一窗口"建设。这次会议从"单一窗口"基本概念出发,明确了"单一窗口"建设的必要性、重要性和紧迫性,并提出了要重点解决"单一窗口"建设中的突出问题。

2014年12月26日,《国务院关于印发落实"三互"推进大通关建设改革方案的通知》(国发〔2014〕68号)及2015年3月18日的国务院常务会议,均明确提到了要积极推进国际贸易"单一窗口"。于是,国家口岸管理办公室于2015年3月26日发文,要求上海、天津、辽宁、江苏、浙江、福建、山东、广东、海南9省(直辖市)口岸办报送"单一窗口"建设工作的推进情况及下一步打算等。

公共组件下的"单一窗口"三种模式见图21。

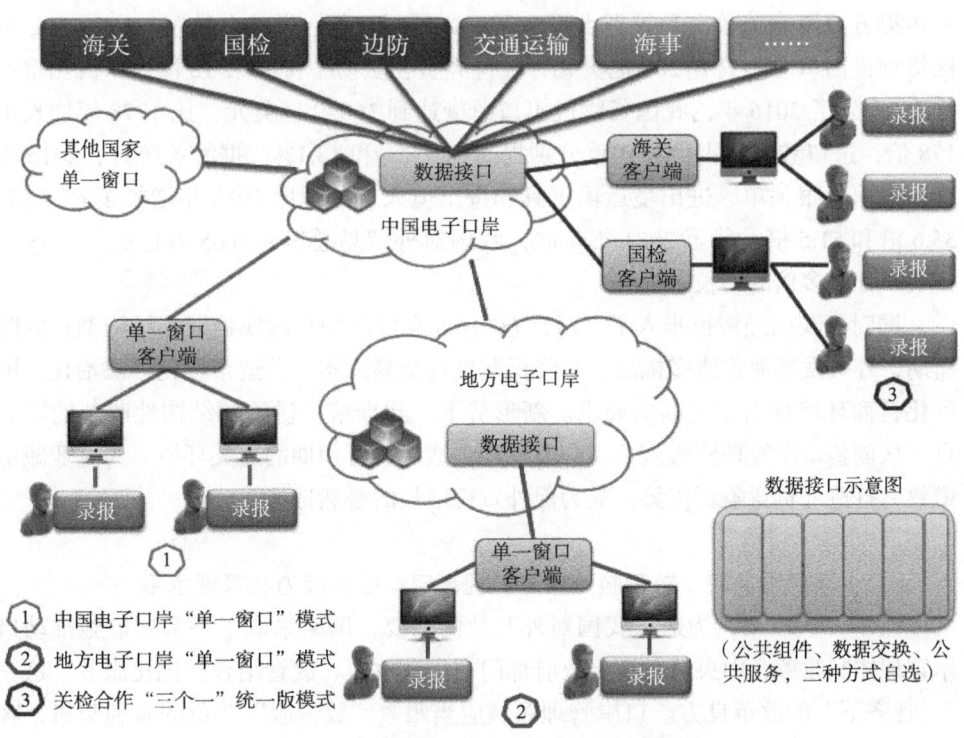

① 中国电子口岸"单一窗口"模式
② 地方电子口岸"单一窗口"模式
③ 关检合作"三个一"统一版模式

（公共组件、数据交换、公共服务,三种方式自选）

图21　公共组件下的"单一窗口"三种模式

2016 年，部际联席会议审议通过并印发《关于国际贸易"单一窗口"建设的框架意见》，各地方立即按照该意见的要求行动起来。自 2017 年 1 月，湖南、福建、江西、广东等地陆续报来落实建设方案及纳入标准版试点申请。

第三节　新形势下的新要求

一、口岸贸易的新形势

（一）推进供给侧结构性改革，促外贸稳增长

改革开放以来，我国对外经济贸易发展迅猛，开放型经济获得长足进展。经过四十余年的发展，2021 年，我国已成为全球第二大消费市场、第一贸易大国。对外经济贸易的飞速发展，带来口岸执法成本的增加和行政资源投入的吃紧，亟须整合口岸各部门原有各自信息化系统，推进实施国际贸易"单一窗口"，以进一步提升口岸通关效率和管理水平，促进贸易便利化。举几个数字：1978 年，中国货物进出口总额只有 206 亿美元，在世界货物贸易中排名第 32 位，所占比重不足 1%；到了 2016 年，我国货物进出口总额达到 36849 亿美元，比 1978 年增长了178 倍，进口和出口占世界比重分别提高到 9.8% 和 13.1%。据海关统计，2016 年全国进出口报关单、进出境运输工具和进出境人员分别比 1980 年增长了 67.4 倍、35.6 倍和 51.5 倍。截至 2021 年年底，我国对外贸易总额达 6.05 万亿美元，43 年完成了 290 多倍的增长。

同时，我国经济也步入了"新常态"，处在经济增长的换挡期和结构调整的阵痛期，外贸发展面临诸多挑战，对降低制度性交易成本，营造市场化、法治化、国际化营商环境提出了更高的要求。新形势下，找准落实供给侧结构性改革的发力点，从创新口岸管理模式入手，打造稳定、透明、可预期的通关环境，为企业减负增效，打造外贸竞争新优势，成为促外贸稳增长的必然选择。

（二）落实国务院"放管服"改革，提高口岸服务能力和管理水平

改革开放以来，为适应我国对外开放的需要，国家采取了一系列措施推动口岸管理体制改革，中央适时推出政府部门"简政放权、放管结合、优化服务"这一"三管齐下"的改革良方。口岸管理领域应当跟紧"放管服"改革的有利契机，客观分析评估口岸管理症结和企业诉求，通过借鉴国际上"单一窗口"的经验做法，

建立口岸管理和服务新模式，推动沿海、内陆、沿边的大通关协作，使海关、质检、工商、税务、交通、边防、海事等多个部门在一个平台上实现口岸执法和综合服务。

通过实施"单一窗口"，倒逼通关业务改革和流程优化，打破口岸管理和贸易相关部门的"条块分割"和"碎片化"服务现状，打通大通关全链条业务办理环节，将"串联"变"并联"，由"物理集中"产生"化学反应"，对于优化口岸管理和服务机制，加快转变职能实现方式，深化口岸执法合作，促进口岸综合治理体系和治理能力现代化，构建与我国开放型经济新体制要求相适应的口岸"软环境"具有重要意义。

（三）减轻企业负担，提高口岸管理效率，促进贸易便利化

贸易便利化就是使办理国际贸易事务的手续、程序、单证和操作实现简化、协调和标准化，使国际贸易业务办理更为简便、快捷和节省成本。国际贸易领域采取"单一窗口"的做法，恰恰可以解决重复申报、多头申报的问题，实现数据和单证的协调、简化和标准化。同时，充分利用现代化的信息、网络和通信技术，实现快速、高效和低成本办理通关业务，切实为企业减轻负担，赢得用户喜爱。

2017年2月22日，世界贸易组织（WTO）《贸易便利化协定》正式生效。该协定要求各成员通过在进出口和过境相关手续中建立"单一窗口"来简化通关手续、降低通关费用。中国作为协定签订方之一，承诺在协定生效两年内实施国际贸易"单一窗口"。

（四）推进口岸"三互"大通关建设，发挥大数据应用效益

2016年，我国口岸信息化领域存在"信息孤岛"现象，不利于推进口岸"三互"大通关建设，也不利于通过大数据综合分析来提高口岸通关效率和促进贸易便利化。

2014年，国务院就出台了《国务院关于印发落实"三互"推进大通关建设改革方案的通知》（国发〔2014〕68号），该方案提出将"单一窗口"建设作为强化大通关协作机制，实现口岸管理相关部门信息互换、监管互认、执法互助的首要任务和有力抓手。通过建设"单一窗口"，以"总对总"的方式与口岸管理和国际贸易相关部门系统对接，实现更大范围的数据交换共享，便于加强统筹、规范管理和提高效率，在确保安全的前提下实现最大限度的数据共享，促进"单一窗口"建设和各部门数据资源由"物理集中"逐步向"化学反应"转变。

（五）与境外"单一窗口"互联互通，助推国家"一带一路"发展

虽然我国已跻身国际贸易大国行列，但是在国际贸易规则方面却贡献不多。

我国主要贸易伙伴也将随着"一带一路"倡议的实施，逐步由发达经济体向新兴经济体扩展。为有利于我国对外开放型经济的发展，我们不仅要做相关国际贸易规则的接受者，更要向全球治理规则的主动参与者和制定者转变。

建设国际贸易"单一窗口"，逐步采用国际普遍适用的数据协调和技术标准，保证数据的通用性，保持平台的开放性，使其成为"一带一路"发展相配套的重要国际贸易基础设施，在此基础上有序开展与"一带一路"共建国家和地区的信息互换与服务共享，实现与国际上"单一窗口"的互联互通，将能全面对接中央构建开放型经济新体制的要求，服务"一带一路"倡议。同时，我国关于国际贸易"单一窗口"建设的相关成熟经验，将有助于我国深度参与全球贸易规则的制定、引领全球贸易先进理念、提高我国在国际贸易领域的话语权。

二、国家有关部署要求

党的十八大和十八届三中全会以来，党中央、国务院针对新时期我国对外经济贸易发展的需要，就我国国际贸易"单一窗口"建设做出了一系列决策部署，要求立足电子口岸加快"单一窗口"建设，促进外贸稳定发展，并将其作为我国推进新一轮高水平对外开放的重要措施之一，充分体现了我国政府推进"单一窗口"建设的强烈意愿，为"单一窗口"的建设提供了良好的政策环境和有力的后盾支持。

下面对相关文件的要求进行简要列举。

1.《中共中央关于制定国民经济和社会发展第十三个五年规划的建议》提出：形成对外开放新体制。完善法治化、国际化、便利化的营商环境，健全有利于合作共赢并同国际贸易投资规则相适应的体制机制。建立便利跨境电子商务等新型贸易方式的体制，健全服务贸易促进体系，全面实施单一窗口和通关一体化。提高自由贸易试验区建设质量，在更大范围推广复制。

2.《中共中央　国务院关于构建开放型经济新体制的若干意见》提出：提高贸易便利化水平。强化大通关协作机制，实现口岸管理相关部门信息互换、监管互认、执法互助。加快国际贸易"单一窗口"建设，全面推行口岸管理相关部门"联合查验、一次放行"等通关新模式。依托电子口岸平台，推动口岸管理相关部门各作业系统横向互联，建立信息共享共用机制。

3.《中华人民共和国国民经济和社会发展第十四个五年规划和 2035 年远景目标纲要》提出：深化国际贸易"单一窗口"建设。

4. 国务院《优化营商环境条例》(中华人民共和国国务院令第 722 号)提出：第四十五条　政府及其有关部门应当按照国家促进跨境贸易便利化的有关要求，依法削减进出口环节审批事项，取消不必要的监管要求，优化简化通关流程，提高通关效率，清理规范口岸收费，降低通关成本，推动口岸和国际贸易领域相关业务统一通过国际贸易"单一窗口"办理。

5.《国务院办公厅关于支持外贸稳定增长的若干意见》（国办发〔2014〕19号）提出：提高贸易便利化水平。进一步优化监管方式方法，提高海关查验的针对性和有效性，推动区域性通关一体化试点，推行通关作业无纸化，加快通关速度。加快电子口岸建设，实行国际贸易"单一窗口"受理，全面推进"一次申报、一次查验、一次放行"，实现口岸部门和地方政府信息共享。进一步减少行政审批项目，简化程序，减少出口商品检验的商品种类。整顿和规范进出口环节经营性服务和收费，减轻企业负担。

6.《国务院关于印发落实"三互"推进大通关建设改革方案的通知》（国发〔2014〕68号）提出：推进"单一窗口"建设。建立国务院口岸工作部际联席会议，统一承担全国及各地方电子口岸建设业务指导和综合协调职责，将电子口岸建设成为共同的口岸管理共享平台，简化和统一单证格式与数据标准，实现申报人通过"单一窗口"向口岸管理相关部门一次性申报，口岸管理相关部门通过电子口岸平台共享信息数据、实施职能管理，执法结果通过"单一窗口"反馈申报人。中央层面通过国务院口岸工作部际联席会议统筹推进全国"单一窗口"建设，地方层面由各省（区、市）人民政府牵头形成"单一窗口"建设协调推进机制，负责推动相关工作的具体落实。

7.《国务院关于改进口岸工作支持外贸发展的若干意见》（国发〔2015〕16号）提出：积极推进国际贸易"单一窗口"建设。依托电子口岸公共平台，推进国际贸易"单一窗口"建设，加快推进形成电子口岸跨部门共建、共管、共享机制。推动"单一窗口"共享数据标准化，完善和拓展"单一窗口"的应用功能，进一步优化口岸监管执法流程和通关流程。按照2015年底在沿海口岸、2017年在全国所有口岸建成"单一窗口"的目标，加快推广上海自贸试验区"单一窗口"建设试点经验，条件成熟的地区可探索建立与区域发展战略相适应的"单一窗口"。同时，加强风险分析和综合研判，推动监控指挥、全程可视化物流监控体系建设。推进出入境证件电子化，推广旅客自助式通关系统和车辆"一站式"电子验放系统。

8.《国务院关于支持沿边重点地区开发开放若干政策措施的意见》（国发〔2015〕72号）提出：推进沿边口岸国际贸易"单一窗口"建设，实现监管信息同步传输，推进企业运营信息与监管系统对接。

9.《国务院批转国家发展改革委关于2016年深化经济体制改革重点工作意见的通知》（国发〔2016〕21号）提出：推进电子口岸建设，制定"单一窗口"工作方案和相关制度。

10.《国务院关于促进外贸回稳向好的若干意见》（国发〔2016〕27 号）提出：2016 年年底前将国际贸易"单一窗口"建设从沿海地区推广到有条件的中西部地区，建立标准体系，落实主体责任。

11.《国务院关于做好自由贸易试验区新一批改革试点经验复制推广工作的通知》（国发〔2016〕63 号）提出："依托电子口岸公共平台建设国际贸易单一窗口，推进单一窗口免费申报机制"。

12. 国务院《2016 年政府工作报告》提出：全面推广国际贸易"单一窗口"。

13.《国家口岸发展"十三五"规划》（2016 年）全篇。

14.《国家口岸管理办公室关于国际贸易"单一窗口"建设的框架意见》（署岸函〔2016〕498 号）（国务院口岸工作部际联席会议第二次全体会议审议通过，以国务院口岸工作部际联席会议办公室名义印发全国实施）全篇。

15. 国务院《2017 年政府工作报告》提出：推广国际贸易"单一窗口"，实现全国通关一体化。

16. 国务院《2018 年政府工作报告》提出：……国际贸易"单一窗口"覆盖全国，货物通关时间平均缩短一半以上……。

17.《国务院关于印发优化口岸营商环境促进跨境贸易便利化工作方案的通知》（国发〔2018〕37 号）提出：加强国际贸易"单一窗口"建设。将"单一窗口"功能覆盖至海关特殊监管区域和跨境电子商务综合试验区等相关区域，对接全国版跨境电商线上综合服务平台。加强"单一窗口"与银行、保险、民航、铁路、港口等相关行业机构合作对接，共同建设跨境贸易大数据平台。推广国际航行船舶"一单多报"，实现进出境通关全流程无纸化。2018 年年底前，主要业务（货物、舱单、运输工具申报）应用率达到 80%；2020 年年底前，达到 100%；2021 年年底前，除安全保密需要等特殊情况外，"单一窗口"功能覆盖国际贸易管理全链条，打造"一站式"贸易服务平台。

18.《国务院办公厅关于印发全国深化"放管服"改革转变政府职能电视电话会议重点任务分工方案的通知》（国办发〔2018〕79 号）提出：提升跨境贸易便利化水平，五年内进出口整体通关时间再压缩一半。……进一步完善国际贸易"单一窗口"，将"单一窗口"功能覆盖海关特殊监管区域和跨境电子商务综合试验区等相关区域。加大"单一窗口"推广应用力度，2018 年底前主要申报业务应用率达 70%，力争 2019 年底前达 100%，2020 年底前实现国际贸易进出口业务全部通过"单一窗口"办理。

19.《国务院办公厅关于印发全国深化"放管服"改革　优化营商环境电视电

话会议重点任务分工方案的通知》（国办发〔2019〕39号）提出：提升跨境贸易便利化水平，加强国际贸易"单一窗口"与银行、保险、民航、铁路、港口等相关行业机构合作对接，2019年底前实现主要申报业务应用率达100%。

20.中共中央、国务院印发《海南自由贸易港建设总体方案》（2020年6月1日）提出：实行便捷高效的海关监管，建设高标准国际贸易"单一窗口"。

21.《国务院办公厅转发国家发展改革委 交通运输部关于进一步降低物流成本实施意见的通知》（国办发〔2020〕10号）提出：依托国际贸易"单一窗口"，开展监管、查验指令信息与港口信息双向交互试点，提高进出口货物提离速度。

22.《国务院办公厅关于进一步优化营商环境更好服务市场主体的实施意见》（国办发〔2020〕24号）提出：拓展国际贸易"单一窗口"功能。加快"单一窗口"功能由口岸通关执法向口岸物流、贸易服务等全链条拓展，实现港口、船代、理货等收费标准线上公开、在线查询。除涉密等特殊情况外，进出口环节涉及的监管证件原则上都应通过"单一窗口"一口受理，由相关部门在后台分别办理并实施监管，推动实现企业在线缴费、自主打印证件。

23.《交通运输部 商务部 海关总署 国家铁路局 中国民用航空局 国家邮政局 中国国家铁路集团有限公司 关于当前更好服务稳外贸工作的通知》（交水明电〔2020〕139号）提出：深化国际贸易"单一窗口"建设。推动实现船舶联合登临检查，进一步简化进出口环节监管手续，优化海事监管、引航服务和通关流程，建立更加集约、高效、运行顺畅的船舶便利通关查验新模式，加快推进"单一窗口"功能覆盖海运和贸易全链条。

24.《国务院办公厅关于服务"六稳""六保"进一步做好"放管服"改革有关工作的意见》（国办发〔2021〕10号）提出：推动国际贸易"单一窗口"同港口、铁路、民航等信息平台及银行、保险等机构对接。

25.《中华人民共和国国民经济和社会发展第十四个五年规划和2035年远景目标纲要》（2021年3月13日）提出：深化国际贸易"单一窗口"建设。

26.《国家"十四五"口岸发展规划》（2021年9月）提出：深化国际贸易"单一窗口"建设。推动口岸和国际贸易领域相关业务统一通过"单一窗口"办理，除保密等特殊情况外，进出口环节监管证件及检验检疫证书等原则上通过"单一窗口"一口受理、一窗通办，推动实现企业在线缴费、自主打印证件。对接银行、保险、征信、支付等机构，推行"外贸＋金融"服务模式，提供更加便利的融资担保、保险理赔、支付结算等服务。鼓励多元参与，依托国际贸易"单一窗口"打通航空、铁路、港航、公路、邮政等各类口岸通关物流节点，实现多种交通工具相互衔接、转运，多个口岸业务联动，各相关主体之间信息互通和协同作业，为企业提供全程"一站式"通关物流信息服务。发挥"单一窗口"数据汇聚优势，构建基于大数据的开放式创新服务平台，提供跨境贸易大数据服务，支持国际贸易全链条相关产业发展。加强标准化建设，主动对接国际标准，开展与境外"单一窗口"互联互通，实现报关单等通关数据、进出境检疫证书等监管证件跨境联网核查和进出境相关商业票据数据交换。

27.《国务院关于开展营商环境创新试点工作的意见》（国发〔2021〕24号）提出：高标准建设国际贸易"单一窗口"，加快推动"单一窗口"服务功能由口岸通关向口岸物流、贸易服务等全链条拓展，推进全流程作业无纸化。

28.《国务院办公厅关于印发"十四五"冷链物流发展规划的通知》（国办发〔2021〕46号）提出：依托国际贸易"单一窗口"，推行检疫处理、检测结果无纸化传递。

29.《关于进一步深化跨境贸易便利化改革优化口岸营商环境的通知》（署岸发〔2021〕85号）提出：深化国际贸易"单一窗口"功能。建设和优化推广"单一窗口"船舶联合登临检查、邮轮旅客申报、出口退税申报等系统功能，推动口岸和跨境贸易领域相关业务统一通过"单一窗口"办理。将棉花等进口关税配额事项纳入"单一窗口"，实现在线和无纸化办理。创新"外贸+金融""通关+物流"等服务模式，推进企业跨境贸易档案库、物流协同、金融保险、通关物流全流程评估等功能实施。加强"单一窗口"与境外互联互通。支持地方"单一窗口"拓展特色服务功能。（海关总署牵头，交通运输部、发展改革委、商务部、国家税务总局、中国人民银行、银保监会等部门和各地区人民政府按职责分工负责）

30.《国务院办公厅关于进一步优化营商环境降低市场主体制度性交易成本的意见》（国办发〔2022〕30号）提出：拓展"单一窗口"的"通关+物流"和"外贸+金融"功能，为企业提供通关物流信息查询、出口信用保险办理、跨境结算融资等服务。

第四节　"单一窗口"顶层设计

一、前期背景情况

不同国家的监管机构、立法体系和基础设施不同，"单一窗口"建设需要与一个国家的特定需求相结合。联合国欧洲经济委员会（UNECE）的《在国际贸易中进行合作的趋势：建设一个共同的单一窗口环境》也指出，（包括"单一窗口"在内的）大多数部门间信息交换系统是在专门化的环境中独立计划和实施的，专注于特定的地理区域、供应链环节、产品组别、市场、客户，以及运输方式。诸如欧盟，并没有一个完全集中化的"单一窗口"概念，可能因为一个集中化的概念会对所有形式的信息流动与协调产生过度的限制，而不能涵盖它们发达的供应链内更为专门化的需求。实际上也存在一个国家有超过一个"单一窗口"的情况，只是不同"单一窗口"的侧重点有所不同。

国家口岸管理办公室领导组织研讨，于8月28日召开的口岸工作部际联席会议第一次全体会议上补充了"单一窗口"下一步落实举措。主要内容包括：一是加强顶层设计，全国一盘棋推进"单一窗口"建设，出台相关指导意见框架和总体技术框架，提交联席会议审议通过后印发全国，并提供标准组件。二是在推进"单一窗口"中做到"三同步"（"单一窗口"建设与"三互"要求同步对接、"单一窗口"建设与运维保障同步部署、"单一窗口"建设与中国电子口岸平台功能完善同步推进），以及全面加强建设规范，实现认证、界面和标准三个"统一"。三是包括协调简化数据元、推动跨部门数据共享、再造监管执法流程、深入实施关检合作"三个一"、推进通关作业无纸化改革、稳步落实"三互"改革、提高"单一窗口"使用率等其他措施。

为使顶层设计方案文件能够被海关总署内外各部门接受，国家口岸管理办公室口岸四处又根据办领导意见，对方案做了调整完善并命名为《关于国际贸易"单一窗口"建设的框架意见》，并且邀请有关咨询公司协助开展地方调研，启发建设思路，进一步完善顶层设计方案内容。为了使方案能让海关总署内外部门都能理解和接受，中间还开展了电子口岸"三化"问题研究，也就是推进电子口岸单一公共平台建设，确立平台的平等化、公共化和单一化。而后，以落实2016年7月31日时任国务院副总理汪洋在全国"三互"大通关建设工作推进会上讲话为契机，将方案修改完善并征求中央、地方两个层面意见后，报请2016年9月底召开的国务院口岸工作部际联席会议第二次全体会议审议。

二、电子口岸"三化"

2016年5—6月，国家口岸管理办公室组织开展了电子口岸单一公共平台研究，并且认为这项工作具有必要性和紧迫性：一是加强中国电子口岸公共化建设，有助于其作为口岸大通关统一信息平台，与将来的"国家政府数据统一开放平台"实现对接，落实国家大数据战略，提升口岸服务和管理能力。二是结合我国口岸管理体制现状和国际建设经验，采用"单一平台"模式是解决我国"单一窗口"建设当前存在问题的最佳途径，即依托中国电子口岸平台建设"国家单一窗口"，实现基本申报执法功能，有利于整体促进贸易便利化。三是进一步加强口岸管理相关部门信息互换、监管互认、执法互助，迫切需要一个大通关统一信息平台，各部委也有建设中央层面公共平台的共同呼声，中国电子口岸平台是实现"总对总"信息互换共享和口岸管理相关部门"三互"的最佳有效途径。四是有利于开展与国际上的"单一窗口"互联互通，助力国家"一带一路"建设。

为了推进电子口岸单一公共平台建设，最终确立了平等化、公共化、单一化的方针。

第一是平等化。海关从中国电子口岸平台建设的主导方退回到与其他部门平等的参与方。进一步理顺电子口岸建设相关方关系，明晰各部门职责，在国务院口岸工作部际联席会议制度领导下，由口岸工作部际联席会议办公室日常协调各成员单位需求，负责中国电子口岸平台的建设管理工作。海关作为成员单位，与其他成员单位平等参与中国电子口岸平台建设。

第二是公共化。将中国电子口岸平台建设成为各部门数据交换和共享的公共平台。进一步完善中国电子口岸平台"共建、共管、共享"机制，建立共同协商决策规则，明确各部门的权利与义务，保障涉及大通关的各有关部门和单位都能全面参与电子口岸建设。落实口岸数据共享和使用管理办法，以共享为原则、不共享为例外，除涉及国家秘密、公民隐私的数据外，均应通过电子口岸平台实现数据共享，进一步推动口岸资源整合和优化配置，提高口岸管理效率和效能。

第三是单一化。将中国电子口岸平台打造成企业办理进出口相关业务的单一平台。"单一窗口"的核心是它在时空和行为上的"单一性"，这种"单一性"的内涵在于：一个位置，不是多点；一个受理部门，不是多头；一次操作，不重复不补充。这种"单一性"的本质要求企业和执法部门完成有关通关和执法作业的互动是在同一个平台上进行的。为此，需要将口岸各部门现有政务外网系统纳入电子口岸平台，并不断丰富电子口岸平台应用功能，将电子口岸建设成各部门受理企业通关申报材料、进行相关监管执法活动的唯一平台。

为贯彻上述中国电子口岸平台平等化、公共化和单一化的建设方针，需要调整相应的平台运维管理机制，实现全国统一运维管理体系和口岸各部门联合运维机制。从具体实现步骤上，确立了"三步走"策略：首先，将各部门所有涉及大通关的外网服务功能都集中接入到电子口岸平台，实现企业通过电子口岸平台一个窗口就能办理所有的进出口相关申报功能。其次，参照国际上"单一窗口"建设管理规则和通行标准，对各部门所需要的各类申报单证和数据进行协调、简化和标准化，对"单一窗口"业务流程和功能不断进行优化整合。最后，广泛深入开展口岸"三互"，通过使用大数据、云计算等新技术，实现"单一窗口"应用功能由"物理反应"向"化学反应"转变，扩大提升"单一窗口"应用范围和应用水平。

基于对上述电子口岸"三化"的认知，为在时间紧、任务重情况下加快推进"单一窗口"建设，国家口岸管理办公室研究提出了《关于在现有的电子口岸平台上建设"单一窗口"的初步设想》，2016 年 8 月，两次征求海关总署科技司、中国电子口岸数据中心意见后进行了修改完善。

同时，为做好电子口岸的"三化"工作，还需要考虑以下几个现实问题：一是政治意愿。世界各国建设"单一窗口"，无不是政府高度重视并强力推动的结果。我国口岸管理现状离不开政府的强力推动和国务院领导的高层授权和支持。二是利益问题。将口岸各部门原有外网系统都整合到一个窗口，涉及各部门的重要利益调整，对各部门来说，尤其是海关，都是一场"自我革命"，需要兼顾并平衡各方利益诉求。三是资金保障。建议向国家申请"单一窗口"建设专项经费。四是新技术应用。运用大数据、云计算和移动互联等技术创新口岸服务和管理。

三、顶层设计方案

2016 年 9 月 26 日，国务院口岸工作部际联席会议第二次全体会议召开，审议通过了《关于国际贸易"单一窗口"建设的框架意见》。这份文件是在总结沿海地区"单一窗口"建设试点成果基础上，结合我国口岸管理实际，并充分借鉴国际上"单一窗口"成熟经验提出的，内容明确了我国"单一窗口"建设的总要求、路线图和时间表等，标志着我国"单一窗口"顶层设计方案的出台。具体内容包括以下几个方面。

（一）指导思想

深入贯彻党的十八大和十八届三中全会、四中全会、五中全会精神，认真落实党中央、国务院决策部署，坚持创新、协调、绿色、开放、共享发展理念，进一步推动简政放权、放管结合、优化服务，促进口岸信息互换、监管互认、执法互助，坚持贸易安全与便利并重，优化口岸管理和服务机制，转变职能实现方式，促进口岸综合治理体系和治理能力现代化，构建与我国开放型经济新体制要求相适应的口岸软环境。

其中，"创新、协调、绿色、开放、共享发展理念"就是管全局、管根本、管长远，具有战略性、纲领性、引领性的新发展理念，也是"单一窗口"建设的核心理念。"简政放权、放管结合、优化服务"简称为"放管服"，其中"放"即简政放权、降低准入门槛，"管"即创新监管、促进公平竞争，"服"即高效服务、营造便利环境，这是党的十八大后深化行政体制改革、推动政府职能转变的一项重大举措。"信息互换、监管互认、执法互助"简称为"三互"，是口岸领域推进大通关建设、加强监管部门协同治理、提升口岸运行效率的重要措施。

（二）建设目标

实现申报人通过电子口岸平台一点接入、一次性提交满足口岸管理和国际贸易相关部门要求的标准化单证和电子信息，相关部门通过电子口岸平台共享数据信息、实施职能管理，处理状态（结果）统一通过"单一窗口"反馈给申报人。通过持续优化整合使"单一窗口"功能范围覆盖到国际贸易链条各主要环节，逐步成为企业面对口岸管理相关部门的主要接入服务平台。通过"单一窗口"提高国际贸易供应链各参与方系统间的互操作性，优化通关业务流程，提高申报效率，缩短通关时间，降低企业成本，促进贸易便利化。

上述建设目标可拆分为三个目标层级：第一个层级可以理解为"单一窗口"建设的基本目标，简单说就是"一点接入、一次提交、信息共享、统一反馈"；第二个层级是"单一窗口"发展演进的长期目标，核心意思就是"全链条"；第三个层级是"单一窗口"建设所要实现的效益目标，概括来说就是"减优提降"四个字。

（三）基本原则

政府主导。由各级政府统筹推动、各口岸管理相关部门平等参与，共同建立并完善"单一窗口"建设协作配合机制，并将"单一窗口"建设纳入本部门的发展规划，实行共建、共管、共享，通过"单一窗口"实现政府管理和服务功能。

协同治理。满足口岸管理相关部门执法和监管要求，充分发挥口岸管理相关部门现有职能作用，推进综合执法，实现单向管理向多元治理的转变。

便利企业。以便利企业为目的，通过协调简化单证格式和数据标准，优化口岸业务流程，减少数据重复录入，让数据多跑路，让企业少奔波，突破时间和空间限制，提供"一站式"服务。

规范安全。统一技术架构，统一数据交换共享和接口标准，统一和规范基本功能；加强信息安全保障性体系建设，建立健全运维管理制度和应急处置预案，确保系统运行和信息安全。

创新驱动。以科技创新为引领，推动"互联网+"、大数据、云计算等新技术与口岸通关业务深度融合，高标准建设"单一窗口"，不断深化"单一窗口"应用，实现良性循环和可持续发展。

　　以上五项原则也是有着严格的顺序关系的，无论按每一项的重要程度，还是按从业务到技术、从核心到外围来考虑，最终确定了如上的排序。特别是第一项"政府主导"的原则，是"单一窗口"建设的最本质特征，是"单一窗口"能够顺利实施和健康发展的根本保障。

　　（四）总体布局
　　推进电子口岸公共平台的公共化、平等化和单一化，依托中央和地方两级平台，实现国家部委之间、地区之间以及国家部委与地区之间的互联互通，共同打造全国一体化的"单一窗口"环境。

　　中央层面依托中国电子口岸平台，以"总对总"方式与各口岸管理和国际贸易相关部门系统对接，实现信息数据互换共享，开展国际合作对接。

　　各地原则上以省为单位，依托本地电子口岸建设一个省域"单一窗口"，并实现省域"单一窗口"间互联互通，探索建设符合国家区域发展战略要求的"区域单一窗口"。

　　其中，特别是"单一窗口环境"一词，充分结合了中国的国情，利用了世界海关组织（WCO）提出的概念，很好地发挥了中央和地方两个层面的优势作用。

　　（五）建设内容
　　1. 应用服务功能建设
　　中央层面统筹推进"单一窗口"基本功能建设，包括：
　　（1）口岸执法与基本服务功能。主要包括货物申报、运输工具申报、税费支付、贸易许可和原产地证书申领、企业资质办理、出口退税申报、查询统计等全流程服务功能，方便企业一次申报和业务办理，满足口岸管理相关部门的要求。
　　（2）跨部门信息共享和联网应用。加强口岸管理相关部门数据的联网共享与综合利用，进一步提高口岸管理相关部门的联合执法和科学决策能力。
　　（3）与境外信息交换功能。服务国家"一带一路"发展，支持跨境联网合作，开展与"一带一路"共建国家和地区以及世界主要贸易伙伴之间的信息互换与服务共享，实现与国际上"单一窗口"的互联互通。
　　地方层面拓展实施"单一窗口"特色服务功能，包括：
　　（1）口岸政务服务功能。推广应用"单一窗口"标准版，同时结合本地口岸通关业务特色需求，进一步提升和扩展项目的应用功能，建设本地口岸政务服务项目，如物流监管、特殊区域、港澳台贸易等。

（2）口岸物流服务功能。结合本地口岸业务特点与需求，打通港口、机场、铁路、公路等物流信息节点，促进运输、仓储、场站、代理等各类物流企业与外贸企业的信息共享和业务协同，支持水、陆、空、铁及多式联运等多种物流服务方式，积极开展与地方各类物流信息平台的互联合作，推动外贸与物流联动发展。

（3）口岸数据服务功能。以口岸管理相关部门的通关物流状态信息为基础，整合运输工具动态信息、集装箱信息、货物进出港和装卸等作业信息，形成完整的通关物流状态综合信息库，为企业提供全程数据服务，方便企业及时掌握通关申报各环节状态。

（4）口岸特色应用功能。发挥"单一窗口"信息资源、用户资源集聚优势，与金融、保险、电商、通信、信息技术等相关行业对接，为国际贸易供应链各参与方提供特色服务，有效支持地方口岸新型贸易业态发展。

2. 标准体系建设

（1）数据简化和标准化。遵循国际贸易便利化领域相关国际及国家标准，遵照国际通行做法积极开展国际贸易数据简化和标准化，通过数据的获取、定义、分析、协调等反复过程，分层级、分内容、有步骤地实施数据协调与简化，形成定义明确并经简化处理的"单一窗口"数据元目录，并建立数据协调和简化长效工作机制（作为该框架意见的附件，并为此制定了《推进国际贸易"单一窗口"数据协调与简化建议书》）。

（2）统一门户。统一界面、统一标识、统一域名规范。整体命名为"中国国际贸易单一窗口"，各地平台面对企业的登录界面命名为"中国（××）国际贸易单一窗口"。

（3）统一认证。统一"单一窗口"的用户管理和身份认证，分步实施，最终实现一次注册、全国通用。

（4）统一数据接口标准。中央层面统一接口的管理与发布，各参与方应当向"单一窗口"统一开放接口标准，为"单一窗口"标准版的制定和推广应用提供必要的技术支持和指导。

（5）统一数据管理规范。根据《国务院口岸工作部际联席会议成员单位数据使用与管理办法》，建立数据资源共享目录，建设多边交换的数据共享池，完善数据共享机制，做到数据授权使用和对外许可提供，在确保数据安全的前提下，"以共享为原则，不共享为例外"，全面推进各口岸管理部门间信息共享。

（6）统一信息安全规范。口岸管理相关部门、"单一窗口"承建和运营单位要坚持"安全第一"原则，加强对系统、网络和数据的安全防护和应急管理，制定信息安全管理指南，明确"单一窗口"建设各方的权利和责任，签订安全管理协议，共同做好信息安全管理工作。

（7）统一运维保障体系。充分依托电子口岸现有运维体系，建立健全一体化"单一窗口"运维保障机制，规范服务接入和服务标准，明确各方运维职责，实现各负其责、联合保障。

中国国际贸易单一窗口总体架构如图22所示。

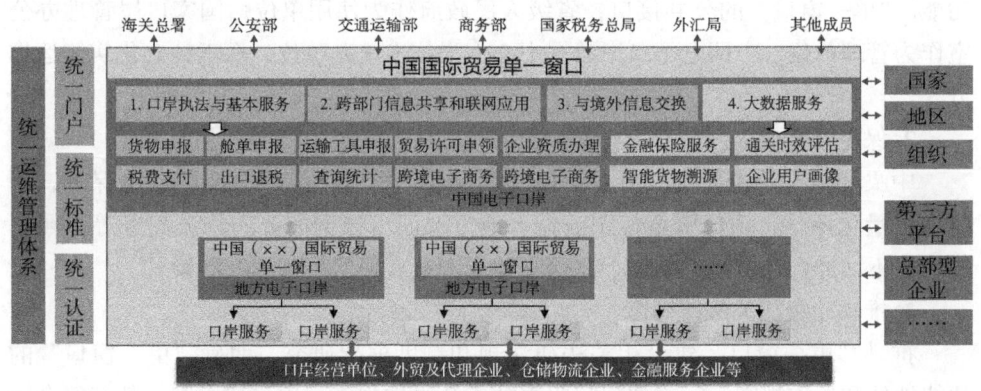

图22　中国国际贸易单一窗口总体架构

（六）建设阶段

2016年，在前期试点的基础上加强顶层设计，完善工作机制，中央和地方继续协同推进"单一窗口"建设。中央层面统一标准规范，统一基本功能，完善基础设施，初步实现统一门户，组织制定"单一窗口"标准版。到2017年年底前，实现"单一窗口"标准版在全国推广应用。

到2020年年底前，实现"单一窗口"功能由口岸通关执法环节向前置和后续环节拓展，进一步覆盖国际贸易链条中的各主要环节，实现与"一带一路"主要共建国家和地区"单一窗口"的互联互通，使"单一窗口"成为中国全面参与塑造国际经济治理新格局的重要贸易基础设施。

（七）保障措施

1. 加强组织领导

国务院口岸工作部际联席会议统一承担全国及各地方电子口岸建设业务指导和综合协调职责。中央层面通过国务院口岸工作部际联席会议统筹推进"单一窗口"建设，由国家口岸管理办公室牵头，公安部、交通运输部、海关总署、国家质检总局等口岸查验单位组成的"单一窗口"建设工作组（后期根据建设需要逐步扩大到其他相关成员单位）负责"单一窗口"建设的统筹规划，统一业务规范和技术架构，制定"单一窗口"建设规范和标准体系，统一"单一窗口"共性的基本功能，制定"单一窗口"标准版并推广应用。地方层面由各省（区、市）人民政府牵头形成"单一窗口"建设协调推进机制，负责落地实施，推广应用"单一窗口"标准版，遵循有关标准规范，整合地方资源，完善平台设施，积极拓展地方特色服务功能。"单一窗口"的公共接口，省级人民政府作为使用单位，国家口岸管理办公室作为管理单位，中国电子口岸数据中心作为技术承办单位，探索社会化实体运作方式。

2. 保障资金投入

中央和地方政府要为"单一窗口"建设和运行维护提供必要的资金保障，同时加强量化评估，确保资金使用效益。地方层面可根据需要向物流商务等领域拓展，在不增加企业负担的前提下，探索适合本地需要的可持续发展模式。

3. 推动完善相关法律制度

推动"单一窗口"建设相关法律法规和制度框架研究，明确"单一窗口"的法律地位和运作规则，完善部门间职责分工及协作制度，逐步建立起一整套符合国际通行规则和管理理念的法律法规和政策措施体系。

4. 加强交流宣传

积极借鉴国际先进经验，总结推广国内成熟做法，开展国内、国际"单一窗口"建设经验交流，宣传"单一窗口"建设成果，为"单一窗口"建设营造良好的氛围。

随后，根据该框架意见，中国电子口岸数据中心组织编写了《国际贸易"单一窗口"标准版总体设计方案》。2017年2月10日，国家口岸管理办公室组织召开专家评审会，中国电子学会、公安部、交通运输部、商务部、海关总署、国家税务总局、国家质检总局、国家外汇管理局等有关技术专家参加评审，《国际贸易"单一窗口"标准版总体设计方案》通过了专家评审。

四、首期建设内容

根据《框架意见》，中央层面主要负责统筹建设的内容包括四个方面，即口岸执法与基本服务功能、跨部门信息共享和联网应用、与境外信息交换功能和"单一窗口"标准体系建设。根据2016年年底召开的国际贸易"单一窗口"标准版建设启动会和工作方案的安排，初期建设内容如下：

（一）口岸执法与基本服务功能

1. 货物申报

货物申报是指进出口货物的收发货人及其代理人依照有关法律、行政法规和规章的要求，在规定的期限、地点，采用规定的形式，向海关、原检验检疫机构报告实际进出口货物的情况，业务范围包括报关申报和报检申报。若涉及危险品，还需向海事进行申报。

企业通过互联网登录"单一窗口"，一次性录入（或导入）一张大表，可以满足海关、原检验检疫、海事等口岸查验部门对货物申报和信息共享的需求，监管结果信息通过平台实时反馈申报人。以往企业需要面对多套应用系统、多组录入团队，重复录入数据项超过三分之一；通过标准版系统集成，企业只需面对一套系统、一组团队，数据可以实现自动导入，完成申报由 1 天压缩短至半个小时。

2. 舱单申报

舱单申报是指进出境运输工具负责人或其代理人、无船承运业务经营人、货运代理企业，以及监管场所经营人等舱单电子数据传输义务人在规定的时限内向海关、原检验检疫、海事等部门传输舱单电子数据，包括水运舱单、空运舱单、公路舱单、铁路舱单等。

以水运舱单为例，舱单电子数据传输义务人将舱单电子数据录入或发送到"单一窗口"后，"单一窗口"会自动将舱单数据按照各部门的监管要求，传输给海关、原检验检疫、海事等部门的业务处理系统，并将各部门的审核结果统一反馈给企业。同时在企业后续货物申报环节，可以复用舱单中的船名、航次、货物等信息，有效减少企业重复录入和数据差错率。此外，"单一窗口"支持大型企业导入模式，按照标准的电子报文格式将电子数据传输到"单一窗口"。

3. 运输工具申报

承运企业或其代理人在运输工具进入或驶离我国关境内的口岸时均应如实向口岸管理部门申报运输工具进出口岸动态预报、进出口岸动态确报、所载旅客人数、进出口货物数量、装卸时间等基本信息。

以船舶申报为例，使用"单一窗口"前，企业在进行船舶进港申报时，需要安装并使用公安部（移民局）、交通运输部、海关总署和国家质检总局四个部门分别下发的四套申报系统，完成整个船舶申报流程需填制船舶概况、总申报单、货物申报单、船员名单、旅客名单、危险货物舱单等 1113 个数据项，从制单、校对到申报，整个流程平均耗时 1 天左右。在进行船舶离港业务办理时，企业需要携带纸质的船舶出口岸联系单，分别到海关、原检验检疫和边检的办事窗口进行盖章，再到海事窗口换取纸质的国际船舶出口岸许可证，最后，企业再通过专人或以快递的方式将纸质的出口岸许可证送到船长或大副手中，整个流程耗时 2 天左右。

企业使用"单一窗口"后，企业在进行船舶进港申报时只需通过一套系统即可完成，按照"最大公约数"的原则对申报数据项进行简化，简化后申报数据项从 1113 项简化至 388 项，相较之前减少了三分之二，并实现了自动校对。更为便捷的是，通过"单一窗口"在线办理，变"串联"为"并联"，网络送达，企业无须跑现场办理，突破了时间和空间限制，办理时间由 2 天降至 2 小时内，真正体现"让信息多传输，让企业少跑腿"。

4. 税费支付

为企业提供网上支付功能，企业通过"单一窗口"可以足不出户地办理关税支付、规费缴纳、外汇结算等各类本地和异地纳税业务，企业从发出付款指令至付款完成不超过 5 分钟，避免因"柜台支付"导致企业来回奔波、手续烦琐的情况，极大地方便企业、降低成本，深受企业用户欢迎。

5. 许可证件申领

许可证件申领请是指根据国家贸易管制政策要求，对涉及许可证件管理的进出口货物，在货物进出口前，向各主管部门申领进出口许可证件。在"单一窗口"标准版实施之前，据统计我国进出口许可证件涉及 20 多个部门 50 余种，企业需要到相关部委办事机构，或者登录部委网站，或者安装各部门的客户端进行操作，给企业造成不便。

申领功能纳入"单一窗口"后：一是企业可以通过一个平台申请各类货物进出口许可证；二是"单一窗口"可将各部门反馈的办理状态实时推送给企业，使各环节衔接更加紧凑；三是许可证签发后，通过"单一窗口"可以实现许可证在发证部门和海关之间数据共享、联网核查与协同作业，提高了口岸的联合执法和监管效能；四是发证部门通过"单一窗口"共享货物实际进出口通关信息，从而全面掌握许可证件的使用情况，加强宏观分析和调控。

6. 原产地证书申领

原产地证书是出口商应进口商要求而提供的，用于证明出口商货物的原产地或制造地。出口企业在办理通关手续前，通过"单一窗口"向国家质检总局或中国贸易促进委员会申请办理，取得原产地证书后，出口货物在已签署自贸协定的国家和地区可以享受零关税待遇或者比"最惠国待遇"更优惠的税率。通过"单一窗口"同时可以实现与境外签发机构以及与进口国（地区）海关间的数据传输，提高货物在进口国（地区）的通关效率。

7. 企业资质办理

企业在从事对外贸易经营前，必须按照国家有关法律规定依次向相关部门申请或备案相关资质，包括商务部对外贸易经营者备案、海关企业注册登记、国家质检总局企业备案登记、国家税务总局出口退税备案登记、外汇管理局企业外汇收支名录备案等（相关手续要求大多已经取消或可以通过联网实现共享）。在办理过程中，企业需要登录多个部门系统或者到各部门业务现场提交电子资质申请或纸面材料。

通过对各部门资质备案或申请进行梳理、优化，企业可通过"单一窗口"一次录入提交资质备案或申请资料，"单一窗口"平台一口受理、网上运转、并行处理，完成在相关部门的资质办理备案或申请，有关审核结果统一通过"单一窗口"反馈给企业。

8. 出口退税

"单一窗口"以企业申报的报关单数据为基础，自动生成出口退税申报单，并经企业进行少量补充申报后，即发往国家税务总局申请办理退税手续。通过复用报关单数据，可以减少企业90%的出口退税申报录入工作量，同时降低了申报差错率。国家税务总局收到出口退税申报单后，先比对、后退税，在提高出口退税办理效率的同时，也有效防止了骗税行为。

9. 查询统计

"单一窗口"提供动态查询、统计发布、实时分析、预测预警、贸易流程等可视化等信息服务，为企业提供通关全流程信息查询服务，并为政府部门改善管理、加强监管、优化服务提供决策支持。

（二）跨部门信息共享和联网应用

落实《国务院口岸工作部际联席会议成员单位数据使用与管理办法》，推动建立数据资源共享目录，完善数据共享机制，在确保数据安全的前提下，全面推进各口岸管理部门间数据信息共享。

联网应用范围涵盖了许可证、通关单、出口退税、增值税抵扣、汽车证明书联网核查，以及跨境贸易人民币结算数据联网和铁路舱单数据共享等，基本实现了大通关核心环节的数据共享和联网核查，为落实口岸"三互"大通关改革奠定了基础。其中，与海关、质检、商务、环保等部门实现通关单、自动进口许可证、固体废物进口许可证等23种监管证件联网核查，占涉证报关单量的99%以上，为各政府部门实现口岸监管及联网核查、税费支付、海关无纸化通关作业打下良好基础。与海关、中国人民银行、国家税务总局、国家外汇管理局等部门实现通关数据联网，为国家实行退税、结汇、人民币国际化等各项经济金融改革措施提供有力支撑。与海关、国税、质检、公安、环保、农业等部门实现联网数据共享，提升了口岸管理部门在收结汇管理、进出口货物检验检疫、汽车进口、罚没车辆管理、有毒化学品、固体废物，以及农药进出口、税收入库等方面的依法行政和联合执法能力。

（三）与境外信息交换功能

与国际上"单一窗口"互联互通和数据交换是我国"单一窗口"建设的重要内容。截至 2016 年年底，已实现中韩、中巴（基斯坦）、中新（西兰），以及内地与港澳台地区之间原产地和货物信息交换，中美、中欧 AEO（经认证的经营者）互认信息联网共享等，积极开展与"一带一路"共建国家和地区及主要贸易伙伴的信息互换与服务共享等。

（四）标准体系建设

一是统一门户。统一界面、统一标识、统一域名规范。中央层面上线"中国国际贸易单一窗口"统一门户网站，作为全国"单一窗口"的统一入口和口岸各类信息的权威发布平台；各地平台面对企业的登录界面命名为"中国（××）国际贸易单一窗口"。2016 年 12 月 31 日，"中国国际贸易单一窗口"统一门户网站上线运行。统一门户网站是全国"单一窗口"的统一入口和口岸综合资讯服务平台，企业通过统一门户网站链接进入各地"单一窗口"办理相关业务。

二是统一认证。统一"单一窗口"的用户管理和身份认证，实现一次注册、全国通用。

三是统一标准。遵循国际贸易便利化领域相关国际及国家标准，分层级、分内容、有步骤地开展国际贸易数据简化和标准化，形成定义明确并经简化处理的"单一窗口"数据元目录。

四是统一运维保障体系。依托电子口岸现有运维体系，建立健全一体化"单一窗口"运维保障机制，规范服务接入和服务标准，明确各方运维职责，实现各负其责、联合保障。

第五节 "单一窗口"前期工作

一、工作方案制订

2016 年 12 月 27 日，国家口岸管理办公室组织召开国际贸易"单一窗口"标准版建设启动会。公安部（移民局）、交通运输部、海关总署、国家质检总局，以及上海、福建、广东等地方口岸办派员参加会议。会议上介绍了"单一窗口"标准版建设的背景情况，以及前期集中工作编写完成"单一窗口"标准版建设方案（货物、舱单和运输工具申报）和数据协调与简化工作的情况，并共同筹备成立"单一窗口"建设工作组，讨论通过《关于推进"单一窗口"标准版建设的工作方案》，部署下一步工作。

该工作方案明确提出的首期目标是，2017年3月31日前完成货物申报、舱单（海运）申报和运输工具（船舶）申报三项基本功能，通过集中工作实现分步实施、迭代开发和有序推进，4月1日起逐步在全国试点推广并持续优化完善。后期计划于2017年9月30日前完成"单一窗口"标准版企业资质办理、许可申领、出口退税等其他基本功能，实现申报人通过电子口岸平台"一点接入""一次提交"和处理状态（结果）的"统一反馈"，相关部门通过电子口岸平台共享数据信息、实施职能管理。同年12月31日前实现"单一窗口"标准版上述功能在全国推广应用。

该工作方案还根据《框架意见》关于成立"单一窗口"建设工作组的任务要求，从更利于加强统筹领导和推进工程实施出发，完善了"单一窗口"标准版建设有关组织结构，如图23所示。其中，领导小组负责统一领导"单一窗口"标准版建设工作，听取有关情况汇报，指导并协调解决重大问题，向部际联席会议报告重大决策事项等。领导小组组长由国家口岸管理办公室主任担任，副组长由国家口岸管理办公室分管副主任及各成员单位的司局级分管领导担任。

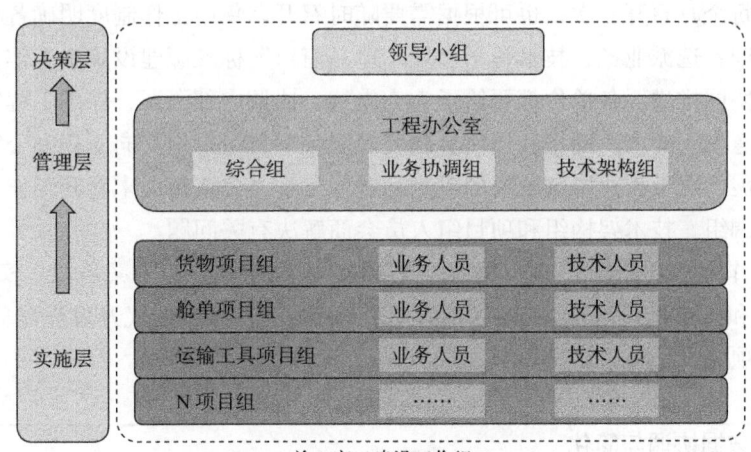

图23 "单一窗口"标准版建设的组织结构

工程办公室负责落实领导小组决定，统一推动工程各项任务，归口协调管理工程各项事务等。工程办公室行政主任由国家口岸管理办公室分管副主任担任，负责行政管理和综合协调，技术主任由中国电子口岸数据中心分管副主任担任，负责技术管理。

根据工作开展需要，工程办公室内设综合组、业务协调组和技术架构组。综合组由国家口岸管理办公室和中国电子口岸数据中心人员构成，主要负责工程总体把控，包括跟踪工程进展，规范工程建设，汇总报告有关情况等。业务协调组主要由国家口岸管理办公室及各成员单位处级负责人组成，负责按照《框架意见》原则要求指导工程建设，调动相关资源，完善并确认"单一窗口"标准版建设方案，协调解决跨部门重点突出问题，确保工程进度和工程质量等。技术架构组主要由中国电子口岸数据中心及各成员单位技术联系人组成，负责按照有关业务要求制定技术架构方案，提出技术实施意见，确保工程质量，做好技术保障等。

项目组由各单位根据工作需要选派的相关业务、技术骨干组成，负责具体项目的推进实施和技术实现，保障项目上线后正常运行和试点期间的功能完善。项目组设全职项目组长，由各单位推荐系统内具备相关丰富经验的业务或技术专家担任，负责项目的总体协调、管理和组织实施。初期主要成立了货物申报、舱单申报、运输工具申报三个项目组，并可根据工作推进的需要增设其他项目组。

该工作方案明确了"单一窗口"建设工作组的工作制度，包括：领导小组会议、集中工作制度、周报和周例会制度等。其中，领导小组会议听取综合组关于工程实施进展情况的汇报，指导并协调解决工程实施中的重大问题。在初期阶段，例会原则上每个月召开一次，也可根据需要随时召开。集中工作制度明确各单位应结合本单位职责选派业务、技术骨干参加"单一窗口"标准版建设集中工作，做到分工负责、协同推进。各单位都要给予大力支持，协调内部资源，保障工程实施，落实《框架意见》要求。周报和周例会制度规定各项目组每周初向工程办公室报送上周项目进展情况及需要协调解决的重点问题。工程办公室每周末召开工作例会，组织业务协调组、技术架构组和项目组人员会商解决有关问题。

该工作方案还明确，"单一窗口"标准版建设总体分为方案阶段、实施阶段、测试阶段和试点推广阶段，按照时间计划向前推进，通过迭代开发逐步完成2017年全年各项建设任务。

二、数据协调与简化

前面提到，数据的协调、简化和标准化是"单一窗口"实施的重要内容和基础内容，联合国（UN）、世界海关组织（WCO）等有关国际组织甚至专门就这项工作提供了相关模型和工具指导。根据国务院口岸工作部际联席会议第一次全体会议部署要求，在研究制订"单一窗口"顶层设计方案的同时，国家口岸管理办公室也同步安排了数据协调简化课题研究。2015 年 11 月，国家口岸管理办公室组织有关部门赴上海召开专题会议研究部署"单一窗口"申报数据标准化和简化专项工作，提出有关工作方案，并从上海抽调专家集中工作，借助上海试点实施经验，很快就有了初步成果，11 月底已经成功推出了定义明确并经简化处理的"单一窗口"数据元目录初稿，并且建立了数据协调与简化长效工作机制，制定了《推进国际贸易"单一窗口"数据协调与简化建议书》。

2016 年年中，数据协调与简化工作组向国家口岸管理办公室做了成果汇报，包括《国际贸易"单一窗口"数据元目录》和《推进国际贸易"单一窗口"数据协调与简化建议书》。2016 年年底，为确保"单一窗口"数据协调简化工作成果的标准性、适用性和专业性，国家口岸管理办公室与有关标准研究机构合作，正式推出包括《国际贸易"单一窗口"数据模型（货物申报、运输工具、舱单）》和《国际贸易"单一窗口"数据元目录》两项基础数据标准成果。

前期制定的《推进国际贸易"单一窗口"数据协调与简化建议书》也于 2015 年 12 月征求海关总署内外相关部门意见后做了完善，后于 2016 年作为《框架意见》的附件一并印发执行。该建议书旨在通过采取方便务实的国际通行做法来推进"单一窗口"数据协调与简化工作，通过制定工作目标、梳理工作范畴、确定工作步骤、建立工作机制，为全国"单一窗口"建设提供统一的开发标准和工作指导，以便通过对"单一窗口"申报的、口岸管理相关部门监管需要的数据进行协调与简化，进一步满足"单一窗口"建设和发展的需要，使企业和政府有关部门之间的信息交换更加流畅、高效。有关主要内容如下：

（一）"单一窗口"数据协调与简化的工作目标

以便利企业申报、简化业务手续、加强部门间协同监管为原则，研究建立能满足口岸服务和管理相关部门需求、定义明确的《国际贸易"单一窗口"数据元目录》（以下简称《数据元目录》），在此基础上推动《数据元目录》在"单一窗口"申报等环节的应用，以及口岸管理相关部门在"单一窗口"环境下的流程再造，实现"三互"大通关建设目标。

1. 构建《数据元目录》。参与"单一窗口"建设的口岸管理相关部门各自提供经确认的数据字典，通过数据协调与简化步骤，逐步形成一套既满足口岸管理相关部门监管要求，又符合我国"单一窗口"发展需要的《数据元目录》。

2. 应用至"单一窗口"。"单一窗口"应按照《数据元目录》标准进行开发，制定申报规则，实现"单一窗口"数据"一次性递交"，跨部门、跨系统、跨地区共享交换的建设要求，且有利于开展贸易数据互认互通国际合作。

3. 实现业务协同与联动。参与"单一窗口"建设的口岸管理相关部门，应按照《数据元目录》的标准对企业提出申报要求，协调各自的监管行为，进一步优化业务流程，为实现口岸管理相关部门"信息互换、监管互认、执法互助"提供数据基础。

（二）"单一窗口"数据协调与简化的范围和内容

各口岸管理相关部门都有将本部门所涉及的国际贸易数据纳入协调与简化范围的权利和义务。"单一窗口"数据协调与简化的范围及内容主要包括：

1. 与货物监管相关内容主要包括海关总署和国家质检总局对货物进出口和进出境的监管申报要求，涉及进出口（进出境）报关单、报检单等的协调与简化。

2. 与运输工具监管相关内容主要包括公安部、交通运输部、海关总署、国家质检总局对运输工具（船舶、航空器等）进出境的监管申报要求，涉及船舶申报、航空器申报、危险品申报，以及舱单申报等的协调与简化。

3. 与监管证件申领相关内容主要包括教育部、科技部、工业和信息化部、国土资源部、原环境保护部、原农业部、商务部、文化部、原卫计委、人民银行、国家质检总局、原新闻出版广电总局、体育总局、原食品药品监管总局、林业和草原局濒危物种进出口管理办公室、文物局、密码管理局、中央军委装备发展部、中国人类遗传资源管理办公室、国家消耗臭氧层物质（ODS）进出口管理办公室、中国国际贸易促进委员会（以下简称贸促会）等对所管理进出口监管证件的申领要求，涉及各类进出口监管证件申领数据的协调与简化。

4. 与企业资质备案相关内容主要包括交通运输部、商务部、海关总署、国家税务总局、国家质检总局、外汇管理局对企业从事国际贸易业务类别及所需相关资质的管理要求，涉及外贸业务经营主体（经营单位、收发货单位、申报单位、外贸综合服务单位）外贸经营资格、出口退（免）税备案、外汇企业名录资格，以及货物申报资质等相关数据的协调与简化。

5. 与出口退税相关内容主要包括海关总署、国家税务总局对出口货物退（免、抵）税的申报和管理要求，涉及出口退税申报主体、出口退税申报单证等相关数据的协调与简化工作。

6. 与"单一窗口"功能实现相关的其他内容，涉及跨境电子商务、服务贸易、出入境团体旅客申报、进出境个人物品申报等，以及随着"单一窗口"功能不断完善涉及的相关贸易数据的协调和简化。

（三）"单一窗口"数据协调与简化的方式和步骤

数据协调与简化是获取、定义、分析、统一监管数据需求的反复过程，应当分层级、分内容、有步骤地完成。当有新的部门加入或原有部门数据字典发生调整时，数据协调与简化须随着新成员的加入及新需求的提出反复进行。步骤如下：

1. 数据获取

数据获取指收集汇总一份经口岸管理相关部门确认的数据目录清单，目录清单应包括数据元名称、数据元定义、表示法（格式或代码）等。

2. 数据定义

对上述数据目录清单涉及的数据元所表达、代表的内容进行定义，包括结构化、半结构化和非结构化等数据类型。

3. 数据分析

将数据目录清单中的数据元进行分类、汇总，整理各部门相同或类似数据元名称，对数据元定义及所包含的数据需求进行分析，通过识别冗余数据和比较数据定义，发现名称相同或相似的数据元对应定义上存在的差异，以及同一数据元在不同部门采用不同编码规则的情况。

4. 数据协调并取得一致

通过各部门充分协商、归并处理，对同一数据名称对应的数据定义和（或）编码达成一致，形成供多部门使用的《数据元目录》。《数据元目录》的数量规模应尽可能小，即只包含相关部门目前必需采集的信息。

（四）"单一窗口"数据共享共用的推进

"单一窗口"数据协调与简化工作具有持续性和渐进性，《数据元目录》的建立和应用将伴随"单一窗口"建设的全过程，口岸管理相关部门应共同努力，建立"单一窗口"数据协调与简化工作机制，推进"单一窗口"数据共享共用。

1. 建立"单一窗口"数据协调与简化常态工作机制。在国务院口岸工作部际联席会议机制下设立"单一窗口"数据协调与简化工作委员会（以下简称工作委）。工作委由各部门选派的业务和技术专家组成，负责数据协调与简化的论证、协调和推广。工作委为非常设机构，工作委秘书处设在国家口岸管理办公室。工作委根据需要邀请相关政府部门、商会、第三方机构、企业等参与论证。工作委按照专业领域下设工作组，具体承担专业领域"单一窗口"数据标准的研究、起草、修订和推广等工作。

2. 共同推进"单一窗口"数据协调与简化工作。鼓励更多部门参与《数据元目录》制定工作，共同努力寻求途径简化国际贸易管理和通关环节程序，消除手续、文件和程序中冗余成分和重复操作的过程。加强与相关国际组织的对话与合作，积极按照国际公约、标准和惯例对本国的数据、手续、程序、操作及单证进行调整，积极推进开展国际的数据比对与交换。

3. 大力推动"单一窗口"数据共享共用。参与"单一窗口"建设的口岸管理相关部门应通过"单一窗口"平台进行信息共享和执法互助，根据职责和业务需要，可以获取其他部门提供的监管执法类数据，并按照《国务院口岸工作部际联席会议成员单位数据使用与管理办法》管理使用。同时，支持各口岸管理相关部门通过"单一窗口"向其他参建部门提供及时、全面和系统的数据共享服务。参与"单一窗口"建设的口岸管理相关部门如本部门数据字典发生变更，需相应调整《数据元目录》时，应提交工作委协商一致后进行变更。

三、标准体系建设

（一）统一门户

统筹全国"单一窗口"建设，需要一个全国统一门户网站。为方便及时发布各地方"单一窗口"建设动态，交流"单一窗口"建设经验，规范指导全国"单一窗口"建设，展示全国"单一窗口"统一服务形象，国家口岸管理办公室决定委托中国电子口岸数据中心建设国家"单一窗口"门户网站，并于 2016 年 7 月 28 日召开的内陆沿边地区国际贸易"单一窗口"建设启动会上宣布网站正式上线运行。

其后，又对网站建设进行了细化完善，形成方案报办领导，2016 年 11 月方案获批通过。方案明确中央统一门户网站的统一服务入口和口岸综合资讯服务平台，网站命名为"中国国际贸易单一窗口"，由国家口岸管理办公室主管，中国电子口岸数据中心负责建设；各地方"单一窗口"门户网站主要面向进出口企业提供"标准版＋地方特色"服务功能，网站统一命名规范为"中国（××）国际贸易单一窗口"，由各地口岸办负责组织建设和管理，满足各地方为企业提供"一站式"服务的需求，并且统一全国"单一窗口"的域名规范要求。

2016 年 12 月 31 日，"中国国际贸易单一窗口"统一门户网站上线运行。统一门户网站是全国"单一窗口"的统一入口和口岸综合资讯服务平台，初版设置"信息动态""标准规范""政策法规""办事指南""我要办事"和"统计展示"六大板块及相关辅助功能，企业通过统一门户网站链接进入各地"单一窗口"办理相关业务。

2017 年 11 月，国家口岸管理办公室印发了《国际贸易"单一窗口"门户网站管理办法（暂行）》，并配套提供《"单一窗口"统一门户建设规范》工程标准，进一步规范了中央和地方两级"单一窗口"门户网站建设和运行管理工作。两级门户网站按照"统一标准、分工负责、规范运行保障服务"的原则和相关技术要求，实现统一界面、统一标识、统一域名规范，并根据办法要求做好内容发布和审核管理及加强网络和信息安全等工作。

从 2020 年 6 月开始，根据"单一窗口"标准版建设发展需要及政务新媒体建设有关要求，以企业便利化应用需求为主线，从增强用户体验、强化服务效能出发，对统一门户网站进行了重新组织设计，新版网站与旧版并行一段时间后，于 2022 年正式上线使用。

（二）统一认证

统一认证此前一直是电子口岸建设中的重要内容。2014 年提出"单一窗口"建设后，又开始了统一认证的研究。实现统一认证的方式主要交叉认证（不同认证的互通互认）、统一认证机构（规定一个共同的认证机构）和统一认证证书（共同颁发同一种认证证书）等。这项工作也分为三个层次，依次是统一用户信息、统一身份管理、统一认证方式。最终目标是实现企业一次注册、全国通用。

"单一窗口"如不解决统一认证问题，就会给企业持卡操作带来不便，企业在通过"单一窗口"办理不同业务时，需要频繁插入不同认证卡进行申报操作，显然不符合"单一窗口"的建设要求。为做好这项工作，2016 年 8 月，国家口岸管理办公室着手组织"单一窗口"统一认证课题研究。2016 年 12 月 23 日，国家口岸管理办公室又组织召开了"单一窗口"统一认证专题研讨会，相关部委单位及上海口岸办等参会，听取了统一认证课题研究报告，研讨"单一窗口"统一身份认证有关技术路线及下一步工作，明确了以电子口岸认证作为各部门都认可的"单一窗口"统一认证方式。

随后，为最大限度减少用户重复认证登录，简化企业操作，实现用户一次注册、全国通用，各地方在中国电子口岸数据中心的技术支持指导下，逐渐都完成了本地"单一窗口"用户系统与"单一窗口"标准版的对接改造工作。截至 2021 年年底，最后一批地方"单一窗口"也完成了这项工作。

（三）统一标准

"单一窗口"建设任务中最重要的一个当属货物申报功能。时值 2018 年关检融合之前，货物申报必须将海关和检验检疫两家原来各自的报关和报检申报标准规范统一起来，形成新的货物申报标准规范。2016 年 7 月，国家口岸管理办公室组织编写了《"单一窗口"货物申报功能建设标准规范》并征求国家质检总局通关司意见。

从货物申报标准规范入手，逐步建立"单一窗口"标准体系，后续又继续研究推出舱单和运输工具申报等功能的相关标准规范，并且在功能实施中逐步修订完善。

2017年"单一窗口"标准版启动实施后，有关"单一窗口"建设的系列工程标准也都逐步制定出来，并且面向受众进行定向发布。例如，2018年7月，国家口岸管理办公室组织对《国际贸易"单一窗口"术语指南》《国际贸易"单一窗口"统一门户建设规范》《国际贸易"单一窗口"用户管理和身份认证集成指南》3项标准进行了评审。

2018年12月，在前期工作基础上完善及新制定了《国际贸易"单一窗口"术语》《国际贸易"单一窗口"标准化指南》《"单一窗口"标准版货物申报服务集成接口规范》《"单一窗口"标准版舱单申报服务集成接口规范》《国际贸易"单一窗口"统一门户建设规范》《国际贸易"单一窗口"用户管理和身份认证集成指南》《"单一窗口"标准版集成部署指南》《"单一窗口"标准版REST服务集成指南》《"单一窗口"标准版数据传输技术指南》《"单一窗口"标准版自动导入客户端接入指南》《电子口岸数据交换技术规范》《电子口岸信息安全管理规范》12项工程标准和建设规范。

2019年11月，制定完成《"单一窗口"数据元管理规范》《"单一窗口"应用界面设计规范》《"单一窗口"标准版运输工具（航空器）报文接口规范》《"单一窗口"跨境电商服务平台报文接口规范》《"单一窗口"公路进出境舱单报文接口规范》《"单一窗口"航空货物电子运单报文规范》《"单一窗口"水运通关物流状态数据交换规范》《"单一窗口"金融服务接口规范》《"单一窗口"保险服务接口规范》《"单一窗口"出口退税导入接口规范》10项标准并进行了评审。

2020年6月，国家口岸管理办公室组织对《国际贸易"单一窗口"基础数据元目录》上升为行业标准进行了标准审查。

以上系列标准规范建设，满足了"单一窗口"工程建设的实际需要，提高了实施效率，保障了工程质量，确保高水平建设国际贸易"单一窗口"。

（四）统一运维保障体系

根据《框架意见》，国际贸易"单一窗口"要充分依托电子口岸现有运维体系，建立健全一体化"单一窗口"运维保障机制，规范服务接入和服务标准，明确各方运维职责，实现各负其责、联合保障。为在"单一窗口"标准版首批功能试点上线后能够得到有效运维和服务，2017年4月，国家口岸管理办公室组织研究制订了《"单一窗口"标准版试点运行工作方案》和《"单一窗口"标准版试点运行期间联合运维服务保障方案》，上述方案于4月21日"单一窗口"标准版建设领导小组第三次会议上审议通过。

同年，为很好解决"单一窗口"越来越多功能上线后的运行管理问题，确保系统安全、稳定、高效运行，国家口岸管理办公室同步着手组织制定《国际贸易"单一窗口"运行管理办法（暂行）》，经 2017 年 9 月国务院口岸工作部际联席会议第三次全体会议审议通过并报国务院同意后，于 2017 年 12 月 20 日印发实施。"单一窗口"标准版主要业务应用率当年实际推广达到 50%，包括各相关部委、各地方、中国电子口岸数据中心在内的"单一窗口"一体化联合运维工作机制及运行管理办法起到重要作用。

随着建设功能的全面铺开和业务量的逐步提升，2018 年，"单一窗口"数据安全管理任务日渐突出，于是国家口岸管理办公室同步着手组织制定《国际贸易"单一窗口"数据安全管理办法》，经 2018 年 9 月国务院口岸工作部际联席会议第四次全体会议审议通过并报国务院同意后，于 2018 年 12 月 20 日印发实施。该办法对有关"单一窗口"数据采集、保存、使用、共享、传输和清理等活动进行了规定，特别是在数据使用方面，明确了"谁使用，谁申请，谁负责；谁主管（所有），谁授权，谁负责"的原则，对确保数据安全起到重要指导作用。

后为落实《国际贸易"单一窗口"运行管理办法（暂行）》，进一步规范国际贸易"单一窗口"运维服务管理工作，组织制定了《国际贸易"单一窗口"运维管理规程》和《国际贸易"单一窗口"服务请求管理规程》，涉及有关故障、变更、问题、通知、参数数据、服务请求、数据异常、客服知识库、客服绩效考核等方面运维服务流程规则和管理要求，于 2020 年 11 月 19 日印发实施。同时，为进一步提高国际贸易"单一窗口"一体化运维服务保障能力，加快客户问题流转办理，配合此两项规程更好实施，还组织开发了国际贸易"单一窗口"运维服务管理平台，该平台于 2020 年 11 月 1 日起试运行，2021 年 1 月 1 日起在全国正式投入使用。

四、"单一窗口"宣传

根据《框架意见》，"单一窗口"宣传工作也要同步开展。同时，国家口岸管理办公室主任对宣传工作也很重视，并且提出了一些具体要求。到 2017 年 6 月，"单一窗口"标准版货物、舱单和运输工具申报等主要功能已经上线并成功运行，加强"单一窗口"宣传、扩大"单一窗口"在企业和社会的影响力也势在必行。经征求相关部委意见并商海关总署新闻办，拟组织一次阶段性集中宣传，同时也制订了比较全面的宣传工作方案，提出了一揽子措施。

在宣传形式方面，主要有：一是加强主要媒体宣传。按照党中央、国务院关于积极推进"单一窗口"建设的有关精神，在国家级主要媒体上发布推动落实"单一窗口"的新闻通稿，并视情召开新闻发布会。二是扩大互联网宣传。组织口岸管理相关部门开展"单一窗口"建设与推广成果联合在线访谈。利用"单一窗口"统一门户网站加大宣传力度，及时发布"单一窗口"建设政策要求、进展情况和统计数据。三是拓展宣传渠道。请各地方政府和各口岸管理相关部门配合开展"单一窗口"正向宣传和引导。积极利用微博、微信、移动客户端开展宣传。四是深入一线采访宣传。抽调有一定新闻报道经验的人员组成采访拍摄小组，按照事先确定报道目标，引领配合媒体记者深入一线采访。

在宣传内容方面，主要包括：一是"单一窗口"理念、内涵及优势，"单一窗口"建设的顶层设计和总体布局，力争消除可能引发的负面反应和误解，统一对"单一窗口"的理解和共识，扩大"单一窗口"认知覆盖面和影响力。二是"单一窗口"标准版上线运行以来的阶段性成果，标准版的设计亮点和基本功能，以及在全国口岸的部署和使用情况，以真实案例和用户体验为切入点，以企业的获得感为侧重点深入宣传。三是以新一批自由贸易试验区制度改革创新为契机，宣传"单一窗口"对自由贸易试验区建设的促进和支持。四是"单一窗口"的应用效益及在促进外贸稳定发展中发挥的作用。包括推进"单一窗口"免费申报制度成效、标准体系建设成效、压缩通关时间成效，以及地方"单一窗口"特色功能建设的最新成果，为企业提供具有地方特点的口岸服务等。五是"单一窗口"对促进"三互"的作用，口岸管理相关部门对"单一窗口"建设和推广的重点支持举措。六是"单一窗口"建设方向与发展前景的前瞻性介绍。七是结合世界贸易组织（WTO）《贸易便利化协定》的签署生效，根据联合国（UN）有关机构等国际组织届时举办的"单一窗口"及贸易便利化会议情况，报道参与国际组织推进"单一窗口"建设的新思路和新成果。

在具体措施方面，主要有：一是中国电子口岸数据中心负责建立维护"单一窗口"官方微博客户端和微信公众号，配套发布"单一窗口"微博、微信平台图文解读文章。二是推出"单一窗口"宣传PPT、系列展板和宣传片，向各地口岸办广泛征集展板和宣传片素材，组织开展宣传片拍摄和制作。三是组织撰写"单一窗口"建设与推广成果有关新闻通稿，力争在国家级主要媒体上发布。四是在人民网和海关总署等门户网站推出联合在线访谈，并邀请公安部、交通运输部、海关总署和国家质检总局有关司局级领导一同接受采访。五是向各地方口岸办印发有关"单一窗口"集中宣传活动通知，明确活动主题、时间安排、宣传重点及活动要求。六是收集汇总近年来"单一窗口"建设发展有关政策、配套文件、统计数据和建设案例，编纂出版《中国国际贸易"单一窗口"建设年鉴》系列图书，为各级政府部门、企事业单位和社会各界了解"单一窗口"发展情况，获取资料信息，实施科学决策提供史料性和权威性参考；同时可考虑组织人员将上述图书翻译成英文版，扩大"单一窗口"国内和国际影响力。七是将"单一窗口"宣传工作列入常态化工作任务清单，多渠道、多形式开展"单一窗口"政策宣传和业务培训，为"单一窗口"建设和推广营造良好的氛围。

五、前瞻课题研究

（一）"单一窗口"法律环境问题研究

"单一窗口"法律问题研究是国际上"单一窗口"建设的普遍做法和重要一环。为做好我国"单一窗口"建设，明确"单一窗口"相关法律地位和运作规则，促进"单一窗口"长期健康持续发展，自2017年6月开始，着手开展"单一窗口"法律环境问题研究。重点围绕"单一窗口"法律地位、运作规则、法规调整、部门间协作、相关方责任、安全管理等重要方面，完成"单一窗口"法律环境问题梳理，初步形成"单一窗口"法律环境基本框架，编制"单一窗口"法律环境问题课题研究报告，也为将来持续深入开展"单一窗口"法律问题研究及推动完善相关法律制度打下基础。

（二）"单一窗口"国际合作策略研究

根据《框架意见》，国际贸易"单一窗口"实现与"一带一路"主要共建国家和地区及世界主要经济体"单一窗口"互联互通，也是全面推进我国"单一窗口"建设的重要内容之一。为有效开展"单一窗口"国际合作，促进"单一窗口"长远发展，自2017年年底开始，即着手开展"单一窗口"国际合作策略研究。重点研究我国"单一窗口"开展国际合作的内外部需求、机遇和定位，明确我国"单一窗口"未来发展方向和战略目标，以及我国"单一窗口"在国际合作中的主要任务、实施方案和路线图，编制《中国国际贸易"单一窗口"国际合作策略研究报告》，为将来持续深入开展"单一窗口"国际合作，促进"单一窗口"长远发展奠定基础。

（三）"单一窗口"跨境贸易大数据平台建设研究

为落实《国务院关于印发优化口岸营商环境促进跨境贸易便利化工作方案的通知》（国发〔2018〕37号），深化国际贸易"单一窗口"建设，构建跨境贸易大数据平台，做好平台顶层规划和实施方案，2019年，开展了跨境贸易大数据平台建设规划课题研究，制定《跨境贸易大数据平台三年建设规划》《跨境贸易大数据平台建设实施规划》等文件，为平台建设制定面向未来、科学合理的规划布局，刻画清晰明确、可操作可执行的实施路线，为快速推动平台建设奠定基础。

（四）"十四五"口岸信息化课题研究

2020年，国家口岸管理办公室的一项重要工作是制定《国家口岸发展"十四五"规划》。为做好规划编制工作，经报请海关总署领导同意，围绕"十四五"期间口岸工作重点难点问题开展了系列课题研究，其中包括"十四五"口岸信息化课题研究。该项研究任务围绕智慧口岸建设，评估口岸信息化整体现状，研究运用大数据、物联网、移动应用和区块链等新技术深化电子口岸、国际贸易"单一窗口"建设，制定未来五年建设目标和重点任务。有关工作为"十四五"国际贸易"单一窗口"深化建设提供了思路参考。

（五）"单一窗口"业务方向拓展研究

2020年，国家口岸管理办公室重点开展了"单一窗口"三个方面的课题研究：一是"单一窗口"服务贸易建设可行性研究，在梳理现有服务贸易发展概况基础上，研究"单一窗口"向服务贸易延伸的必要性、可行性和契合点，并对相关业务架构和实施路线提出建议。二是"单一窗口"区域平台建设规划，基于国家"一带一路"倡议、区域经济等背景，分析论证"单一窗口"区域平台建设的重要性和必要性，对"区域单一窗口"建设的目标、定位、分工、架构进行规划设计。三是"单一窗口"在《区域全面经济伙伴关系协定》（RCEP）背景下的发展展望，分析RCEP实施对"单一窗口"建设的影响，对"单一窗口"如何助力RCEP实施提出建议。

第六节　"单一窗口"功能实施

一、2017年实施进展

2017年是"单一窗口"标准版开始建设的第一年，按照党中央、国务院的总体部署，国家口岸管理办公室会同"单一窗口"建设工作组成员单位及各地方口岸主管部门，共同加快推进国际贸易"单一窗口"建设，上线了标准版9大基本服务功能。截至2017年年底，国务院要求在全国所有口岸建成"单一窗口"的总体目标如期完成，首期建设内容实现了地区、功能、业务量三个"全覆盖"。

1月：新年迎来开门红

"中国国际贸易单一窗口"统一门户网站上线运行。该网站旧版首页如图24所示。后来经过改版上线。

图24 "中国国际贸易单一窗口"统一门户网站旧版首页

1月10日，国家口岸管理办公室发布了《关于推进"单一窗口"标准版建设的工作方案》。根据该方案，公安部、交通运输部、海关总署、国家质检总局有关司局，中国电子口岸数据中心，以及上海、天津、重庆、浙江、福建、山东、广东省（市）口岸办共同开展"单一窗口"标准版建设集中工作，编写标准版的货物申报、舱单申报和运输工具申报三项基本功能建设方案，正式开启了"单一窗口"标准版建设。

1月18日，"单一窗口"标准版建设领导小组第一次会议召开，审议通过了"单一窗口"标准版总体设计方案及海运舱单、货物申报、运输工具申报三个项目的业务需求报告，首批建设的三个项目正式启动。

2~3月：联合共建热情高

2月10日，《国际贸易"单一窗口"标准版总体设计方案》获相关部委和各地方指派专家评审通过，有关建设经费筹措申请工作也随即开展。

2月22日，"单一窗口"标准版建设实施阶段集中工作拉开帷幕。公安部出入境管理局、交通运输部海事局、海关总署口岸监管司和科技发展司、国家质检总局通关司、中国电子口岸数据中心，以及上海、浙江、福建、广东省（市）口岸办先后累计200多人次在北京参加集中工作。

3月1日，有关集中工作成果在领导小组第二次会议上作了汇报。

3月22日，为有效支持国际贸易"单一窗口"建设，并同步做好海关预录入系统建设和安全运行管理，保障海关业务系统稳定、安全、高效运行，海关总署科技司发函对中国电子口岸数据中心、信息中心有关工作作了规范指导，提出海关预录入系统要不断适应国际贸易"单一窗口"、海关信息化建设的统一要求，建立可持续升级发展机制。

4月：三大功能齐上线

4月20日，标准版货物申报、舱单申报和运输工具申报三大基本功能通过测试，正式上线。中国电子口岸数据中心同步开展网站域名备案工作。

4月21日，"单一窗口"标准版建设领导小组第三次会议召开。研究并审议通过了《"单一窗口"标准版试点运行工作方案》和《"单一窗口"标准版试点运行期间联合运维服务保障方案》。

4月26日，"单一窗口"标准版试点工作部署会召开。在天津、重庆、浙江（含宁波）、福建、广东、陕西6个地区率先开展试点。试点的主要任务是对标准版的业务功能、业务流程、联合运维机制、系统集成等进行试行检验，结合试点情况完善标准规范，优化相关系统功能，并根据试点情况逐步上量，为6月"单一窗口"标准版在全国范围推广奠定坚实基础。

至此，在有关部门和各地方的支持下，这场关于国家贸易"单一窗口"的攻坚战取得了阶段性成果。作为一项复杂的系统工程，"单一窗口"标准版建设涉及众多口岸部门的业务流程优化、系统改造对接、安全互信互认等问题，在加强沟通协调，抱着"啃硬骨头"的信念，争取到了各部门的积极支持配合，在较短时间内有效解决了业务协同和技术改造上的难题，系统开发上线比较顺利。

同时，"单一窗口"标准版其他配套基础工作也取得突破性进展。一是完成了"单一窗口"标准版技术支撑平台设计及建设工作，该平台基于互联网架构，采用了业界先进的云化架构、微服务等技术，具有高性能、高并发和高可扩展性。二是完成了货物、运输工具、舱单申报首期3项业务领域的数据协调与简化，其中运输工具申报数据项由1113项减少至371项，简化率达66.7%，同时对涉及的20类73个参数代码表进行了国际对标和部门映射。三是完成了"单一窗口"统一用户管理和登录认证。四是完成"中国国际贸易单一窗口"统一门户网站建设，实现了企业办事一点接入。五是开展了数据安全管理、联合运维保障机制等标准规范建设工作。六是同步启动了企业资质、许可证、原产地证书、税费办理、出口退税、公共查询首期其他6项业务基本功能的开发。

5月：首批试点捷报传

5月5日，为加快"单一窗口"标准版推广应用，以国务院口岸工作部际联席会议办公室的名义向首批试点地区及口岸四家查验单位印发做好"单一窗口"标准版试点工作的文件，要求各试点地区按照试点总体部署要求，建立相关工作机制，细化试点方案，认真组织落实，确保试点取得成效。

5月24日，《国际贸易"单一窗口"运行管理办法》征求各相关方意见，后根据各方意见修改完善后，于9月底召开的国务院口岸工作部际联席会议第三次会议上审议通过，年底前印发全国实施。

6月：试点业务量稳步提升

6月5日，为支持"单一窗口"建设，海关总署科技司再次组织中国电子口岸数据中心、信息中心召开"单一窗口"建设技术工作协调会。会议明确各部门要加强沟通，形成合力，不断优化"单一窗口"联调测试环境，共同做好有关技术保障工作，并请国家口岸管理办公室牵头，研究制定"单一窗口"项目管理机制，保障"单一窗口"建设规范有序开展。

6月8日，《国际贸易"单一窗口"标准版服务目录》在"中国国际贸易单一窗口"统一门户网站"服务指南"栏目发布，此举规范了国际贸易"单一窗口"标准版服务事项，明确了服务范围，为用户提供更加准确、有效的服务指引。首版服务目录包括"用户管理与身份认证""货物申报""舱单申报""运输工具申报"4大类73个服务事项。该服务目录后续随着"单一窗口"标准版功能的新增及时做了维护更新和发布。

自"单一窗口"标准版试点通知印发后，各地方认真落实试点通知要求，积极开展针对试点企业的培训推广工作。

在各地方和试点企业的大力支持配合下，6月"单一窗口"标准版已上线功能日趋优化完善，性能日渐稳定，试点申报业务量稳步提升。日申报业务量迅速提至623票，月度累计2423票。

7月：试点范围再扩大

在农业部、商务部、海关总署、国家工商总局、国家质检总局、国家林业局濒危物种进出口管理办公室（简称林业局濒管办）的大力支持和共同参与下，"单一窗口"标准版原产地证书申领、企业资质办理、农药进出口登记管理放行通知单、野生动植物进出口证书等项目完成开发和测试，顺利上线运行。

7月7日，"单一窗口"标准版扩大试点部署会暨建设领导小组第五次会议召开。会议决定：一是扩大试点业务范围，将许可证申领、原产地证书申领、企业资质办理纳入试点。二是新增北京、上海、山东、河南、湖南、贵州、新疆7个试点地区。三是扩大试点企业范围，将试点扩大到所有具备条件的企业，尽快实现全面上量。

7月17日，关于国际贸易"单一窗口"标准版建设资金的紧急申请获海关总署领导审批同意。

7月份"单一窗口"标准版日均申报业务量提至3230票，自试点建设以来至7月底，累计3.4万票。

8月：工作屡有新突破

在环境保护部的大力支持和共同参与下，有毒化学品进出口许可证申领功能完成开发和测试，顺利上线运行。

8月17日，"单一窗口"标准版第三批试点扩大部署会召开。增加江苏、四川、江西、河北、山西、黑龙江、安徽、云南、吉林、宁夏、甘肃、西藏、青海13个试点地区，新增试点有毒化学品进出口许可证申领功能。

8月29日，"单一窗口"标准版查询统计功能上线试运行，自动导入客户端正式发布上线。

8月31日，《国际贸易"单一窗口"运行管理办法》，经国务院口岸工作部际联席会议第三次全体会议审议通过并印发实施。

8月份"单一窗口"标准版日均申报业务量达1.2万票，自试点建设以来至8月底，累计18.9万票。

9~10月：建设成果初步显现

随着各地试点业务量呈几何增长，9月14日召开了"单一窗口"标准版建设研讨会，会上各地方介绍了标准版任务落实情况及有关建议，明确加快推进"单一窗口"标准版年内覆盖全国口岸，并认真研讨了下一步建设任务。

9月28日，全国口岸办主任会议在京召开，会议传达贯彻国务院口岸工作部际联席会议第三次全体会议精神。9月29日，中国（深圳）国际贸易单一窗口实现与"单一窗口"标准版融合对接。

2017年的十一假期是"单一窗口"标准版试点运行以来的首个国家法定长假，为确保国庆放假期间"单一窗口"标准版安全稳定运行，保障口岸管理相关业务服务正常开展，国家口岸管理办公室特地发布通知要求相关部门和各地方做好节假日期间的安全运行服务工作，并梳理提供联合运维保障联系人名单。

10月13日，国家口岸管理办公室就"单一窗口"标准版舱单数据同步需求召开协调会。

10月27日，国际贸易"单一窗口"标准版建设领导小组第六次会议召开，会议听取了前期试点情况阶段总结报告，审议通过了《国际贸易"单一窗口"门户网站管理办法（暂行）》，决定将标准版已上线 7 大基本功能试点范围扩大到全国所有口岸。此后，四川、辽宁、云南等地掀起新一轮面向企业推广培训会的高潮，其中广东省积极推进"单一窗口"标准版试点，率先实现全覆盖任务目标。

10 月份"单一窗口"标准版日均申报业务量已达 5 万票，自试点建设以来至 10 月底累计达 150 万票。截至 10 月底，全国大部分试点省份国际贸易"单一窗口"标准版申报业务量覆盖率超过 10%，并呈加速增长势头。其中，运输工具实现覆盖率 100%。

11 月：试点地区全覆盖

11 月 9 日，"单一窗口"标准版扩大试点部署会暨全国推广培训会在苏州召开，新增湖北、辽宁、广西、内蒙古、海南、厦门、深圳 7 个试点地区为第四批试点地区，至此"单一窗口"标准版试点范围覆盖全国所有口岸。

在商务部的大力支持和共同参与下，许可证件申领（机电进出口许可证）功能完成开发和测试，顺利上线运行。

11 月 27 日，国家口岸管理办公室印发《"单一窗口"统一门户建设规范的通知》。

11 月份"单一窗口"标准版日均申报业务量突破 17 万票，自试点建设以来至 11 月底累计 332 万票。

12 月：试点功能全覆盖

在国家税务总局、人民银行、海关总署的大力支持和共同参与下，出口退税、税费支付功能完成开发和测试，顺利上线运行。至此"单一窗口"标准版 9 大功能已全部上线运行，实现功能全覆盖。

12 月 8 日，世界银行营商环境跨境贸易评估专家在北京调研，11 日赴上海实地考察国际贸易"单一窗口"企业应用情况，并与相关部门和企业代表座谈，全面了解中国"单一窗口"建设情况与成效，为合理确定《营商环境报告》中国跨境贸易指标掌握一手材料。

12 月 20 日，海关总署印发《国际贸易"单一窗口"运行管理办法（暂行）》。

12 月 28 日，为更好推进运输工具（船舶）向海关、检验检疫、海事和边检一单多报，特针对试点中出现的问题，组织召开了"单一窗口"标准版运输工具（船舶）申报试点协调会。

12 月份"单一窗口"标准版日均申报业务量逾 40 万票，自试点建设以来至 12 月底累计达 1088 万票。

"单一窗口"标准版试点各月业务量增长趋势如图 25 所示。

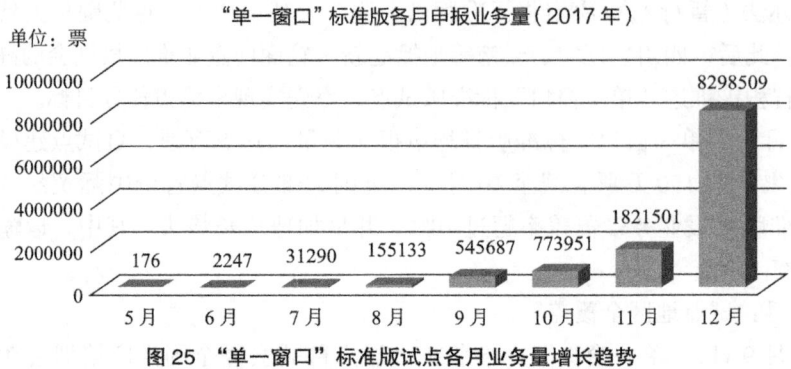

图25 "单一窗口"标准版试点各月业务量增长趋势

2017年"单一窗口"标准版建设领导小组历次会议情况见表6。

表6 2017年"单一窗口"标准版建设领导小组历次会议情况

会议时间	会议主题	主要内容
2017年1月18日	领导小组第一次会议	审议通过"单一窗口"建设方案。
2017年3月1日	领导小组第二次会议	研究"单一窗口"标准版建设有关问题,部署下一阶段工作。
2017年4月21日	领导小组第三次会议	审议通过《"单一窗口"标准版试点运行工作方案》和《"单一窗口"标准版试点运行联合运维服务保障方案》。
2017年6月17日	领导小组第四次会议	研究"单一窗口"标准版建设有关问题,部署下一阶段工作。
2017年7月7日	领导小组第五次会议	"单一窗口"标准版建设及试点有关工作安排。
2017年10月27日	领导小组第六次会议	明确将标准版功能试点范围扩大到全国所有口岸;审议通过《国际贸易"单一窗口"门户网站管理办法(暂行)》。

各地方成功试点首单记录(不完全统计)见表7。

表7 各地方成功试点首单记录(不完全统计)

第一票业务	地点	日期
第一票货物报关申报(SaaS)	重庆	2017年5月9日
第一票海运舱单申报(SaaS)	福建	2017年5月10日
第一票运输工具申报(SaaS海关)	福建	2017年5月12日
第一票货物报检申报(SaaS)	陕西	2017年5月13日
第一票海运舱单申报(服务集成)	浙江	2017年5月17日
第一票运输工具申报(SaaS边检)	福建	2017年7月20日
第一票原产地证书申领	重庆	2017年8月2日
第一票农药许可证申报	山东	2017年8月3日

续表

第一票业务	地点	日期
第一票企业资质办理	福建	2017 年 8 月 3 日
第一票货物报关申报（服务集成）	广东	2017 年 8 月 4 日
第一票野生动植物进出口证书申请	福建	2017 年 8 月 9 日
第一票导入客户端（报关）	广东	2017 年 8 月 29 日
第一票导入客户端（舱单）	天津	2017 年 8 月 30 日
第一票运输工具申报（一单三报）	天津	2017 年 9 月 1 日
第一票有毒化学品许可证	浙江	2017 年 9 月 1 日
第一票企业资质申报（一单三报）	广东	2017 年 9 月 25 日
第一票货物报检申报（市场采购）	广东	2017 年 9 月 26 日
第一票运输工具申报（一单四报）	福建	2017 年 9 月 27 日
第一票机电进出口许可申领	深圳	2017 年 11 月 21 日
第一票出口退税申报业务	厦门	2017 年 12 月 4 日
第一票税费支付业务	江苏	2017 年 12 月 5 日

2017 年全年，各相关部委单位和各地方省级人民政府支持"单一窗口"标准版建设情况不完全列举如下（表述中涉及部门名称均为当时名称，涉及有关领导职务均为时任职务）：

（一）各部门全力配合，积极支持"单一窗口"建设

各部门积极指导直属机构，参与建立跨部门、跨层级的联合运维、应急处理和容错纠错等工作机制，第一时间解决试点企业的各类问题，给予企业放心参与试点强有力的支撑；积极协助各试点地区开展推广实施工作；加强对行业企业的业务指导和应用培训。

1. 公安部出入境管理局下发《关于配合做好国际贸易"单一窗口"标准版试点工作的通知》。

2. 环境保护部全力配合项目建设，派出业务、技术专家参与开发。

3. 交通运输部海事局下发《关于做好国际贸易"单一窗口"标准版试点工作的通知》。

4. 农业部积极协调试点地区农业厅，加强与地方口岸办对接。

5. 商务部对外贸易经营者备案登记、机电产品自动进口许可证签发系统与"单一窗口"实现对接，积极推动非机电产品自动进口许可证签发管理系统对接，并下

发《关于做好国际贸易"单一窗口"标准版试点推广应用工作的通知》。

6. 中国人民银行国库局将支持"单一窗口"建设列为本部门优先保障项目。

7. 海关总署积极支持货物报关、舱单申报、运输工具申报及税费支付等申报业务通过"单一窗口"实现。

8. 国家工商总局积极共享企业登记信息支持"单一窗口"建设，实现企业信息联网验证，方便企业办理业务。

9. 国家税务总局向"单一窗口"开放发票信息共享服务，基本实现出口退税信息"零采集"。

10. 国家质检总局印发《关于进一步支持国际贸易单一窗口建设的公告》，引导鼓励企业应用"单一窗口"。

11. 林业局濒管办积极支持将本单位许可证件申领业务全部通过"单一窗口"实现。

12. 中国电子口岸数据中心作为技术承建单位全力投入，"6×12 小时"封闭开发，"7×24 小时"服务保障，围绕企业需求和用户体验，加强调研反馈，不断优化完善标准版功能。

（二）各地方高度重视，扎实推进试点工作

"单一窗口"标准版启动建设以来，上海、广东、浙江、重庆、福建、山东、江苏、陕西、湖南、河南、安徽、四川、山西、新疆、宁夏、湖北、辽宁等各省、自治区、直辖市有关领导高度重视、协调督办。地方口岸办等省内有关部门主动作为，加强协调，做到顺利对接、积极上量，及时反馈有关问题，同时注重多方引导企业，通过培训讲座、网站课堂、在线答疑、"一对一"现场讲解等多种形式，指导逾 5 万企业人员应用操作。

2017 年口岸全覆盖历次扩大试点部署会见表 8。

表 8　2017 年口岸全覆盖历次扩大试点部署会

时间	会议主题	主要内容
2017 年 4 月 26 日	首次试点部署会	正式启动"单一窗口"标准版试点工作，首批在广东、重庆、浙江、福建、天津、陕西、宁波 7 个试点地区开展试点。
2017 年 7 月 7 日	第二次扩大试点部署会	新增上海、山东、北京、湖南、河南、贵州、新疆 7 个试点地区。
2017 年 8 月 17 日	第三次扩大试点部署会	新增江苏、四川、江西、河北、山西、黑龙江、安徽、云南、吉林、宁夏、甘肃、西藏、青海 13 个试点地区。
2017 年 11 月 9 日	第四次扩大试点部署会	新增湖北、辽宁、广西、内蒙古、海南、厦门、深圳 7 个试点地区。至此，试点范围覆盖了全国所有口岸。

截至 2017 年年底，"单一窗口"标准版首期货物申报、舱单申报、运输工具申报、许可证申领、原产地证书申领、企业资质办理、税费支付、出口退税和查询统计 9 大基本功能已建设完成，对外提供服务事项 148 项，实现了与公安部、环境保护部、交通运输部、农业部、商务部、中国人民银行、海关总署、国家工商总局、国家税务总局、国家质检总局、林业局 11 个部委系统"总对总"对接。"单一窗口"标准版汇集整合以往相互独立的申报系统和现场业务，将大通关流程由"串联"改为"并联"，实现一点接入、一次提交、一次查验、一键跟踪、一站办理"五个一"的特色功能。试点企业反映标准版便利、省时、省钱，优势逐渐突显。自 2017 年发布"单一窗口"标准版全年建设情况通报开始，以后发布每季度和每年建设情况通报成为惯例。

二、2018 年实施进展

2018 年，按照国务院第 25 次、第 26 次常务会议和国务院口岸工作部际联席会议部署，国家口岸管理办公室会同国际贸易"单一窗口"建设工作组成员、中国电子口岸数据中心及各地方口岸办，对标国际先进水平，进一步深化"单一窗口"建设，全面推广应用标准版。

（一）主要建设成果

1. 标准版基本功能进一步完善。升级完善标准版空运、公路、铁路舱单和运输工具申报功能并在全国推广。建设推广展览品申报、加贸保税、跨境电商等功能。新增实现非机电产品自动进口许可证、进口广播电影电视节目带（片）提取单、援外项目任务通知单、音像制品（成品）进口批准单等许可证件申领功能。截至 2018 年，"单一窗口"标准版已建成 12 项基本功能、37 个应用系统，提供网上服务事项达 464 项，业务覆盖水运、空运、公路、铁路等各类口岸和特殊监管区、自由贸易试验区、跨境电商综合试验区等各种区域。

1 月 3 日，国际贸易"单一窗口"舱单和运输工具（空运、公路）申报业务需求方案编写集中工作启动，其后根据工作计划，年内先后完成了设计、开发、测试、验收、上线等各阶段工作。1 月 26 日组织赴地方调研座谈运输工具（水运）申报试点情况，通过试点彻底打破一直以来的有纸申报、分头申报业务模式，实现了各部门口岸业务扁平化管理，有关经验很快在全国范围得到推广。

2. 监管证件联网核查顺利完成。会同 19 家部委积极推进进出口环节监管证件联网核查工作。截至 11 月 1 日，除 4 种监管证件因保密需要等特殊情况外，其余

42 种全部依托"单一窗口"实现电子联网，并在通关环节进行比对验核。

3. 关检融合统一申报成功切换。根据关检融合工作部署，4 月 20 日，在"单一窗口"上实现企业报关报检资质合并、统一以海关名义面向企业服务。6 月 1 日，实现通关环节全面取消《入 / 出境货物通关单》。8 月 1 日，货物申报功能全面升级切换，实现企业"一次备案、一次申报、一单通关"，100% 进出口货物通过"单一窗口"进行申报。配合 9 月 30 日和 12 月 1 日"查检合一"改革要求，完成"单一窗口"相关系统的升级改造。

4. 跨部委信息共享、业务协同和作业无纸化稳步推进。建立跨部委数据资源共享目录，与 25 个部委实现系统对接和信息共享，累计交换数据超 31 亿条。推广"单一窗口"新一代税费电子支付和税单版式打印功能，企业可足不出户实时完成税费支付，自行打印《海关专用缴款书》，免去纸质税单流转。推行运输工具（船舶）"一单多报"，变口岸监管部门审核由"串联"为"并联"，原 70 种纸质申报材料全部实现了无纸化。推动海关和贸促会原产地证书申领全流程电子化。

5. "单一窗口"标准版三年深化建设方案制订。4 月 5 日开始，历时 3 个多月，完成《中国国际贸易"单一窗口"深化建设方案（2018—2020 年）》向各相关部门的意见征求工作，该方案规划了三年内拟建设 33 项任务，包括舱单申报（空运、公路、铁路）、空运运输工具申报、公路运输工具申报、铁路运输工具、快件物品申报、减免税申报、集中申报、危险品申报、特殊申报（包装、集装箱适载、场站划拨、尸体棺柩）、企业资质与多证合一融合、贸促会原产地证书申请、报关代理委托、通关时效评估系统推广、地方特色服务功能拓展、加贸保税申报、跨境电子商务、一次性联合查验、企业信用信息档案、掌上单一窗口、金融服务、运行维护管理平台，以及 11 项各类监管证件任务等。

6. "单一窗口"标准体系逐步建立健全。研究制定《国际贸易"单一窗口"数据安全管理办法》，经国务院口岸工作部际联席会议第四次全体会议审议通过并报国务院批准，印发全国实施。全面完成"单一窗口"统一门户改造工作，实现企业办事"一个入口"。建立"单一窗口"数据元动态管理系统，持续推动"单一窗口"申报数据协调与简化，将涉及国际贸易的 11500 个数据项合并简化至 4401 个数据元，简化率达 61.7%。

7. 安全运维保障工作持续加强。统一运维保障体系，各地 95198（中国电子口岸客服电话）基本完成开通，中国电子口岸 95198 统一服务热线接通率达到 95%，并实现与地方 95198 的对接。完善网络基础设施，确保"单一窗口"平台安全、稳定和高效运行，"单一窗口"系统可用率超过 99.98%。优化问题响应解决机制，"单一窗口"标准版问题解决率达 99%。

（二）推广应用情况

1. 各部门全力支持配合，共同推进标准版建设。按照"单一窗口"标准版建设统一规划，各部门主动配合、共同参与。其中，生态环境部、农业农村部、商务部、国家税务总局、市场监管总局、林草局等部门将相关许可证件申领、企业资质办理和出口退（免）税申报等业务纳入"单一窗口"。海关总署、交通运输部和国家移民管理局三部门联合下发《关于在全国口岸推广应用"单一窗口"标准版运输工具（船舶）申报系统的通知》。中国电子口岸数据中心作为技术承办单位，将"单一窗口"建设和优化不断推向深入。

2. 各地方抓紧推动落实，充分发挥牵头作用。各地方省委、省政府高度重视"单一窗口"建设和推广工作，将其作为优化营商环境、扩大对外开放的重点任务进行部署。辽宁、山东、海南、重庆等地主要领导主持召开"单一窗口"专题工作会议，专门听取工作汇报，并就"单一窗口"工作作出批示。各地方口岸办主动担当作为，积极协调口岸有关各方，共同推动标准版在本地区的推广应用。通过全覆盖宣传培训、"一对一"现场指导、专人收集反馈问题等措施引导企业应用标准版新功能，不断推动标准版业务上量。积极支持标准版危险品申报、中欧班列、中新（加坡）"单一窗口"互联互通等试点项目建设。同时依托"单一窗口"平台和数据优势，拓展地方特色服务功能，有效支持海南自由贸易试验区、粤港澳大湾区和云南边民互市贸易建设。

截至 2018 年年底，"单一窗口"标准版已覆盖全国所有口岸，累计注册用户超过 150 万家，单日申报业务量突破 120 万票，申报业务总量达 2.5 亿票，主要业务应用率达 80% 以上。

三、2019 年实施进展

2019 年，国家口岸管理办公室、中国电子口岸数据中心会同相关部门和各地方认真落实党中央、国务院的决策部署，按照国务院第 52 次常务会议及口岸工作部际联席会议要求，深化"单一窗口"建设，拓展"单一窗口"功能，加快推动"单一窗口"全面运用，实现 2019 年年底前主要业务应用率达 100% 的目标。世界贸易组织（WTO）正式全球公布中国"单一窗口"措施已于 2019 年 7 月 19 日提前实施，贸易便利化措施实施比例也由 94.5% 提高到 96.2%。

为做好 2019 年建设工作，完成国务院提出的任务目标，2 月 26 日，国家口岸管理办公室致函各相关部门，提出三方面建设任务：一是进一步加强"单一窗口"建设推广力度，包括宣传培训、各项办法落实、服务功能拓展等。二是加快实现进出口环节监管证件网上申报、网上办理。三是研究提出 2019 年拟纳入"单一窗口"实施的有关项目。

（一）深化拓展"单一窗口"功能，全面提升应用率

1. 进一步完善"单一窗口"基本功能。一些地方和企业用户反映，"单一窗口"标准版海关应用服务功能不全，与海关自身对外服务系统［QP（快速报关 / 通关系统）、互联网＋］相比有差异，导致企业办理业务仍需使用多套系统。为进一步简化企业操作、提高效率，2019 年年初即梳理了 QP 系统具备而"单一窗口"标准版尚未实现的一些功能清单，在"单一窗口"标准版新增了快件、暂准进口单证册（ATA）、展览品、减免税申报等基本功能，原海关 QP 系统的船舶吨税、集中申报、报关代理委托、预约通关、转关申报、智能卡口、通关无纸化网上三方签约、外交外商常驻机构公自用物品进出境监管系统等 15 项功能全部移植至"单一窗口"。同时，配合海关"两步申报"改革试点，同步完成"单一窗口"配套系统建设升级工作；会同中国国家铁路集团有限公司共同推动铁路舱单系统建设；海关总署、交通运输部、移民局共同推进危险货物申报、船舶联合登临检查、邮轮旅客信息申报等功能建设。其中，邮轮旅客信息申报功能建设，最早是应交通运输部水运局邀请，参加"单一窗口"标准版邮轮板块建设集中研讨，与相关部门研究共同推广实施邮轮船票管理制度而引起，直至 2020 年年中，完成功能开发、验收测试及技术上线，船舶联合登临检查功能于 7 月份纳入在浙江舟山开展的"单一窗口"运输工具（船舶）申报功能完善集中工作。同期，6 月 27 日召开了危险品申报项目需求协调会，至 9 月份已完成技术开发，有效推进了相关工作。

截至 2019 年年底，"单一窗口"基本功能由 12 类扩大到 16 类、598 项，累计注册用户数由 150 万余家增加到 298 万余家，日申报业务量达 800 万票，实现全国所有口岸及区域全覆盖，基本满足国际贸易"一站式"业务办理需求。

2. 建设"单一窗口"跨境贸易大数据服务功能。《国际贸易"单一窗口"跨境贸易大数据平台三年建设规划方案（2020—2022）》经前期组织研讨和征求意见并进行完善，于 12 月 26 日印发实施。推进"单一窗口"与港口、民航等相关行业对接，在天津、上海、宁波、广州等地开展监管、查验指令信息与港口作业双向交互试点，提高进口货物提离速度。指导上海、山东等地建设口岸物流协同平台，实现海运提货单、设备交接单电子化流转，具备线上换单、派车、提箱等功能，显著提高通关时效和降低通关成本。与民航局共同建设"单一窗口"航空物流公共信息平台的工作也取得进展，12 月 10 日，"单一窗口"航空物流工作研讨会召开，部分地方口岸办代表参加。与银行保险等机构合作对接，将金融保险服务功能试点范围

扩展到全国，超过 5 万家企业参与试点，办理国际结算、融资投保等业务 2.5 万余笔，涉及金额 253 亿元。

3. 全面提升"单一窗口"应用率。2 月 27 日，会同国家税务总局货劳司印发"单一窗口"标准版出口退税功能在全国推广的通知，国家税务总局在全国推广"单一窗口"出口退税功能，累计完成退税 2394 笔，退税额达 8.94 亿元。7 月 9 日，国家口岸管理办公室会同 17 个部委召开"单一窗口"建设工作推进会，传达了党中央、国务院关于贸易便利化最新决策部署，通报了国际贸易"单一窗口"建设进展情况，研究部署了下半年 10 项重点任务。12 月 12 日，海关总署、交通运输部、移民局联合发布《关于统一通过国际贸易"单一窗口"办理主要申报业务的公告》，除应急保障等特殊情况外，货物申报、舱单申报、运输工具申报等业务统一通过"单一窗口"办理，由此"单一窗口"主要业务应用率达 100%。其他业务应用率也实现全面提升，其中，合法捕捞产品通关证明、野生动植物进出口等 8 个许可证申领业务应用率达 100%。此外，还建立了"单一窗口"日报、月报及季报制度，在全国范围举办多场"单一窗口"应用宣讲培训，发布"单一窗口"宣传文章（微信、微博）143 篇，全面加大"单一窗口"标准版推广应用力度。

另外，从 2018 年年底开始，海关总署联合相关部门每年召开一次促进贸易便利化专项行动部署会，2019 年促进贸易便利化专项行动任务是 2018 年 12 月的促进贸易便利化专项行动部署会安排的，根据此次部署会要求，于 2019 年 3 月底前完成上海"单一窗口"向标准版（SaaS，服务集成模式）的全面切换。上海"单一窗口"是经国务院同意先行先试最早开展地方"单一窗口"试点建设的地区，上海"单一窗口"全面切换标准版，标志着"单一窗口"标准版在全国范围得到全面推广应用。

（二）大力推进"单一窗口"业务协同和流程优化，促进跨境贸易便利和口岸营商环境优化

1. 持续推进"单一窗口"标准化建设

按照国际通行做法持续开展数据协调、简化和标准化工作，将国际贸易涉及的 11500 个数据元合并简化到 4401 个数据元。会同数据中心、中国标准化研究院编制《"单一窗口"术语》《"单一窗口"标准版货物申报服务集成接口规范》和《"单一窗口"统一门户建设规范》等 10 项工程标准，11 月 20 日经专家评审论证通过。

2. 优化进出口环节监管证件办理程序

开展进出口环节监管证件联网核查系统优化和完善开发，协调推动涉及 10 家部委的 18 种证件依托"单一窗口"实现网上申报、网上办理。新增上线进口药品

通关单、药品进口准许证、药品出口准许证、合法捕捞产品通关证明、黄金及黄金制品进出口准许证、银行调运人民币现钞进出境证明、民用爆炸物品进口审批单、民用爆炸物品出口审批单、出口许可证 9 项许可证件申领功能。

3. 推进业务环节简化和作业无纸化

海关总署、交通运输部、移民局联合推广"单一窗口"船舶运输工具"一单多报"，原 70 种、共计 150 页左右的纸质申报材料全部取消，实现全部业务办理无纸化。9 月 25 日，国家口岸管理办公室会同交通运输部海事局、海关总署监管司、移民局边检司和中国电子口岸数据中心在浙江舟山口岸开展运输工具（船舶）口岸监管三互改革创新试点情况调研和并召开研讨会，研讨内容涉及船舶申报数据上下港复用、监管系统优化、申报环节及数据项简化、支持自由贸易试验区创新等方面。海关总署、人民银行推广新一代税费电子支付和税单版式打印功能，企业可足不出户实时完成税费支付，并可自行打印海关专用缴款书，实现税单流转全程无纸化。海关总署、中国国际贸易促进委员会推动实现出口原产地证书网上申报和自助打印。海关总署、外汇管理局于 6 月 1 日起全面取消报关单收、付汇证明联和办理加工贸易核销的海关核销联，减少纸质单证流转。

（三）加强"单一窗口"国际交流与合作力度，扩大影响力

1. 举办亚欧会议"单一窗口"国际合作研讨会。来自 30 多个国家和地区的海关、政府部门及国际组织共计 120 余位代表参会。会上，各方围绕"单一窗口"建设与发展、新技术应用、"单一窗口"互操作性与互联互通、政府与企业对话等议题展开深入讨论，并形成会议成果文件，为亚欧成员今后持续开展"单一窗口"领域务实合作提供了指导文本。

2. 召开中新（加坡）海关"单一窗口"联合工作组第三、第四次会议和"单一窗口"联盟链专题会议。启动货物申报数据交换、海运集装箱通关物流信息交换和"单一窗口"联盟区块链 3 个试点项目，研究确认了"单一窗口"联盟区块链技术标准、技术方案、治理结构方案，共同起草合作备忘录草案，并拟订下一阶段工作计划，推动实现贸易通关和相关物流数据的多方共享和验证。

3. 积极构建"单一窗口"国际合作交流平台和工作机制。开展与俄罗斯、哈萨克斯坦、印度尼西亚等"一带一路"共建国家和地区"单一窗口"交流合作。参与《京都公约》等重要国际公约的修订工作，提出的"单一窗口"议案受到世界海关组织（WCO）高度认可并被列入 A 类提案；充分利用联合国（UN）、世界贸易组织（WTO）、世界海关组织（WCO）、亚太经济合作组织（APEC）、国际道路运输联盟、国际航空运输协会等各种国际组织和国际合作平台，输出中国海关在"单

一窗口"领域的先进做法与操作标准,中国"单一窗口"建设成就在国际上得到认可。

（四）进一步加强"单一窗口"运行安全管理和服务保障

落实"单一窗口"运行及数据安全管理办法,做好配套业务系统的技术支持和运维保障。统一全国"单一窗口"热线服务受理,各地方95198服务热线全部完成开通并实现与中央层面服务对接。组织各地方加快推进本地"单一窗口"运行服务实体网络安全保护等级确定、备案、安全建设整改和等级测评等工作。全国26个运营实体中,江苏、吉林等18个地区全面完成等保备案及整改测评工作。

四、2020年实施进展

2020年,面对严峻复杂的外贸形势,国家口岸管理办公室会同各口岸管理相关部门,统筹做好新冠疫情防控和国际贸易"单一窗口"建设,积极拓展"单一窗口"应用功能,持续推出更多便企利企服务,维护正常良好的通关秩序,支持外贸平稳发展。

（一）总体情况

2020年,国际贸易"单一窗口"基本功能由16大类、598项扩大到18大类、729项,累计注册用户由298万家增加到396万家,日申报业务量由800万票增加到1200余万票,服务覆盖全国所有口岸和各类特殊区域,基本满足企业"一站式"业务办理需求,并持续向口岸物流、贸易服务等全链条拓展。"单一窗口"主要业务应用率保持100%,其他业务应用率全面提升,成为企业面向口岸管理部门的主要接入服务平台。

国际贸易"单一窗口"建设工作协调会于1月6日召开,各相关部门会后反馈相关思路建议。1月中旬组织"单一窗口"物流协同共享平台建设集中工作,研究国际贸易与运输领域的信息共享、业务协同和资源整合等业务需求,以及海运口岸相关物流单证标准化和无纸化。6月份,"单一窗口"航空物流方案制订并成立了专项工作组。10月22日,"单一窗口"航空物流公共信息平台建设工作部署会召开,组织厦门、广州、深圳等地正式启动平台建设工作。同期,"中国国际贸易单一窗口"统一门户网站也提出了改版动议,此次改版重点围绕企业"一站式"业务办理需要,以企业便利化应用需求为主线进行重新组织设计,突出优化办事服务,强化服务效能。

这一年还利用疫情防控有利窗口，赴四川、浙江、上海等地开展"十四五"口岸发展规划信息化和"单一窗口"专题调研，开展海南自由贸易港建设需求调研，召开了"单一窗口"西部陆海新通道平台建设研讨会。9月起开展的海关业务数据安全专项行动，为落实总署专项行动方案要求，加强国际贸易"单一窗口"数据安全，按照"提要求、查问题、抓整改、督落实"的工作思路对"单一窗口"数据情况做了全面梳理，并逐项提出了有关工作建议措施。

（二）抗疫情，促生产

疫情期间，国际贸易"单一窗口"及时推出防疫物资申报通关相关服务功能，新增口罩、防护服、呼吸机等防控物资细化申报提示，优化旅客舱单申报系统，开展免于到场查验申请、防疫物资申报提示等功能，发挥"全流程、一站式、全天候、零接触"等业务办理优势，全力保障企业便利通关，有力维护了正常的通关秩序，助力企业防控疫情和复工复产。第一季度末，报关单信息、舱单运抵报告状态订阅推送功能，船舶转港数据复用，标准版参数服务，检验检疫电子证书申领等一批功能陆续上线，进一步便利企业在线办理业务，支持企业抗疫和复工复产，落实国务院"六稳"（稳就业、稳金融、稳外贸、稳外资、稳投资、稳预期）"六保"（保居民就业、保基本民生、保市场主体、保粮食能源安全、保产业链供应链稳定、保基层运转）要求。配合口岸疫情防控，及时上线推广了口岸运行展示与分析系统，实现了口岸运行数据采集上报、统计分析及可视化展示，提升了口岸运行管理的数据化、精细化水平，为疫情防控提供了科学的决策参考。

（三）深化建设，拓展功能

口岸各部门通力合作，进一步加强业务协同和信息共享，持续深化国际贸易"单一窗口"建设。

海关总署会同中宣部（新闻出版署）、工业和信息化部、自然资源部、生态环境部、农业农村部、商务部、中国人民银行、国家广电总局、林业局濒管办、药监局10个部门，推动除保密等特殊情况外的38种进出口环节监管证件全部通过"单一窗口"一口受理，其中22种证件已实现"单一窗口"受理。海关总署加大"单一窗口"建设力度，持续推出便企利企服务，打造"一站式"贸易服务平台，助力"六稳""六保"，上线入境货物检验检疫证明系统、海关查验通知信息推送系统、跨境电商B2B出口和跨境电商出口退货系统、海南自由贸易港区"零关税"进口设备和交通工具系统、全国口岸收费及服务信息发布系统等，积极推进跨境贸易大数据平台建设，完成企业跨境贸易档案子系统开发。

交通运输部会同公安部、文化和旅游部、海关总署、移民局等相关部门依托国际贸易"单一窗口"共同推动邮轮船票管理制度改革，开发上线了邮轮旅客信息申报系统，实现了邮轮旅客信息"一次申报"和职能部门间交换共享，有利于各部门对邮轮业务的综合治理，9月15日，系统上线。交通运输部会同海关总署、移民局共同推动依托"单一窗口"建立国际航行船舶联合登临检查机制，提出了联合登临业务需求和实施方案，在提高船舶出入境查验效率、便利船舶进出口岸、推进"三互"大通关等方面发挥了重要作用。

国家税务总局会同海关总署进一步优化出口退税系统，加大"单一窗口"出口退税申报功能推广，截至2020年年底，全国已有超过6000家企业用户通过该功能进行出口退税申报，退税额达208亿元。海关总署会同中国国家铁路集团有限公司全面推广应用铁路运输工具、舱单管理系统，实现海关运输工具查验放行通知电子信息自动向铁路推送，实现海关与铁路部门信息交互无纸化。海关总署、民航局依托"单一窗口"合作研发航空物流公共信息平台，积极开展标准验证和数据连通，推动实现航空物流领域各市场主体之间标准融合、信息互通和效率提升。

商务部推动对外贸易经营者备案登记、进出口许可证件等系统实现与"单一窗口"对接，2020年全年通过"单一窗口"处理备案和许可申请10万余票。工业和信息化部将工业和信息化经济运行动态、无线电核准证两项业务纳入"单一窗口"，并配合实现民用爆炸物进出口审批单联网核查。生态环境部依托"单一窗口"实现危险化学品进出口环境管理登记证核发网上申报、网上办理。市场监管总局与海关总署通过"单一窗口"开展数据共享，2020年全年共享数据将近2亿条。人民银行优化监管证件自主打印需求，申请人可在"单一窗口"查看和打印证件。农业农村部将农药进出口通知单申请全部纳入"单一窗口"，数据对接成功率为100%。林草局进一步优化完善"单一窗口"野生动植物允许进出口证明书管理系统，共计核发野生动植物允许进出口证明书4.94万件。

12家金融保险机构对接"单一窗口"金融保险服务，截至2020年年底，累计服务企业18.2万家，办理国际结算159.6亿美元、国际融资261.5亿元；货运险保险金额20.3亿元，关税险保险金额56.73亿元；办理出口信用保险单9.4万张，推送出口风险信息1402条，很好地解决了中小微企业融资难融资贵问题，支持实体经济发展。

（四）支持跨地区合作建设

国际贸易"单一窗口"重点在通关物流便利、产业融合发展、数据交换共享、统筹国际合作等方面支持跨地区合作建设，服务长江三角洲地区、粤港澳大湾区、西部陆海新通道、海南自由贸易港、长江经济带等区域协同发展，支持国家重大发展战略。

（五）加大国际交流与合作

加大国际贸易"单一窗口"国际交流与合作力度，扩大国际影响力。以"一带一路"共建国家和地区为重点深化国际合作，推动国际跨境贸易信息互换、监管互认、执法互助。中新（加坡）"单一窗口"互联互通合作试点项目已取得阶段性进展。

（六）提升服务质量

国际贸易"单一窗口"运行管理两项规程（运维管理规程和服务请求管理规程）开始征求相关部门和各地方意见进行完善，11 月 19 日印发实施；与两项规程相配套，还组织开发了国际贸易"单一窗口"运维服务管理平台，于 11 月 1 日正式上线试运行，2021 年 1 月 1 日正式投入使用。通过该平台可加快用户服务请求流转、跟踪和解决效率，提升"单一窗口"一体化运维服务保障能力。

自 3 月份起，通过"中国国际贸易单一窗口"统一门户网站在线发布问卷，面向国际贸易"单一窗口"各类企业用户开展国际贸易"单一窗口"企业使用情况问卷调查，形成情况分析报告并提出改进措施，此后通过持续开展企业使用情况在线调查，为市场主体提供更加优质的服务。5 月 22 日，下发通知开展"单一窗口"年度安全检查工作，通过自查、实地检查和远程检测等手段，及时发现可能的安全隐患，进一步增强各单位安全责任意识，认真做好相关安全整改工作，确保"单一窗口"安全稳定健康运行。

此外，还完善了"单一窗口"周报、月报、季报制度，加强有关培训宣传，不断提升客户服务质量。2020 年，"单一窗口"系统整体可用率达 99.99%，95198 服务热线接通率达 96% 以上。

五、2021 年实施进展

2021 年是国家"十四五"开局之年，面对复杂严峻的外贸形势和新冠疫情状况，国际贸易"单一窗口"在全国口岸和各相关部门的共同努力下，持续拓展"单一窗口"应用功能，推进跨部门信息共享，深化跨境互联互通，强化安全运行管理，提升用户服务水平。

（一）总体情况

2021 年，国际贸易"单一窗口"基本功能由 18 大类、729 项扩大到 19 大类、781 项，累计注册用户数由 396 万家增加到 502 万家，日申报业务量由 1200 余万票增加到 1400 余万票，服务覆盖全国所有口岸和各类特殊区域，基本满足企业"一站式"业务办理需求，并持续向口岸物流、贸易服务等全链条拓展，成为口岸和国际贸易领域重要的贸易服务平台。

为落实国务院任务要求，2021 年实现进出口环节监管证件全部通过"单一窗口"一口受理成为"单一窗口"建设的一项重点任务。原产地证书申领系统建设和推广工作在年初也得到进一步推动。3 月底，国务院办公厅电子政务办领导调研国际贸易"单一窗口"情况，由此开启了国际贸易"单一窗口"与国家政务服务平台的合作，双方共同制订了两平台协同服务工作方案并推进方案任务落实。

2021 年年初，照例发文请各相关部门提供"单一窗口"年度建设工作有关思路建议。"十四五"期间国际贸易"单一窗口"深化建设研讨会于 3 月下旬举办，此后开启了《"十四五"期间国际贸易"单一窗口"深化建设方案》编制工作，年底前开始征求相关部门和各地方意见。9 月份，《国际贸易"单一窗口"应用项目管理办法》征求相关部门和各地方意见，并配套组织开发全国"单一窗口"应用项目管理系统。2021 年 1 月，新上线使用国际贸易"单一窗口"运维服务管理平台，同时，从 1 月起每月发布《国际贸易"单一窗口"服务月报》并由此成为工作惯例。

（二）拓展基本服务，加大信息共享

在口岸各部门大力支持下，除保密等特殊情况外，其余 38 种进出口环节监管证件全部通过"单一窗口"实现一口受理和在线申请办理。

在国务院办公厅电子政务办指导下，"单一窗口"实现与国家政务服务平台"总对总"对接，并在国家政务服务平台门户开通"单一窗口"服务专区，配合电子政务办、林草局完成了非《进出口野生动植物种商品目录》物种证明申请核发跨省通办功能开发和上线推广。

在交通运输部海事局支持下，危险货物申报服务功能完成验收测试，顺利投入运行并在山东青岛海运口岸开展试点，进一步简化企业申报手续，推进危险货物跨部门信息共享和协同监管。

在国家税务总局支持下，完成"单一窗口"出口退税（金三版）功能开发并在全国推广应用，截至 2021 年年底，累计服务企业 1 万余家，退税额达 436 亿元。

海关查验信息推送功能在全国水运口岸稳步推广，接通地区增至 11 个，截至 2021 年年底，累计推送海关查验信息 601 万条，接受查验调箱信息 131 万条。

在海关总署关税征管司、科技发展司的支持下，"单一窗口"开发完成经核准出口商备案、原产地声明开具、RCEP 项下原产地证书信息电子联网核查等功能，为 RCEP 协定项下关税减让和原产地规则实施夯实基础。

"单一窗口"完成原检项目的对外服务整合改造工作，涉及进口机动车 VIN 管理、进口食品境外生产企业注册管理、出口退货管理等 10 个原检系统。

（三）延伸贸易链条，创新服务措施

"单一窗口"金融服务体系和功能不断优化完善，新增完成了与第三批共 8 家金融保险机构的合作协议签署并实施系统对接，对接试点金融机构增至 20 家，上线了出口信用保险（二期）、信用证国际结算、进出口信用证押汇、出口商业发票融资、"跨境贷"优化、出口信保快捷贷等一批创新服务功能，提供普惠金融服务，帮助中小微企业减负纾困，有效支持外贸实体经济发展。截至 2021 年年底，办理国际结算 387.29 亿美元，国际融资金额 371.07 亿元，保险金额 151.74 亿元，出口信用保单 20.27 万份，试点企业 23 万余家。

"单一窗口"航空物流公共信息平台建设在海关总署、民航局的大力支持下，顺利完成了平台验证全部工作目标，实现了主体、标准和流程三个"全覆盖"。据地方测算，进口方面，物流作业时间最快可压缩 90%；出口方面，作业效率提升 70%。为进一步做好此项工作，4 月 22 日在厦门开展调研并成功召开平台建设工作现场会。在此基础上，8 月底组织福建（厦门）、广东（广州、深圳）、海南、陕西四地区开展首批平台试点建设工作，复制推广前期验证工程经验，进一步促进航空口岸营商环境优化和航空物流高质量发展。

此外，"单一窗口"还持续推出一批贴近企业需求的创新实用功能。例如，试点应用企业跨境贸易档案功能，提供企业一体化视图展示服务，辅助企业经营分析。升级"掌上单一窗口"移动应用，方便企业线上办事、随时随地掌握业务办理状态。推出大企业直连服务，满足符合条件的大型企业个性化系统对接直连需求。开放参数服务也逐步提上日程，以服务接口方式提供的参数主要包括企业规范申报所迫切需要的商品综合分类表、申报要素、检验检疫名称参数、税率参数和海关进出口企业备案信息等，但不提供参数下载。7 月份，在全国海运口岸全面推广"单一窗口"口岸收费及服务信息发布系统。

（四）服务国家战略，助力经济发展

支持"13+1"地区开展"单一窗口"西部陆海新通道平台建设。指导海南推进自由贸易港公共信息服务平台整合，上线海南"零关税"设备申报、交通工具及游艇管理系统等特色功能。指导广东上线粤港澳大湾区跨界车辆信息管理综合服务平台，试运行粤澳货物"一单两报"功能，建设"澳车北上"系统。

（五）开展对外交流，深化国际合作

12月下旬，签署《中华人民共和国海关总署和新加坡共和国关税局关于"单一窗口"互联互通联盟链的合作备忘录》，共同管理和实施"单一窗口"互联互通联盟链。双方成功举办"单一窗口"联合工作组第五次会议，三个合作示范项目稳步推进。利用国际平台和不同场合介绍我国"单一窗口"建设情况与经验，提出合作倡议。与东盟、中亚等共建"一带一路"国家和地区开展单一窗口交流，提出合作倡议。积极参加世界海关组织（WCO）、世界贸易组织（WTO）、亚洲开发银行（ADB）等有关国际组织活动，推动我方"单一窗口"提案纳入世界海关组织（WCO）《经修订的京都公约》及其指南。

（六）坚持服务至上，提升服务质量

依托全国一体化运维服务管理平台，组织开展每月客服绩效考核和月报发布，指导加强对地方95198服务热线抽查。制定2021年年度对直属海关"单一窗口"绩效考核指标，综合运用项目推广、数据安全、系统运行和客户服务等指标，多手段促进客服质量提升。常态化开展企业问卷调查，研究建立问题跟踪解决机制，督促企业问题解决。组织开展企业使用操作培训，手把手指导用户操作使用。深入开展话务和工单分析优化，推进程序优化和客服知识库完善，运维工单数量显著下降。2021年，"单一窗口"核心系统可用性达99.9%以上，用户满意度达96.9%以上。

六、2022 年实施进展

2022年是党的二十大召开之年，也是实施"十四五"规划承上启下的关键之年，在全国口岸和各相关部门的共同努力下，国际贸易"单一窗口"千方百计助企纾困、多措并举促进外贸保稳提质，在持续优化服务功能、不断延伸服务链条、积极服务国家重大发展战略、稳步推进跨境互联互通等方面取得长足进步。

（一）总体情况

2022年年底，国际贸易"单一窗口"已与30个部门系统实现对接和信息共享，提供基本功能由19大类、781项扩大到22大类、819项，累计注册用户数由502万家增加到646万家，全年申报业务量达18亿票，服务覆盖全国所有口岸和各类特殊区域，基本满足企业"一站式"业务办理需求。

会同国家发展改革委建设棉花、粮食进口配额审批系统，实现棉花、粮食配额线上申请、在线签发，不断提升企业办事便利度。

会同国家发展改革委经贸司、商务部许可证局推进进口关税配额联网核查系统建设，三部门发布联合公告，于 2023 年 1 月 1 日起全面实施进口关税配额联网核查，企业无须到通关现场提交纸质配额证即可办理通关手续，实现配额证申领、发放、通关、核销全流程在线无纸化办理。

会同国家税务总局相关部门，按照国家税务总局等 10 个部门《关于进一步加大出口退税支持力度　促进外贸平稳发展的通知》（税总货劳发〔2022〕36 号）要求，完成对"单一窗口"出口退税功能的升级改造并正式上线，实现对简化出口退（免）税办理流程、精简出口退（免）税报送资料、推广出口退（免）税证明电子化开具和使用、完善出口退（免）税收汇管理等一系列便利化措施的功能支持，更好地服务市场主体。

会同工业和信息化部按照关税税则调整要求，完成民用爆炸物品进出口审批单管理系统参数更新，启动审批端优化升级工作。

会同农业农村部完成农药进出口通知单管理系统备案功能开发上线，启动审批端迁移开发工作。

完成"单一窗口"系统与属地查检系统对接改造，对货物申报系统、海关事务联系单系统进行升级开发，增加属地查检电子底账申请、预约查检等功能服务。依托"单一窗口"建设应用云签发功能模块，为企业提供出境检验检疫电子证书申请、查询及自助打印等便捷出证服务，实现将传统现场领证方式转为线上自主新模式。

优化升级进口食品境外生产企业注册、掌上"单一窗口"、危险货物申报、船舶联合登临、出口退税（金三版）、海关查验信息推送等一批功能并扩大试点，开发上线进出口商品检验采信、边民互市贸易、边角废料网上拍卖等服务，进一步丰富便企服务，不断提升企业办事便利度。

研究推动检验检疫电子证书国际联网工作，以解决供港食品出境证书、进口肉类检验检疫证书联网核查为重点，会同署内相关司局制定完善《关于加快推进检验检疫电子证书国际联网核查工作方案》。

支持海关总署国际检验检疫标准与技术法规研究中心开展 2022 年年度技贸影响调查及后续分析研究工作，并上线技术贸易措施服务企业点对点直通车系统，于 11 月 8 日作为第五届中国国际进口博览会"非关税贸易措施高质量发展论坛"四项创新措施之一正式发布，为出口企业提供技术性贸易措施查询、风险预警、订阅推送等服务，助力企业拓展国际贸易，打造国际竞争新优势。

（二）持续向金融、物流等领域拓展跨境贸易服务功能

推动"单一窗口"与试点金融机构对接，完成第三批 8 家试点机构系统对接工作，为企业提供跨境结算、授信融资贷款、出口信用保险等各类普惠金融服务，帮助更多中小微外贸企业享受到国家普惠金融政策，进一步提升"单一窗口""外贸＋金融"服务质效，有力地支持了外贸实体经济发展。截至 2022 年年底，"单一窗口"金融服务对接的大型金融机构增至 20 家，累计办理国际结算金额达 579 亿美元，国际融资 465 亿元人民币，出口信用保单 34 万份，惠及外贸企业 30 万余家。

大力推动"单一窗口"航空物流公共信息平台试点建设工作。组织召开试点建设推进会，发布航空物流公共服务及接口标准和平台试点建设指南，支持指导福建（厦门）、广东（广州、深圳）、海南、陕西、浙江（杭州）等地开展平台试点建设取得积极进展，并支持其他意愿城市纳入试点，积极推进航空口岸各市场主体之间标准融合、信息共享、业务协同和流程优化，有效提升了航空物流便利化水平，据测算，航空口岸进出港物流作业效率最高提升 70%～90%。厦门、海南、深圳、陕西试点平台陆续上线运行。

在全国海运口岸持续推广通关物流全程评估系统，天津、上海、浙江、广西、广东、山东、福建等地区实现对接，促进海运口岸物流作业环节数据采集和信息交换。对系统推广数据指标和数据传输质量开展分析排查，与各试点地区建立一对一联系沟通机制，推动各地进一步提高数据质量。

（三）支持"区域单一窗口"建设，服务双循环发展战略

支持"单一窗口"西部陆海新通道平台建设。在"中国国际贸易单一窗口"统一门户网站推出服务专区，上线智能通关、业务协同、数据应用、国际合作 4 大服务板块、11 项服务功能，支持企业便捷查询沿线地区班列计划、实时在线订舱和享受智能制单服务，有效提升通关物流业务协同和便利化水平，为西部陆海新通道国家大通道建设赋能。

支持"单一窗口"海南自由贸易港政策实施。整合海南自由贸易港公共信息服务平台，上线"离岛免税"购物、"零关税"申报、"一线放开、二线管住"加工增值扩区试点等特色功能，为自由贸易港政策落地提供服务保障。建设海南自由贸易港服务专区，集成海南自由贸易港数据资源、特色服务，便利企业"一站式"办理海南特色业务。"单一窗口"门户网站海南自由贸易港服务专区已于 12 月 28 日

正式上线。支持海南省在满足"单一窗口"全国一体化运维管理相关要求的前提下，先行先试采用 95198 和 12345"双号并行、座席归并"管理方式。

支持指导中国 – 上海合作组织地方经贸合作综合服务平台（简称上合经贸综服平台）建设。上线 3 大主体功能、8 个应用模块、73 项子功能，为企业提供通关便利、智慧物流、贸易撮合、金融服务于一体的全流程综合服务，促进中国与上海合作组织国家间经贸高质量发展。该平台（首期）已于 11 月 25 日正式上线。

支持粤港澳大湾区"单一窗口"互联互通。开展粤澳货物"一单两报"试点，建设"港车北上""澳车北上"信息化系统，助力粤港澳三地融合发展。

（四）深化"单一窗口"跨境信息交流与合作

积极推进与境外"单一窗口"互联互通交流与合作。2022 年先后与东南亚国家联盟、巴基斯坦、哈萨克斯坦、泰国、古巴、伊朗、柬埔寨、印度尼西亚、白俄罗斯、蒙古国、俄罗斯等国家和地区开展常态化合作磋商。先后与巴基斯坦、蒙古国海关部门联合起草"单一窗口"合作框架协议，推动完成协议签署并作为双方高层会晤成果。与泰国海关共同起草合作框架协议。与俄罗斯签署"单一窗口"机制运行研讨会纪要。与新加坡关税局深化"单一窗口"合作，共同发布《关于"单一窗口"互联互通联盟链及通关物流全程状态信息共享功能上线的联合声明》，打造国际合作示范工程。将"单一窗口"合作纳入《中国海关总署与越南财政部海关总局关于确定优先合作领域的谅解备忘录》和欧亚国家联盟海关合作机制。与老挝、文莱、菲律宾、马来西亚等国持续沟通合作意向，增进彼此了解，为后续持续合作奠定基础。

指导各地方依托"单一窗口"开展对外合作，包括重庆、大连、青岛、厦门、深圳、南京、南宁等地与新加坡、越南、韩国、日本及中国的港澳地区开展跨境合作，详见第七节。

利用国际平台扩大"单一窗口"影响力。积极参加联合国（UN）有关机构、世界贸易组织（WTO）、世界海关组织（WCO）、国际航空运输协会等国际组织活动，及时反映我国"单一窗口"建设成果。参与世界海关组织（WCO）的《经修订的京都公约》及其指南、《海关与港口合作指南》等国际标准和规则的制修订，贡献中国经验做法。

（六）强化制度建设和运维服务，企业满意度不断提升

制订《"十四五"期间国际贸易"单一窗口"深化建设方案》《国际贸易"单一窗口"应用项目管理办法》，配套上线应用项目管理系统（首期），建立应用项

目基础库，统筹全国"单一窗口"建设与管理。开展"单一窗口"接口和参数服务开放试点。落实系统运行和数据安全管理办法，开展全国"单一窗口"年度安全检查，核心系统可用性达99.99%，数据安全零事故。落实运维服务管理规程，推广全国一体化运维服务管理平台，开展客服绩效考核。

持续开展"单一窗口"企业使用情况问卷调查，建立完善企业反馈问题台账和问题跟踪解决闭环机制。按期发布"单一窗口"季度和年度通报、服务月报、运行周报等。通过微信公众号、新浪微博等发布220篇"单一窗口"宣传文章，举办19场系统功能操作线上培训。开发上线新版"单一窗口"门户网站，提升企业操作易用性和友好度。"中国国际贸易单一窗口"统一门户网站新版首页如图26所示。

图26 "中国国际贸易单一窗口"统一门户网站新版首页

第七节　"单一窗口"国际合作

一、参与国际组织活动

（一）参加世界海关组织（WCO）的活动

中国海关是世界海关组织（WCO）的成员，一直积极参与该组织的活动，支持该组织的工作。2018 年 11 月，国家口岸管理办公室派员参加了世界海关组织（WCO）与联合国亚洲及太平洋经济社会委员会（UNESCAP）共同主办的"单一窗口"环境高级研讨班，在各国分享介绍环节，代表们一致推荐中方作为最后一位代表上台介绍中国"单一窗口"建设情况，并对中方介绍内容做了积极评价。2019 年 4 月，应世界海关组织（WCO）邀请，中方撰写了中国"单一窗口"案例材料，该材料被收入世界海关组织（WCO）官方网站。

中国海关积极参与世界海关组织（WCO）《经修订的京都公约》的修订工作。早在 2019 年该项工作启动时，我方即研究提出有关"单一窗口"建设及合作的支柱性条款作为中方"单一窗口"提案，经海关总署国际合作司提交世界海关组织（WCO）。此后，我方积极配合参加世界海关组织（WCO）《经修订的京都公约》全面审核第二、三、四阶段会议及管理委员会第 24、26、27、28 次等后续讨论会，成功推动我方"单一窗口"提案内容被纳入《经修订的京都公约》及其指南。

2021 年 11 月，国家口岸管理办公室派员参加了世界海关组织（WCO）与国际港口协会（IAPH）线上共同举办的海关与港口合作促进贸易运输便利化及供应链安全数字化转型研讨会。该研讨会旨在交流海关与港务部门密切合作相关经验做法及挑战应对，通过两大国际组织的协作来加强各国海关与港务部门之间的合作，明确可能的合作领域、好处、挑战、经验及做法等。会议决定成立"迷你工作组"，负责《海关与港口合作指南》制定工作，我方派员参加了该指南编制专家小组。在海关与港口合作方面，中国"单一窗口"建设有诸多经验做法值得推介，包括船舶进出境"一单多报"、船舶联合登临检查、船舶上下港企业申报数据复用、海关查验信息推送、通关物流全程时效评估、智慧口岸和全国口岸综合管理平台建设等，均涉及海关与港务部门合作事宜。

此外，我方还积极参与完成世界海关组织（WCO）《全球贸易安全与便利标准框架》（SAFE）调查问卷，参加世界海关组织（WCO）绩效评估工作并研提贸易便利化普适绩效指标，在线参加世界海关组织（WCO）亚太地区《经修订的京都公约》研讨会等。

（二）参加联合国亚洲及太平洋经济社会委员会的活动

联合国亚洲及太平洋经济社会委员会（UNESCAP）是联合国经济社会理事会下属五个区域委员会之一，是联合国在亚太地区唯一的政府间综合性经济社会发展组织，成员几乎包括亚太地区（西亚除外）所有的国家（地区），以及美国、英国、荷兰、俄罗斯和土耳其。联合国亚洲及太平洋经济社会委员会（UNESCAP）前身是由中国倡议，于 1947 年 3 月 28 日在中国上海成立的亚太和远东经济委员会，1949 年 6 月迁至泰国曼谷，1970 年将会址正式设在曼谷，1974 年，改为现名。

2016 年 3 月，国家口岸管理办公室派员与商务部、海关总署有关人员同赴泰国曼谷联合国亚洲及太平洋经济社会委员会（UNESCAP）驻地，参加亚太无纸贸易便利化协定技术工作组关于《亚太跨境无纸贸易便利化框架协定》草案和《用以实施跨境无纸贸易便利化区域安排文本草案中实质性条款的路线图》草案的磋商，其间向外方介绍了我国"单一窗口"进展及电子口岸跨境联网和无纸单证传输情况。根据《贸易便利化和无纸贸易实施调查 - 全球报告（2015 版）》，我国贸易便利化和无纸贸易实施程度总体居前，在所有成员中与澳大利亚、韩国、新加坡、新西兰在同一梯队。当时我国"单一窗口"还处在地方试点建设阶段，这次会议也使我方更加认识到，从代表国家形象和国际合作对接的需要出发，建设国家"单一窗口"势在必行。

2017 年 8 月，国家口岸管理办公室派员与商务部、海关总署有关人员同赴泰国曼谷联合国亚洲及太平洋经济社会委员会（UNESCAP）驻地，参加由联合国亚洲及太平洋经济社会委员会（UNESCAP）主办、大图们倡议（GTI）协办的无纸贸易促进东北亚投资贸易便利化国际研讨会，其间时任中国驻泰大使吕健代表中国与孟加拉国、柬埔寨两国商务部长在《亚洲及太平洋跨境无纸贸易便利化框架协定》上签字。联合国亚洲及太平洋经济社会委员会（UNESCAP）执行秘书长以及泰国、巴基斯坦、蒙古国、韩国等国代表同样见证了该签字仪式并表态支持该协定。该协定是联合国框架下跨境无纸贸易领域的首个多边协定，协定签署是促进亚太贸易便利化重要成果，为各签署国规范"单一窗口"制度、建立统一电子业务接口及实现跨境互认等提供共同的行动框架。研讨会期间，向外方介绍了我国按中央要求和顶层设计方案大力推进"单一窗口"建设的情况，澄清了个别代表提到的中国存在"回执非主动推送给企业""企业需打印纸质放行单申请放行"等不准确问题。这次会议也让我方认识到参加"区域单一窗口"建设及结合本国国情抓紧推进"单一窗口"法律制度框架体系建设的必要性。

（三）参加其他国际组织的活动

2017 年 8 月 17 日，国家口岸管理办公室和数据中心派员参加在越南胡志明市举行的 APEC "单一窗口"研讨会。包括中国在内的 APEC 经济体成员海关、联合国亚太经济合作组织等有关国际组织和商界代表围绕"单一窗口"发展状况、取得的成就、经验和问题等进行了介绍。

2018 年 5 月，国家口岸管理办公室派员参加在中国成都举行的第九次亚欧会议（ASEM）海关与商界对话会，介绍中国"单一窗口"实施情况，提出《推进亚欧国际贸易"单一窗口"互联互通》倡议文件。2019 年 10 月，会同海关总署国际司共同策划和组织召开亚欧会议"单一窗口"国际合作研讨会，包括方案策划及日程安排、会议材料撰写、国内外嘉宾邀请、问卷调查及总结、成果文件制定、会后成果消化及工作对接，以及总结报告等，会上向亚欧会议成员集中宣传我国"单一窗口"建设成果，其间同步双边交流，扩大国际影响。

2019 年 10 月，应中华人民共和国常驻世界贸易组织（WCO）代表团邀请，国家口岸管理办公室派员与商务部、海关总署有关同事同赴瑞士日内瓦世界贸易组织（WTO）驻地，参加贸易便利化委员会 2019 年投资便利化第三次会议及贸易便利化基金研讨会，并在"成员实施贸易便利化协定经验分享"环节，代表中国向大会作了"中国单一窗口建设的实践与进展"主题发言。与会代表对中国提前实施世界贸易组织（WTO）《贸易便利化协定》中涉及的"单一窗口"条款表示赞赏，部分代表表示中国政府高度重视、部门合力推进、国家财政支持、专职技术队伍等，为他们国家推进"单一窗口"建设提供了宝贵经验。这次会议也让我方认识到，今后我国"单一窗口"可以更多借助国际场合扩大宣传，并积极争取基金参加对不发达国家援助，推进与国际上"单一窗口"互联互通。

2019 年 11 月，参加联合国欧洲经济委员会（UNECE）在中国厦门举行的贸易便利化标准与实践峰会，介绍我国"单一窗口"标准制定及实践运用情况。2019 年 12 月，参加大图们倡议（GTI）在中国长春举行的东北亚地区贸易便利化研讨会，介绍我国"单一窗口"支持中小微企业发展情况；2022 年 3 月，参加中国—欧亚经济联盟经贸合作协议海关合作分委会在线会议，介绍中国"单一窗口"最新进展情况，提出"单一窗口"互联互通合作倡议；以及每年均应邀参加 IATA 中国数字货运工作组会议并作主题发言等。

2020 年，向 APEC 互联互通蓝图中期审议会递交中国国际贸易"单一窗口"案例材料。

2021 年 1 月，国家口岸管理办公室派员参加亚洲开发银行（ADB）举行的中亚区域边境服务经验分享线上会议，向中亚国家介绍我国"单一窗口"建设经验与成效。2023 年 6 月，派员随国际司参加亚洲开发银行（ADB）在格鲁吉亚首都第比利斯举行的中亚区域经济合作（CAREC）海关合作委员会（CCC）第 22 次会议（如图 42 所示）、区域贸易小组—海关合作委员会（RTG-CCC）联席会议，以及中亚区域经济合作（CAREC）高官会（SOM），向全体参会代表做"单一窗口实施的中国经验"专题发言，重点介绍了中国"单一窗口"实施最新进展情况、业务流程优化与手续简化方法、单证数字化具体做法、国际标准应用情况、"单一窗口"国际合作进展及合作倡议等内容，得到各成员代表的充分认可和积极回应。各成员代表对于我方依托"单一窗口"开展电子证书交换、加强区块链等新技术合作、支持第三方电商平台做法、服务海外仓建设等展现了浓厚兴趣。同时，我们也了解到中亚区域各国（地区）在"单一窗口"领域有着不同程度的建设能力、技术援助、经验分享、单证交换等方面的合作需求。亚洲开发银行（ADB）秘书处及与会有关国际机构专家代表也对中国"单一窗口"取得成绩表示感兴趣，希望加强后续沟通合作，包括可能组织专题论坛、邀请参与能力建设和技术援助等。此次会议有效利用中亚区域多边场合对我国"单一窗口"建设成果做了宣传，促进了我方与中亚区域相关国家（地区）"单一窗口"的交流与合作，有利于后续认真落实中国—中亚峰会成果清单，开展与中亚国家（地区）"单一窗口"互联互通，促进区域跨境通关便利化。这次会议也让我方认识到积极参与包括中亚区域经济合作（CAREC）区域合作机制在内的多边合作机制的重要性，以及积极利用亚洲开发银行（ADB）资金及有关援外资金推介输出中国"单一窗口"经验做法的可能性。

二、与新加坡深化合作

如果不将早期开展的跨境联网合作计算在内，那么最早开展的"单一窗口"国际合作就是与新加坡"单一窗口"合作。之所以首个合作对象选择新加坡，主要原因在于新加坡在"单一窗口"建设方面的全球声誉、对外合作的开放程度、作为周边和东南亚国家联盟代表性国家，以及沟通相对便利等方面。

2017 年，也就是中国"单一窗口"建设第一年年末，中新两国"单一窗口"合作借助中新海关合作机制已经纳入工作议程，并以两国"单一窗口"联合工作组名义举行了首次工作经验交流会。为推动两国"单一窗口"合作，2018 年，双方签署了《中华人民共和国海关总署和新加坡关税局关于国际贸易"单一窗口"合作的框架协议》。

2018 年 2 月 9 日，首届世界海关跨境电商大会期间，中新两国海关领导会晤，就继续推进中新"单一窗口"领域合作达成共识，同意 5 月底 6 月初于新加坡召开第二次中新"单一窗口"联合工作组会议，交流经验、分享成果。第二次中新"单一窗口"联合工作组会议明确联合工作组的组织架构、人员名单和工作职责等，讨论了双方合作具体项目、试点安排和工作计划，并提出共同制定合作框架协议。

2019 年 4 月，中新"单一窗口"联合工作组第三次会议召开，重点研究了两国"单一窗口"互联互通具体项目及实施方案，基本明确了包括企业申报数据交换复用、通关物流全程状态信息共享（T&T）、"单一窗口"互联互通联盟链（联盟链）3 个示范合作项目的初步方案。会议并邀请了天津、广西、重庆市口岸办代表列席会议。

2019 年 12 月，在新加坡召开了中新"单一窗口"联合工作组第四次会议。双方通报了三个试点项目的最新进展情况，研究确认了"单一窗口"联盟区块链技术标准、技术方案、治理结构方案等，共同起草了联盟链合作备忘录草案，明确了下一步工作。

2021 年 6 月，中新"单一窗口"联合工作组第五次会议召开，受新冠疫情影响，首次以视频方式召开"单一窗口"国际合作会议。双方分享了两国"单一窗口"最新建设成果，肯定了 3 个示范项目的前期建设成效，原则审议通过了"单一窗口"联盟链有关技术标准、技术方案、治理方案、海运集装箱通关物流状态业务方案等，并对下一步扩大试点作了安排。天津海关、市商务局代表参加了会议。

2021 年 12 月 29 日，中新两国举办双边合作联委会第十七次会议，《中华人民共和国海关总署和新加坡共和国关税局关于"单一窗口"互联互通联盟链的合作备忘录》作为本次会议成果宣布。根据合作备忘录，中新海关作为"单一窗口"区块链联盟的常任创始成员共同管理和实施"单一窗口"互联互通联盟链，并将在联盟链正式运作后，进一步扩大联盟覆盖范围，推动其他国家或单独关税区作为成员加入进来，利用区块链技术交换和传输数据，提高贸易过程效率，降低贸易成本，促进国际贸易便利与安全。

合作备忘录的签署，是海关总署贯彻落实习近平总书记提出的"深化海关贸易安全和通关便利化合作，开展'智慧海关、智能边境、智享联通'合作试点"重大倡议的务实举措，也是持续深化中新两国"单一窗口"合作的具体行动，有助于进一步促进中新双边贸易通关便利化，提升海关领域互联互通水平，深化两国全方位合作伙伴关系。

2022 年，中新（加坡）"单一窗口"合作持续深化。企业申报数据交换复用项目在此前开通的"中方出口至新方"业务试点基础上，于 2022 年 3 月底新增开通"新方出口至中方"业务试点，实现双向业务贯通。通关物流全程状态信息共享（T&T）项目启动了通关物流状态数据采集提取并将数据写入区块链，率先在新加坡港和中国广西钦州港、上海洋山港试点，增强中新双边贸易可视化。联盟链是首个充分发挥区块链技术"去中心化"优点为所有利益相关方提供透明贸易视图的联盟链，联盟链和通关物流全程状态信息共享（T&T）服务能够增强物流信息可视性、提升贸易供应链安全度和企业竞争力。

2022 年 11 月 1 日，中国海关总署和新加坡关税局于中新双边合作联委会第十八次会议上通过了《关于"单一窗口"互联互通联盟链及通关物流全程状态信息共享功能上线的联合声明》，宣布联盟链及其上运行的中新（加坡）通关物流全程状态跟踪（T&T）服务于 2022 年年底上线，官网如图 27 所示，并期待通过联盟链和 T&T 服务进一步服务好两国贸易企业，促进双边贸易发展。

图 27　中新（加坡）通关物流全程状态跟踪（T&T）服务官方网站

三、提出中国合作方案

中国国际贸易"单一窗口"在 2017 年年底实现了在九大基本功能、全国所有口岸和各类企业用户方面的三个"全覆盖"。

与新加坡的"单一窗口"合作已于 2017 年年底前启动，同时也打算通过此次合作寻找感觉和思路，以便为与其他国家合作积累经验。同时，也想借有关国际场合提出我方合作倡议，发出中国"单一窗口"声音，以期吸引其他国家注意并与我国开展"单一窗口"合作。考虑到 2017 年 10 月在德国柏林举行的，第十二届亚欧会议（ASEM）海关署长会议已经将"单一窗口"确定为亚欧会议（ASEM）海关 2018—2019 年度重点工作之一，根据海关总署国际合作司建议，2018 年 5 月，在中国成都举行的第九次亚欧会议（ASEM）海关与商界对话会上，我方除了介绍中国"单一窗口"实施情况，还事先准备了推进亚欧国际贸易"单一窗口"互联互通的倡议材料；同时这次会议上，亚欧会议（ASEM）海关和商界也一致认为应继续深化"单一窗口"领域合作。考虑到以上情况，我们认为应当利用亚欧会议（ASEM）平台推进"单一窗口"领域更大合作。

有了之前推进亚欧国际贸易"单一窗口"互联互通倡议材料的基础，2018 年 9 月，关于推进亚欧贸易便利倡议的中国提案，即《推进"单一窗口"建设，促进亚欧互联互通的概念文件》形成了。文件中简单回顾了国际贸易"单一窗口"建设的有关国际背景，指出是否建成并使用"单一窗口"已成为评价一个国家营商环境和贸易便利化水平的重要指标，也是世界贸易组织（WTO）成员必须履行的多边义务。同时"单一窗口"建设为各国政府和贸易界带来了可观的效益，整体上提升了政府和贸易商的国际竞争力。文件也提到，亚欧会议（ASEM）成员大多在不同程度上建立了符合本国国情的"单一窗口"，作为推动亚欧贸易增长的重要力量，亚欧会议（ASEM）海关对于深化"单一窗口"合作、促进互联互通有着广泛共识，并且采取了切实行动。文件提出，在上述背景下，中国建议亚欧会议（ASEM）成员持续开展"单一窗口"建设交流与合作，促进成员间贸易便利化，推进成员间互联互通，提升各成员的贸易竞争力。

文件为亚欧会议（ASEM）成员开展"单一窗口"合作提出了三点目标：一是建立亚欧会议（ASEM）成员在"单一窗口"领域常态化交流合作机制，持续推进各成员"单一窗口"的应用与完善。二是通过探索区块链、大数据、云计算等新技术的应用，探索推进成员间"单一窗口"快速、无缝、安全的互联互通，鼓励成员开展跨境贸易数据交换和共享，努力满足各成员政府部门监管要求及商界贸易便利需求。三是通过探索推进亚欧会议（ASEM）成员"单一窗口"的互联互通，持续提升成员间跨境贸易无纸化及贸易投资便利化自由化水平，助力亚欧会议（ASEM）成员贸易营商环境的优化，提高亚欧会议（ASEM）各成员的国际贸易竞争力。

文件提出了几条行动原则：一是各成员秉持"平等、自愿、互信"的合作原则。二是基于国际相关建议和标准，倡导及时、准确和安全的"单一窗口"数据传输。三是保持技术中立，促进兼容。四是在各参与方均认为需要和适当的条件下，开展与相关国际组织和机构的合作。

文件还列出作为重要部分的几条落地实施行动计划：一是向亚欧会议（ASEM）各成员发放调查问卷，采集各成员为促进跨境贸易便利化而推进"单一窗口"建设、开展"单一窗口"合作及促进跨境贸易便利化方面的具体需求，为召开亚欧会议（ASEM）"单一窗口"领域合作研讨会、促进亚欧会议（ASEM）成员"单一窗口"互联互通做好准备工作。二是举办研讨会，沟通交流各成员"单一窗口"建设发展情况，整理汇总最佳做法，具体议题可包括各成员"单一窗口"建设形态，数据交换标准和工作机制，数据安全与风险管理，区块链、大数据等新技术运用、成员间"单一窗口"互联互通的探索与实践等。三是亚欧会议（ASEM）成员共同推进能力建设，研究提出"单一窗口"互联互通示范项目的可行性。

四、举办国际合作会议

为落实亚欧首脑会议共识，经报海关总署领导批准，国家口岸管理办公室会同海关总署国际司、杭州海关，于 2019 年 10 月 29 日至 31 日在杭州举办了亚欧会议"单一窗口"国际合作研讨会。这是我国首次举办"单一窗口"主题的国际合作研讨会，也是国际上首个以"单一窗口"为主题、涵盖"单一窗口"建设与合作完整链条的国际研讨会。

（一）研讨会基本情况

参会代表广泛。研讨会主题为"深化亚欧'单一窗口'务实合作，促进互联互通与贸易便利"，作为非机制性国际会议，共有来自 30 个国家和地区的海关及有关政府部门、5 个国际组织及商界和学术界参与代表，共计 120 余人参会。

3 天的会期，共设置了专题研讨、政企对话会、实地参访 3 个主要模块，近30 位中外代表发言介绍经验，参与交流。专题研讨环节设置了"单一窗口"建设成员案例分享、新技术应用、互操作性探讨、互联互通合作经验和试点项目、国际合作未来展望 5 个专题，各参与方积极发言分享，同时设置观众问答环节，提升了观众的参与热情。政企对话会环节邀请了近 20 位亚欧政府、国际组织和企业代表围绕"单一窗口"发展与合作近距离深入交流并与观众互动。实地参访环节安排参会代表参观了中国（杭州）跨境电商综合试验区，直观展示了我国跨境电商和"单一窗口"相关业务发展情况。与会代表对本次研讨会成功举办并取得成果给予高度评价，认为本次会议对推进"单一窗口"未来建设与合作具有重要意义。

总体来说，这次研讨会很好地实现了预期目标，也是认真落实亚欧首脑会议共识、主动服务国家外交外贸大局、推进亚欧互联互通与贸易便利的重要举措，体现了中国作为亚欧会议成员积极推进亚欧务实合作的责任担当，增进了国际社会对我"单一窗口"建设成果的了解，进一步深化了亚欧首脑会议共识，为今后我国"单一窗口"开展更多务实合作、促进贸易便利化奠定了基础。

（二）会议取得的成果

"单一窗口"国际合作中国倡议获高度评价。国家口岸管理办公室领导首次在亚欧会议场合全面介绍中国"单一窗口"建设进展情况，向国际社会集中宣传了我国"单一窗口"建设经验与成效，获得了与会各代表的广泛赞许。数据中心代表介绍了中国"单一窗口"互联互通核心技术应用情况，为各国开展"单一窗口"合作提供了借鉴。

中国"单一窗口"建设成就受到各方广泛赞许。会议期间，我方代表分别与柬埔寨、印度尼西亚、新加坡、法国、瑞典、波兰、俄罗斯等亚欧成员海关，以及世界贸易组织（WTO）、世界海关组织（WCO）、联合国欧洲经济委员会（UNECE）等国际组织代表进行互动交流，各方表示今后将加强工作对接，开展务实合作。柬埔寨代表对中国国际贸易"单一窗口"建设成果表示赞叹，认为中国在该领域处于世界领先水平，要积极向中国学习经验，意大利、印度尼西亚等国家代表也纷纷请我方提供有关讲稿，表示希望学习借鉴。中国"单一窗口"建设思路领先、进展迅速、成绩斐然，得到了与会各国代表的一致好评。会议的成功召开，也为下一步开展"单一窗口"互联互通国际合作打开了新的局面。

成果文件凝聚各方共识，具有重要指导意义。会议期间，我方广泛吸纳各方意见建议，最终形成成果文件《亚欧会议"单一窗口"国际合作研讨会主席总结》，并在会上一致通过。该成果文件围绕明确"单一窗口"合作目标、推进国际贸易无纸化进程、加强新技术应用与智能化水平、推进"单一窗口"标准建设、加强"单一窗口"能力建设、提升'单一窗口'互联互通水平、完善"单一窗口"交流机制7个方面，提炼出当下在"单一窗口"建设领域国际社会最为关注、最需推进的工作重点，鼓励亚欧会议（ASEM）成员开展"开放、平等、创新、持续"合作，构建透明、智能、互联、协同的单一窗口环境，促进亚欧互联互通与贸易便利。成果文件中也纳入"智慧海关、智能边境、智享联通"合作理念，向外界传递了亚欧各方积极推进"单一窗口"建设与合作的共同愿景，为亚欧会议（ASEM）成员今后持续开展"单一窗口"领域务实合作提供了指导性文本。

五、全面开展对外合作

推进与境外"单一窗口"互联互通是海关及口岸"十四五"规划的重点任务之一。进入2022年，国家口岸管理办公室将"单一窗口"国际合作作为一项重点工作来抓。为此，国家口岸管理办公室口岸四处及时梳理了"单一窗口"国际合作的总体思路，加大了工作推进力度，全面开展对外合作。

（一）总体工作思路方面

加强国际合作平台机制建设。充分利用海关总署和各地方现有对外合作平台机制，按照"平等、自愿、互利、安全"的原则与合作意向国开展工作对接。没有机制的主动联系国外海关部门，从头建立机制，全面推进国际合作。

统筹全国"单一窗口"对外合作。按照"坚持国家统筹、坚持两级分工、坚持安全至上、坚持协同配合"的原则，支持指导有条件的地方依托"单一窗口"开展对外合作。

针对部分国家争取重点突破。建立各国"单一窗口"联系信息库，协调相关业务部门，制定国际合作机制、业务、技术具体磋商方案，主动开展工作对接，率先推动与我国周边及"一带一路"共建国家和地区开展合作，根据条件成熟情况圈定重点突破的国家范围，再逐渐向其他国家和地区扩展，能联通的尽快联通，不能联通的创造条件争取联通。

（二）工作任务推进方面

与多个国家或地区建立沟通合作机制。向全球 50 余个主要国家（地区）发起了问卷调研，了解各国（地区）"单一窗口"实施情况和合作意愿，圈定重点合作对象，提出合作倡议。与有合作意愿的国家和地区开展工作对接，成功召开合作磋商会，探讨合作机制、合作需求及对接方案等。针对不同合作机制设置"单一窗口"议题，提出合作倡议。

加快推进检验检疫证书国际联网核查。2022 年，促进跨境贸易便利化专项行动部署会议将"推动我国与其他经济体实施检验检疫电子证书联网核查"列入专项行动的重点任务之一。围绕重点工作推进跨境项目建设，认真落实 2022 年促进跨境贸易便利化专项行动部署有关要求，推动与其他经济体实施检验检疫电子证书联网核查等。经与相关业务主管部门沟通研讨，形成了检验检疫电子证书跨境联网核查初步思路方案。

2021 年以来，与巴基斯坦、哈萨克斯坦、泰国、古巴、伊朗、柬埔寨、印度尼西亚、白俄罗斯、蒙古国、俄罗斯、越南、马来西亚、以色列、新西兰等国（地区）开展合作交流合作并达成共识。分别与巴基斯坦、蒙古国、伊朗海关部门签署合作协议或备忘录。与泰国、柬埔寨、白俄罗斯海关部门共同起草并推动合作协议签署工作。与俄罗斯海关签署研讨会纪要。与马来西亚、印度尼西亚、新西兰、古巴、越南等国（地区）海关部门开展合作协议沟通起草工作。与东盟单一窗口机构就合作机制、业务需求、技术标准等保持常态化沟通。与越南海关将"单一窗口"合作纳入双方优先合作领域。与其他东盟成员、中亚五国等持续沟通合作意向，增进彼此了解。这些都为后续工作持续开展奠定了基础。

此外，还指导各地方依托"单一窗口"开展对外合作，指导青岛对韩国"单一窗口"合作，指导青岛方面制定完善《中韩（青岛）跨境贸易信息国际交流合作方案》并征求署内外相关部门意见，致函韩国海关授权青岛口岸办按相关规定开展合作，并联系协调中国驻韩使馆经商处协助对韩合作事宜。指导厦门海关与南非等金砖国家"单一窗口"合作、深圳前海试点跨境贸易大数据平台国际合作、重庆与新加坡保税航材跨境监管模式创新合作、大连在自由贸易试验区框架下与日本"单一窗口"合作、南京与新加坡关际合作、南宁与越南关际合作、深港跨境"一单两报"贸易合作等。指导广东与香港、澳门"单一窗口"合作，实现粤澳货物"一单两报""港车北上""澳车北上"等信息共享，与香港、澳门实现系统对接。

第八节　"单一窗口"建设成效

一、主要功能特色

"单一窗口"将国际贸易大通关流程由"串联"改为"并联"，实现接入、提交、查验、跟踪、办理"五个一"的特色功能。

"一点接入"就是让数据多跑路，企业少跑腿。"单一窗口"整合各部门申报系统，企业通过互联网随时随地接入办理各项业务。通过"单一窗口"可一次性申领涉及农业农村部、商务部、林草局等部门的 38 种监管证件，进出口环节监管证件全部依托"单一窗口"实现在线申领、联网核查和无纸通关。一次提交企业备案数据，并行办理进出口所需各类资质申请。足不出户、线上缴税、担保支付，发出付款指令至接收缴款成功回执不超过 2 分钟。

"一次提交"就是数据只需要一次性提交，允许多次重复调用。以往企业办理货物出口时，合同、箱单、发票等同一份贸易单据需分别向海关、国税、外汇、银行、运输、仓储、监管场所等部门提交至少 8 次，现在通过"单一窗口"企业无须重复提交。推行船舶进出境"一单多报"及全流程无纸化作业，办事所需时间由原来的累计 16 小时压缩至 2 小时，原来跑现场 9 次以上改为"最多跑一次"。出口退税功能通过复用报关单数据，可减少企业 90%数据录入工作量。

"一次查验"即实现联合登临，一次查验。依托"单一窗口"平台汇集口岸管理相关部门各类查验信息，实行指令对碰、预约交互、联合登临、一次查验，通过国际航行船舶联合登临检查工作机制,将以往口岸各部门分别实施查验的"串联"作业变为现在的"并联"作业,大大提高了通关效率。

"一键跟踪"即方便企业一键订阅,全程跟踪,有序调度。查询统计功能实现了进出口贸易全流程通关状态查询,企业可以通过手机 App 一键订阅,用户实时接收系统推送的相关运输工具、货物通关等状态,便于企业实时跟踪、全程掌握,合理安排订舱订位、装箱上船等作业环节的时间,有序开展企业生产运营活动,有效提高贸易透明度,缩短通关时间。

"一站办理"实现了企业便利、监管高效和环境优化。企业可通过"单一窗口"一站式线上办理申报、查验、放行业务,并延伸到许可办理、出口退税、网上支付等贸易管理和金融服务等环节。据某地口岸办测算,通过实施"单一窗口",水运口岸进出口 19 个环节优化了 8 个,优化率 42%;抵港到提货时间由平均 4 天压减为 3 天,压减率 25%;企业成本下降 10% 以上。

二、贸易便利成效

经过近几年加快建设,国际贸易"单一窗口"在优化口岸营商环境、促进跨境贸易便利化方面取得了明显成效,使进出口贸易通关各环节有关单证更简、流程更优、效率更高、成本更低,切实减轻了企业负担,促进了贸易便利。特别是新冠疫情期间,"单一窗口"实现了货物通关"零延时"、企业办事"零接触"、系统运行"零故障",发挥了独特的优势作用,有力维护了正常通关秩序,提升了贸易便利化水平。

(一)单证更简

按照"能取消的取消、能合并的合并、能退出口岸验核的退出口岸验核,不能退出的实现联网验核"的原则,将进出口环节需联网验核的监管证件数量从 86 种减至 38 种。推进"单一窗口"船舶运输工具向海关、海事、边检等部门"一单多报",原 44 类、70 种、共计 150 页左右的纸质申报材料全部取消。全面推广电子报关委托,简化报关手续,申报环节不再要求企业提交纸质报关委托书、发票、装箱清单。推进报关单信息与外汇管理局共享,全面取消了报关单收、付汇证明联和办理加工贸易核销的海关核销联,进一步减少纸质单证流转。

(二)流程更优

"单一窗口"将口岸大通关流程由"串联"变为"并联",企业只需一次录入并提交所需资料信息,便可同时向各部门申请企业资质、贸易许可及各类监管证件，相关回执及申请结果信息统一反馈给"单一窗口"，企业无须再向各部门提交纸质申报材料，将业务办理由"线下"变为"线上"。会同国家税务总局推进"单一窗口"出口退税功能建设，服务范围由外贸企业扩大到生产企业，企业通过"单一窗口"进行在线退税申报操作，以报关单数据为基础，自动生成出口退税申报单，发往国家税务总局申请退税，实现全流程、无纸化、"一站式"办理退税业务，企业退税申请操作时间也由原来的1个多小时压缩至5分钟，退税平均时间由13个工作日缩短至10个工作日，降低了企业退税申报压力，提高了企业退税效率。

（三）效率更高

"单一窗口"将口岸各部门作业系统由"物理集中"到产生"化学反应"，企业无须再频繁切换各部门作业系统，通过"单一窗口"全部搞定，真正实现"一次不用跑""最多跑一次"等改革效果。进出口环节33种监管证件依托"单一窗口"实现了网上申报、网上办理，不再纸质递交和办理，证件办理时间大幅压缩。会同人民银行上线推广新一代税费电子支付和税单版式打印功能，企业可足不出户实时完成税费支付，并可自行打印海关专用缴款书，实现税单流转全程无纸化。报关单信息及舱单运抵报告状态订阅推送等功能，方便企业自主订阅本企业报关单信息和舱单运抵报告状态数据，有效提高企业通关效率，辅助企业经营分析，助力企业降本增效。通过深化"单一窗口"建设，实现电子化审批和无纸化监管，进出口货物申报时间由4小时缩短至5~10分钟，船舶申报时间由36小时缩短至2.5小时。船舶转港数据复用功能通过上下港之间复用船舶申报电子数据，使申报过程进一步缩短到5分钟，录入数据项减少三分之二以上。

（四）成本更低

"单一窗口"减少重复录入和多次提交，避免多个系统之间频繁切换，并且实行免费申报，切实减轻了企业负担。"掌上单一窗口"供企业随时查询、订阅并掌握涉及跨境通关、运输工具、许可证件、原产地证书等14大类状态信息，方便企业合理安排作业调度，提高效率，降低成本。据了解，仅"单一窗口"将转关单核销状态信息推送收货人及代理人一项就给企业节省0.5天的时间。开辟收费公示查询专栏，方便企业随时查询涉及港务集团、机场集团、船代、货代、运输公司、检疫处理企业等各类口岸收费重点企业公示的收费目录清单，进一步规范和降低跨境贸易费用，推动实现普惠、共赢和公平。有的地方还推动港务集团、船代公司等提供收费明细查询服务，相关企业可实时查询其进出口各项收费项目及收费明细。

三、企业反响情况

原先一家进出口企业每次要面对海关 60 多个数据项、检验检疫 70 多个数据项的申报。"单一窗口"上线后，一张"大表"将上述申报项目精简成 103 项，免去了企业三分之一的重复录入量，报关企业也因此减轻了负担。

——上海某报关公司

之前报关员必须每天上午、下午到现场柜台询问，如错过核销时间节点，会增加半天以上的滞港时间，影响通关效率，产生额外费用。"单一窗口"将转关单核销状态信息推送收货人及代理人，仅这一环节优化就节约了半天的时间。

——重庆某报关公司

自从用了"单一窗口"，只要在电脑前录入一次数据，信息就能自动发送至相关部门，最快几分钟就可以完成整个申报手续，为公司节省了大量人力和时间成本，在效益上公司业务量增长了 30%。

——广东某船务代理公司

使用国际贸易"单一窗口"系统操作便利，不用缴纳服务费用，减少企业负担，增强了企业获得感。

——汕头某船务有限公司

公司每天都要出口大量货物到世界各地，以前仅报关业务就要 300 多人来负责，而且要往返多地，如今企业报关业务的办公室已经腾退过半，报关员数量减少了三分之二以上。

——广州某国际货运代理公司

"单一窗口"未开发前，企业要在公司本部、洋山港、浦东机场等地各配置一套报关、报检人马，应对各项申报和监管手续。而现在两三人就能胜任，无论在单位还是在家里，只要有台能上网的电脑，就可随时随地通过一套系统完成相关手续，最快 1 个多小时就能搞定。

——上海某国际物流公司

通过"单一窗口"进行"一次申报"，企业可一站式办结所有通关手续，节省大量人力和时间成本。

——湖南某国际货运代理公司

通过"单一窗口"标准版办理船舶进出境全流程通关手续，原来累计需要 16 小时以上，现在压缩到 2 小时，网上从申报到接收审批仅需 10 分钟。

——舟山某船舶代理公司

四、国际组织评价

2018 年 7 月 13 日，世界贸易组织（WTO）对中国进行第七次贸易政策审议，中国国际贸易"单一窗口"建设成为审议的亮点之一，很多成员高度赞赏了中国推进"单一窗口"建设、履行《贸易便利化协定》的实践做法。

上海美国商会发布的《2018 贸易环境满意度调查报告》显示，国际贸易"单一窗口"建设获企业好评，85.8% 的受访企业对"单一窗口"提高本企业通关效率表示认同，是该报告满意度指标排名最高的一项。

2019 年 8 月 7 日，世界贸易组织（WTO）根据《贸易便利化协定》规定，正式公布中国"单一窗口"措施已于 2019 年 7 月 19 日提前实施，比我国在《贸易便利化协定》中承诺的时间提前了 7 个多月，贸易便利化措施实施比例也从 94.5% 提高到 96.2%。

世界银行（WB）《营商环境报告》显示，我国跨境贸易指标排名 2019—2020 年有大幅度提升，2019 年提升了 32 位，2020 年再次提升 9 位，至全球第 56 位，营商环境总体排名已跃居全球第 31 位，连续两年被世界银行评选为全球营商环境改善幅度最大的经济体之一。世行报告还特别提到中国通过实施"单一窗口"，取消行政性收费，增强透明度并鼓励竞争，压缩了跨境贸易的时间和成本。

2019 年 10 月，应中国常驻世界贸易组织（WTO）代表团邀请，国家口岸管理办公室派员参加了世界贸易组织（WTO）贸易便利化委员会 2019 年第三次会议并作了"中国单一窗口建设实践与进展"主题发言，介绍了中国提前实施"单一窗口" B 类措施的做法、进展和成效，分享了中方建设经验，得到与会成员的充分认可和积极评价。部分代表表示中国政府高度重视、部门合力推进、国家财政支持、专职技术队伍等，为他们国家推进"单一窗口"建设提供了宝贵经验。世界贸易组织（WTO）秘书处会间专门向中方表示感谢，高度评价中方在"单一窗口"领域做法对于其他发展中成员如期实施 B 类措施的示范引领作用，建议中方今后在多双边渠道继续加大经验分享。

2019 年 10 月 28~31 日，亚欧会议"单一窗口"国际合作研讨会在杭州成功举办，共有来自亚欧会议成员海关和政府部门、有关国际组织、商界和学术界 120 余人参会。中国海关作为会议主办方，首次组织召开"单一窗口"专题的国际研讨会，首次就我国"单一窗口"建设情况作全面发言介绍，向国际社会集中宣传了我国"单一窗口"建设的经验与成效，获得了与会各国代表的广泛赞许和积极回应，为下一步"单一窗口"互联互通国际合作打开了新局面。

2023 年 5 月底，国际贸易"单一窗口"建设成果入选 2023 年数字政府卓越贡献类案例。该案例由中国国际大数据产业博览会组委会评选，在面向各有关部委、地方政府、信息技术企业共征集的 318 项创新成果及案例中遴选出 7 个案例，中国国际贸易"单一窗口"因为在政务服务"一网通办"、政府运行"一网协同"、政府数字化转型等方面成果突出入选，为提升政府管理服务能力提供了有益案例参考。本届中国国际大数据产业博览会由国家发展改革委、工业和信息化部、国家互联网办公室和贵州省人民政府共同主办，是全球首个以大数据为主题的博览会。

2023 年 6 月，亚洲开发银行（ADB）主办的中亚区域经济合作海关合作委员会第二十二次会议在格鲁吉亚首都第比利斯举行。我方代表作了"单一窗口实施的中国经验"专题发言，重点介绍了中国"单一窗口"实施最新进展情况、业务流程优化与手续简化方法、单证数字化做法、国际标准应用情况、国际合作进展及合作倡议等内容，得到各成员代表的充分认可和积极回应。

五、建设经验总结

中国国际贸易"单一窗口"建设经验，主要有以下几点：

一是加强组织领导，这是"单一窗口"成功实施的关键因素。党中央、国务院高度重视，对"单一窗口"实施工作的顺畅协调和有效推动至关重要。同时，一个运作良好的工作机制对确保有效推进实施工作也必不可少。

二是以企业需求为导向，这是"单一窗口"的生命力所在。"单一窗口"建设始终应以用户需求为导向，"单一窗口"赖以存在的基础就是它能满足用户的实际需要。针对中国境内从事日常进出口业务的大量企业用户，只有持续深化拓展"单一窗口"应用功能，才能不断满足企业用户日益增长的服务需求。

三是科学合理的顶层设计，这为"单一窗口"能够最大限度发挥应用效益提供重要保证。通过加强顶层设计和建设国家"单一窗口"标准版，可以解决诸如重复建设、资源浪费、标准不一、数据区隔和企业使用无所适从等问题，能最大限度发挥系统的应用效益。

四是各部门协作共建，这为"单一窗口"的成功实施有效保驾护航。中国"单一窗口"的成功实施已经得到了 30 家部委单位的大力支持，而且随着"单一窗口"持续深化建设，相信这一数字还会增加。

五是最新技术的创新应用，从而能够让"单一窗口"为企业提供新技术带来的更多便利。新技术能够带来更多创新性，甚至是突破性的应用，从而为企业带来更大便利，增强用户体验。在"单一窗口"实施中，应将诸如区块链、大数据、云计算、人工智能、物联网、5G 等新技术放在优先考虑的位置。

六是推动完善相关法律制度，这是"单一窗口"长期持续健康发展的必要保证。除制定"单一窗口"运行管理办法和数据安全管理办法以外，还积极开展"单一窗口"法律环境问题研究。2019 年 10 月，国务院出台了《优化营商环境条例》，明确了口岸和国际贸易领域相关业务统一通过国际贸易"单一窗口"办理。

第九节　"单一窗口"典型案例

一、运输工具（船舶）申报

（一）船舶运输工具"一单多报"

2017—2018 年期间，国家口岸管理办公室会同移民局、交通运输部海事局、国家质检总局通关司、海关总署口岸监管司、中国电子口岸数据中心等相关单位，在浙江舟山率先试点"单一窗口"标准版运输工具（船舶）申报系统。试点期间，各部门密切配合、协同推进，多次赴浙江舟山调研了解情况，协调解决问题，提出具体要求。试点地区口岸办围绕"提升企业获得感"推出了多项举措：

一是"单一窗口"标准版与各部门系统"总对总"对接，实现向各部门"一单多报"，变"串联"为"并联"，船舶进出境网上申报数据项由 1113 项压缩至 371 项，减少三分之二数据录入，一举解决了企业网上多头申报、重复录入、信息不共享等问题。

二是推动船舶进出境通关无纸化，实现环节简化和流程优化，原来需要向各口岸查验单位递交的 44 类、70 余种纸质申报材料全部取消，企业办理通关手续由原来跑腿 9 次以上改为"最多跑一次"。

三是创新性实现通关监管与港航服务的数据联动和信息共享，引航调度信息可通过"单一窗口"实时同步和自动关联，并带动引航港调业务全面无纸化。

舟山试点打破了一直以来的有纸申报、分头申报的业务模式，实现了各部门口岸业务扁平化管理，一窗申报、无纸操作、流程优化、环节简化，有效节省了通关成本，优化了监管资源，推进了执法统一，改善了营商环境。有关经验做法全面实用、效果显著，打造了"单一窗口"标准版功能试点的"舟山样板"。

2018 年 6 月 21 日，"单一窗口"标准版运输工具（船舶）申报系统全国推广应用现场会召开。会上一名业务员通过操作"单一窗口"标准版，仅用 10 分钟就分别完成了一艘货船的进境通关手续和一艘油轮的离港通关手续向各家口岸查验单位的同时申报和接收审批。企业通过"单一窗口"标准版办理船舶进出境全流程通关手续由原来累计 16 小时以上压缩到现在的 2 小时，通关时间压缩八成以上。该功能试点成功后，有关试点经验很快推向了全国口岸，让更多企业享受到了"单一窗口"带来的便利。

（二）国际航行船舶转港数据复用

在此基础上，2020 年国际贸易"单一窗口"创新推出国际航行船舶转港数据复用功能，一上线即获得企业和社会的一致好评，有力地支持了疫情期间企业复工复产和效率提升。国际航行船舶转港数据复用，简单地说，就是将原来国际航行船舶入境后在各港口申报所必需的数据录入工作，改为入境后企业一次录入，境内续驶至下一港时可直接调用上一港录入的数据，仅需少量数据维护即可再次申报，最大限度地简化数据录入，减轻企业负担，促进贸易便利。

为此，国家口岸管理办公室会同有关部门专门赴浙江省舟山口岸开展改革创新调研，并在舟山试点基础上做了进一步完善。中国电子口岸数据中心工程组人员最终在"单一窗口"标准版上把这项功能赶制出来。

具体上线的"单一窗口"标准版运输工具（船舶）申报系统国际航行船舶转港数据复用功能包括业务数据复用功能和附件复用功能。该功能针对转港申报数据重合度较高的情况，允许下一港进港业务数据申报时经授权可直接复用上一港离港业务数据，以及允许下一港进港申报所需附件复用上一港进境 / 港申报时的附件（但下一港进港申报所需的离港证附件仍需复用上一港离港时的离港证）。为方便下一港船代确认附件的准确性，"单一窗口"标准版运输工具（船舶）申报系统界面还提供附件的预览和下载功能。

"单一窗口"标准版船舶"一单多报"功能 2018 年 4 月 1 日上线试点，同年 5 月 1 日起在全国口岸全面推广。

二、监管证件一口受理

各国在贸易进出口环节都需要验核大量监管证件，这对维护正常良好的国际贸易秩序发挥着重要作用。不过，过多的贸易单证也会延长货物整体通关时间，增加通关贸易成本。考虑到单证准备时间（即报关申报之前对进出口环节所需各类单证的准备时间）是影响整体通关时间的一项主要因素，要想压缩通关时间、降低通关费用，就必须大力精简单证。在依托"单一窗口"推进进出口环节监管证件精简之前，我国在进出口环节需要海关验核的各类监管证件曾多达 86 种，涉及 19 个发证部门。

为此，国家口岸管理办公室牵头各相关部门，按照"能取消的取消，能合并的合并，能退出口岸验核的退出口岸验核"的原则大力精简进出口环节监管证件，并且依托国际贸易"单一窗口"平台 16 家发证部门实现系统对接和数据互联，让数据多跑路、企业少跑腿。截至 2018 年 11 月，除进出口环节 46 种监管证件保密需要等特殊情况外，全部实现联网核查。企业可采用无纸方式向海关申报相关证件，避免了以往现场奔波、纸质申请、重复提交的麻烦。随着进出口环节监管证件联网核查业务推进完成，截至 2018 年年底，与"单一窗口"实现"总对总"系统对接的部委单位快速扩大到 25 个。

同时，国家口岸管理办公室还积极推进进出口环节监管证件通过"单一窗口"一口受理和在线申请。以往企业需来回往返有关部门现场办事大厅递交纸质申请，流程长，且无法实时跟踪审核状态。现在企业用户可直接登录"单一窗口"门户网站，进行线上申请，发证部门审核通过后将证书电子数据传输到海关，并在通关环节实现与海关报关数据的自动比对、智能验核，审核结果统一通过"单一窗口"反馈给企业，实现了监管证件申报、审核、通关和反馈的全流程网上办理。

自 2017 年 3 月起，全面启动了"单一窗口"联网监管证件申领系统建设工作。首个证件申领系统——农药进出口登记管理放行通知单申领系统于 2017 年 6 月正式上线，企业足不出户即可完成农药进出口登记管理放行通知单的申请，优化了农药进出口管理服务。2019 年年底，"单一窗口"上线的药品药材进口备案管理系统为保障医疗物资快速通关发挥巨大作用。2021 年 2 月，"单一窗口"进口许可证申领系统与商务部进口许可证审核系统实现数据互通共享，企业通过"单一窗口"一点接入，提交满足商务部要求的进口许可证申请信息，商务部审核完成后将结果通过"单一窗口"反馈给企业，实现监管证件申领环节无纸化。

此外，依托"单一窗口"积极推进证件自助打印功能。例如，海关总署国家口岸管理办公室会同生态环境部共同开发上线"单一窗口"《有毒化学品进出口环境管理放行通知单》自助打印功能，申请人可以通过"单一窗口"自助打印《有毒化学品进出口环境管理放行通知单》。会同药监局开发上线"单一窗口"《麻精药品进出口准许证》申领功能和《进口医疗器械备案注册证》申领功能，并可自助打印《麻精药品进出口准许证》和《进口医疗器械注册证》。

截至 2021 年年底，进出口环节监管证件全部实现"单一窗口"一口受理、在线申领和自助打印，让企业办事更加便利。

进出口环节监管证件见表 9。

表9　进出口环节监管证件一览表

序号	证件名称	发证部门
1	赴境外加工光盘进口备案证明	中宣部（新闻出版署）
2	音像制品（成品）进口批准单	中宣部（新闻出版署）
3	人类遗传资源材料出口、出境证明	科技部
4	民用爆炸物品进口审批单	工信部
5	民用爆炸物品出口审批单	工信部
6	古生物化石出境批件	自然资源部
7	有毒化学品进出口环境管理放行通知单	生态环境部
8	国（境）外引进农业种苗检疫审批单	农业农村部
9	农业转基因生物安全证书（进口）	农业农村部
10	进口兽药通关单	农业农村部
11	农药进出口登记管理放行通知单	农业农村部
12	合法捕捞产品通关证明	农业农村部
13	进出口许可证	商务部
14	机电产品自动进口许可证	商务部
15	非机电产品自动进口许可证	商务部
16	两用物项和技术进出口许可证	商务部
17	技术出口许可证	商务部
18	技术出口合同登记证	商务部
19	援外项目任务通知函	商务部
20	黄金及黄金制品进出口准许证	中国人民银行
21	银行调运人民币现钞进出境证明	中国人民银行
22	特殊医学用途配方食品注册证书	市场监管总局
23	保健食品注册证书或保健食品备案凭证	市场监管总局
24	婴幼儿配方乳粉产品配方注册证书	市场监管总局
25	强制性产品认证证书或证明文件	市场监管总局
26	特种设备生产许可证及型式试验证书	市场监管总局
27	进口广播电影电视节目带（片）提取单	国家广电总局
28	野生动植物允许进出口证明书	林业局（濒管办）
29	《濒危野生动植物国际贸易公约》允许进出口证明	林业局（濒管办）
30	非《进出口野生动植物种商品目录》物种证明	林业局（濒管办）

续表

序号	证件名称	发证部门
31	引进林木种子、苗木检疫审批单	林业局（濒管办）
32	麻精药品进出口准许证	药监局
33	进口医疗器械注册证	药监局
34	进口医疗器械备案	药监局
35	进口普通化妆品备案凭证	药监局
36	进口特殊化妆品注册证书	药监局
37	药品进出口准许证	药监局
38	进口药品通关单	药监局

三、"单一窗口"金融服务

（一）"单一窗口"金融服务是什么、有何作用

2020年年初，"单一窗口"金融服务功能推出。此举主要是落实《国务院关于印发优化口岸营商环境促进跨境贸易便利化工作方案的通知》（国发〔2018〕37号）和《国务院办公厅关于服务"六稳""六保"进一步做好"放管服"改革有关工作的意见》（国办发〔2021〕10号）的要求，加强"单一窗口"与银行、保险行业的合作对接，将"单一窗口"大数据平台优势与金融机构服务企业的资源优势结合起来，探索创新"外贸＋金融"服务模式，落实国家普惠金融政策，为企业营造更加便捷高效的口岸营商环境。

"单一窗口"整合汇聚国际贸易全链条数据，数据准确、可信度高，对于提高金融业务的真实性审核提供了宝贵的数据支撑，并且开启了新的线上获客渠道，提高了融资贷款风控水平。"单一窗口"与金融机构合作对接、资源共享、优势叠加，可以不断创新金融服务产品、拓展服务模式、缩减操作环节，让企业全线上、全流程、一站式办理各项业务，随时随地掌握办理进度和结果，缓解了银行与小微企业信息不对称的情况。

金融服务系统通过大数据为企业进行"画像"，让具有优质信誉的小微企业融资更容易、更快捷。与传统模式相比，融资贷款时间由数月之久缩短到1日内，企业办理汇出汇入时间由数小时缩短至2分钟以内，满足企业全天候、无纸化提交的要求，减少企业来回奔波和操作成本，大幅提高国际贸易金融服务效率，在支持进出口外贸实体经济发展、提升跨境便利化水平方面发挥了积极作用。

（二）"单一窗口"金融服务如何开展

国际贸易"单一窗口"最早于 2019 年 3 月启动了与银行保险机构的合作对接试点，同年 4 月 18 日金融服务功能正式上线，率先在北京、天津、上海、浙江、安徽、福建、广东、海南等地试点，3 个月后试点范围又扩大到江苏、江西、山东、重庆、云南乃至其他地区。首批试点机构包括中国工商银行、中国银行、中国建设银行、民生银行、兴业银行、中国出口信用保险公司、中国平安保险集团 7 家金融保险机构。二批试点机构包括：中国农业银行、交通银行、中国邮政储蓄银行、中国进出口银行和中国太平洋保险（集团）股份有限公司 5 家金融机构。2021年 7 月，根据"单一窗口"金融服务扩大试点对接管理规范，招商银行、中信银行、宁波银行、广发银行、浦发银行、北京银行、南京银行、华夏银行、光大银行、江苏银行 10 家金融机构满足对接准入条件，被纳入第三批试点机构范围。

2022 年 10 月，国务院办公厅印发的《关于复制推广营商环境创新试点改革举措的通知》（国办发〔2022〕35 号）明确规定，经企业授权和"单一窗口"平台认证，企业申报信息及海关部门处理结果信息可为金融机构开展融资、保险和收付汇等服务提供信用参考。这是"单一窗口"金融服务试点推广的新依据、新要求。继第三批试点合作对接后，光大银行、江苏银行作为第四批试点机构，参加对企业的"单一窗口"金融服务试点。

试点以来，依托国际贸易"单一窗口"，合作的银行保险机构相继推出了一批全线上、无抵押的普惠金融服务产品。银行方面推出了跨境收付汇、结售汇、信用证等国际结算业务，以及跨境贷、出口贷、信保贷、退税贷、税费融资、综合授信、进口贷、进口押汇、出口商业发票融资等融资贷款业务。保险方面推出了出口信用保险、货物运输保险、关税保证保险等保险业务。与传统模式相比，通过发挥"单一窗口"跨境贸易数据汇聚优势，有效缓解了银行获取中小微企业信息难、信息不对称等问题，降低了金融机构经营风险和成本，同时也能有效解决中小微企业"融资难、融资贵"问题。截至 2023 年 3 月底，共办理国际结算 622 亿美元，国际融资贷款金额 491 亿元，出口信用保单 38 万余份，且 95% 以上的出口信用保险通过"单一窗口"申请办理，"单一窗口"金融服务功能惠及企业 31 万余家。

（三）"单一窗口"金融服务成效如何

1. 开创"外贸 + 金融"服务新模式

"单一窗口"为金融机构提供了真实性审核所需的国家级平台数据，支持对企业"精准画像"，大幅缩短审核时间，降低授信风险，提升办理速度。企业通过"单一窗口"线上预约开户，"一站式"便捷办理资质申请、通关申报、融资贷款、信用投保以及出口退税等国际贸易相关业务，随时掌握办理进度和结果。与传统融资贷款授信模式相比，"单一窗口"线上授信平均等待时间由之前的数月之久缩短到1个工作日以内，极大地方便优质企业获得优惠融资贷款。企业办理汇出汇款、汇入汇款时间（从提交申请到银行审批通过）最短可在半小时内完成，满足企业全天候、无纸化提交的要求，减少企业来回奔波和操作成本。"单一窗口"金融服务功能在便利企业的同时，也提升了银行风控水平，风险远远低于传统业务模式。

2. 有效支持小微外贸企业发展

以往，银行获取小微企业信息难、信息不对称，阻碍了小微企业外贸发展。"单一窗口"整合汇聚国际贸易全链条数据优势，将线下抵押融资转为线上信用融资，解决了小微企业融资难、融资贵的问题，进一步降低企业成本，提高企业国际竞争力。为让更多的企业及时了解并享受政府融资优惠政策，"单一窗口"上线小微信保功能，面向目标企业精准提供政策提示信息、境外行业、商品信息和风险预警信息，便利小微企业快速获得地方财政信保补贴，有效降低企业经营风险。在小微信保功能基础上推出"信保贷"产品，优化投保、融资一站式服务体验，充分发挥政策性保险的风险缓释作用，解决小微企业的资金问题，切实发挥出口信保政策保障作用。

3. 保障疫情防控、助力企业复产

"单一窗口"联合试点金融机构推出的"零接触"服务模式，改变企业纸质交互、窗口办理的业务操作流程，在疫情期间发挥了重要作用。企业足不出户即可享受定制化的金融保险服务，提升企业用户体验及效率，避免人员接触性传染风险。为支持企业复工复产，"单一窗口"迅速上线贸易融资在线申请延期还款功能，给予降低贷款利率、减免手续费等优惠，帮助企业渡过难关。中信保在"单一窗口"开辟理赔服务绿色通道，优先处置受疫情影响出口企业的出险理赔，整个过程线上办理，减少人员接触和聚集，降低投保操作成本。小微出口企业通过"单一窗口"线上投保短期出口信用保险，有效抵御疫情期间出口企业面临的国际贸易风险。

在总结首批试点经验基础上，研究制定了《国际贸易"单一窗口"金融服务扩大试点对接管理规范》，对金融机构准入条件、对接流程，以及相关管理要求进行规范，并明确定期对各试点机构的推广应用情况进行评估，对于推广应用效果好的试点机构，在后续金融服务产品合作对接上优先支持。在扩大试点过程中相关资源向普惠金融业务倾斜，向上升势头强劲的机构倾斜，有效利用好国家资源。同时也高度重视安全风险防范工作，加强对银行保险机构的信用、资质考察，制定一系列相关安全管理措施，加强技术防护，坚持原始数据不出门，最小化对外提供。通过纵横交织的防护策略，层层保障数据安全。

四、航空物流公共信息平台

（一）前期合作准备工作

海关总署牵头建设中国国际贸易"单一窗口"。民航局于 2018 年参与"单一窗口"标准版空运运输工具申报功能实施，积极协调主要航空公司派员参与需求讨论编写工作。2019 年 1 月，民航局运输司先后到访中国电子口岸数据中心（顺义研发基地）和国家口岸管理办公室，就依托"单一窗口"共同推动航空物流效率提升，全面实现航空电子货运，同时满足民航局相关业务监管需求等方面进行了初步探讨，随后于 2 月和 4 月两次组织赴全国主要机场调研航空物流信息化情况。

民航局方面提出建设航空物流信息平台，与"单一窗口"改善口岸营商环境、促进贸易便利化的目标是一致的。为此，国家口岸管理办公室、数据中心与民航局相关部门有过多次互动交流，对平台的性质、定位、模式、架构等均进行了商榷。随后国家口岸管理办公室也着手相关工作，于 2019 年 12 月 10 日组织召开了一次研讨会，浙江、河南、广东、厦门等地方口岸办派员参加。之后又组织民航局相关单位，于 12 月 18 日赴河南郑州开展河南航空口岸物流信息平台试点建设调研。2020 年 5 月，数据中心成立了专项工作组，开展"单一窗口"航空物流方案研究制定工作。通过前期系列工作，了解航空口岸物流相关业务流程、标准体系及信息系统建设情况，听取货代、航空公司、报关企业、卡车企业等相关市场主体的意见建议，研究了航空物流公共信息平台试点建设内容及下一步工作。

这期间，双方共同研究起草平台建设工作方案。2020 年 8 月，双方共同签署了《海关总署 中国民用航空局推进航空口岸通关便利化战略合作备忘录》，其中首要合作事项就是推进航空电子货运标准体系建设，依托国际贸易"单一窗口"合作研发航空物流公共信息平台，实现航空物流全链条信息集成，推动各类市场主体之间标准融合、信息互通，满足海关、民航等管理部门的监管合作和信息共享需要。为做好平台建设工作，双方还共同建立完善平台建设工作机制，成立了领导小组、专项工作组和实施组，明确初期任务目标是开展平台验证工程和标准编制工作。

（二）平台验证工作情况

2020 年 10 月，国家口岸管理办公室同民航局运输司、中国电子口岸数据中心成立专项工作组，在厦门、广州、深圳等机场开展平台验证。10 月 22 日，国家口岸管理办公室组织在北京召开了航空物流公共信息平台验证工作部署会，研讨平台建设的工作方案和验证工程实施方案等内容，统一有关工作部署要求，并根据需要向三个验证试点地区派员提供支持指导。机场、航空公司、货站、货运代理、机场安检等企业参与了对接验证，实现了业务流程、参与主体架构标准等全覆盖测试。在验证基础上，制定发布了《国际贸易"单一窗口"航空物流公共信息平台试点建设指南》（试行版）、《国际贸易"单一窗口"航空物流公共服务及接口标准》（试行版）、《航空物流信息交换规范》等，为航空物流公共信息平台建设打下了坚实基础。

2021年4月20日，国家口岸管理办公室组织赴厦门开展"单一窗口"航空物流公共信息平台建设调研，并召开了工作现场会，全面总结了航空物流公共信息平台验证工作总体情况、经验成效、存在问题及相关优化完善建议意见等。会上决定下一步开展全国试点建设工作。随后，各地来函申请加入平台试点建设。8月31日，结合前期验证工程实施经验及各地申请需求，经研究决定在福建（厦门）、广东（广州）、海南、陕西开展国际贸易"单一窗口"航空物流公共信息平台首批试点建设工作。随后，上述地区完成试点建设方案并根据国家口岸管理办公室统一部署开展了试点建设。

（三）地方试点建设推进会

2022年1月21日，国家口岸管理办公室组织召开了国际贸易"单一窗口"航空物流公共信息平台试点建设工作推进会，总结了2021年8月底启动试点建设以来，各试点地区建设推进情况，研究部署了下一阶段工作。国家口岸管理办公室、中国电子口岸数据中心、海关总署综合业务司、海关总署口岸监管司，福建（厦门）、广东（广州、深圳）、海南、陕西四地区省（市）口岸办、商务厅、自贸委、电子口岸，以及广东分署、直属海关相关负责人参会发言。

会议再次明确，航空物流公共信息服务平台（以下简称"平台"）建设是贯彻党中央、国务院优化营商环境有关决策部署的有力举措，是落实《海关总署　中国民用航空局推进航空口岸通关便利化战略合作备忘录》的重要任务，是提升航空口岸治理体系和治理能力现代化水平的"1号工程"。平台建设目标是要实现航空物流全链条信息集成，各类市场主体之间标准融合和信息互通，进一步促进航空物流领域降本增效和高质量发展，营造更加稳定、公平、透明和可预期的口岸营商环境。各试点地区应加强协同、持续发力，将平台建设作为深化航空口岸领域智慧口岸建设的有益实践，加快推动有关建设任务落地见效。同时，航空物流公共信息平台建设也纳入了2022年促进跨境贸易便利化专项行动的重要举措内容。

会议强调，要着力推进与相关单位和市场主体的系统对接和数据联通共享，聚焦市场主体关切，探索拓展符合本地需求的特色功能。要按照中央、地方两级分工要求，加强两个层面的建设统筹，将平台建设成为开放、集约、高效的一体化国家级平台。各试点地区要发扬攻坚克难精神，敢想敢试，多出实招，在全国建设标杆工程，发挥示范带动作用，要及时总结试点建设经验和效益情况，形成本地区促进口岸营商环境优化和贸易便利化的成果清单。此外，会议还修订发表了《"单一窗口"航空物流公共服务及接口标准》（试行版）和《"单一窗口"航空物流公共信息平台建设指南》（试行版），用于指导各试点地区开展试点建设工作。

（四）试点建设情况与成效

各试点地区参照中央协同推进工作机制，相应建立了由地方口岸办牵头，海关、航空管理部门、机场、航空公司等相关单位共同参与的协调推进机制，根据统一部署，结合本地实际，研究制订本地区建设方案，稳扎稳打推进试点建设。2022年下半年，实际参与试点建设地区又增加了浙江（杭州）。

截至2022年年底，厦门试点已基本完成航空物流公共信息平台建设，成功接入14家航司、2家货站，以及400余家货主、货代、报关行等企业，实现航空物流产业链上下游企业信息共享和业务协同，机场货站的全业务覆盖。

广州试点完成与海关空运舱单智能管理系统的对接，实现通关物流作业的可视化查询和订阅。

深圳试点完成平台（首期）建设，于2022年4月25日正式投入使用，成功接入3家航司、1家货站，实现通关单证统一申报、查验预约和提醒、通关和物流状态可视化等功能。

海南试点推出海南国际贸易"单一窗口"空港口岸物流服务系统，于2022年4月12日正式上线，实现与海口美兰国际机场国际货运系统、安检信息管理系统、海口海关物流协同系统对接，全面覆盖了跨境航空物流日常进出口货物的交货申报、交提货预约、收运核查、安检申报、交货确认、电子提货等核心空港口岸作业，实现了航空物流进港4大环节、9个节点，出港8大环节、15个节点全流程单证电子化流转。

陕西试点实现了与西部机场集团航空物流公司（货站）及西安咸阳国际机场安检、地勤系统的数据对接。

浙江（杭州）启动试点平台首期建设，完成了"货物一件事"部分功能开发，包括物流状态查询（报关单查询、航空运单查询）、运抵报告查询、装载报告查询、理货报告查询、运单预录入、预配舱单管理（申报、删除、变更），以及相关参数对接等，并进入试运行阶段。完成"运输工具一件事"需求确认并启动相关研发工作，2022 年年底前主要功能上线试运行。同时，开展与省机场集团系统对接及与萧山国际机场货站操作系统对接，并拟根据需要选择试点企业进行实单申报。

各地试点建设取得以下几方面阶段性成效：

一是精简纸质单证，实现航空货运相关单证电子化无纸化。各试点地区积极推进航空物流各类单据电子化、推动航空口岸物流无纸化，大大降低企业沟通成本和管理成本，提升口岸各联检部门的运行效率和服务质量。例如，厦门市实现了航空物流进出口全流程电子化、无纸化，在出口环节精简了托运书、安检申报清单等 6 种纸面单证。深圳市实现主运单、分运单等 4 类主要物流单证电子化，减少企业信息重复录入和多头填报问题。海南省实现海口美兰国际机场空港货运全流程电子化流转，可减少托运书、安检申报单等 10 余种空港口岸通关业务纸质单证。

二是打破信息壁垒，实现航空货物"物流＋通关"状态全程可视化跟踪。通过打通各参与主体信息化系统的"断头路"，汇集、整合各方信息，实现货物全流程状态信息可追可查可视化，解决了货主、货运代理、承运人、地面代理人等非报关代理人的市场主体需要通过多种渠道、多个平台分别获取通关、物流状态，以及获取信息滞后的现状，变多渠道、碎片化为一站式、体系化，使业务攸关方能实时跟踪货物进展，了解物流节点状态，促进各作业环节的高效衔接。

三是优化作业流程，提升航空口岸物流效率。通过优化业务操作流程，使货站、货代、报关行等相关方通过"单一窗口"实现信息共享和复用，有效避免了信息不对称等问题，提升航空物流口岸作业效率。例如，厦门市将原有进口航空货物流程由串联变并联，实现各市场主体业务协同作业，各流程间单证交接次数从原来的至少 5 次缩减为 1 次（即提货人到货站提货），整体物流作业时间最快可压缩 90% 以上。出口方面率先实现"一单多报"和安检验讫放行电子化作业，减少货运代理人 3~4 趟的人工交接手续，作业效率提升 70%，预计每年可为企业节省成本 2000 万元。深圳市针对货代需多次往返货站和海关办理查验相关手续的问题，新增线上查验预约和查验提醒功能，有效减少了货代找货和现场等待时间，预计使货代现场跑腿次数由最少 4 次减至最多 1 次。海南省新增线上提货预约，车辆自动过卡等功能，实现海关监管卡口通行自动化，进一步提高国际货物交提货作业效率。

四是破解行业难题，推动实现货物中转物流无纸化。海关已实现转关作业无纸化，但由于启运地、指运地等场站之间信息共享不顺畅，导致在实际货物中转作业中，仍需货代打印和线下跑腿，通过纸质单证办理货物转关运输。针对该问题，在相关部门业务指导支持下，平台开发了通过运单号申报转关运抵报告、转关放行状态推送等功能，实现了进出口货物中转全流程电子化和无纸化，已在厦门和北京（首都机场）之间实现了实单验证。

第十节 "区域单一窗口"建设

一、我国"区域单一窗口"概况

"区域单一窗口"概念来源于国际上"单一窗口"的具体实践与演变。前面第二章讲到，东盟、欧盟、中亚经济联盟以及非盟等地区性组织都已经或正在尝试建立区域性单一窗口。因此，国际上所说的"区域单一窗口"是指依附于地区性组织机制下相关国家"单一窗口"互联互通的合作项目，并且未来将朝着全球互联互通的方向演进。

截至 2023 年 8 月，我国还没有在上述地区性组织名义下参加任何"区域单一窗口"合作，尽管"单一窗口"互联互通双边合作一直在推进。虽说目前全球经济体达到 200 多个，但是也呈现明显的"二八效应"乃至更甚，也就是说，绝大多数经济体无论从人口、地理，或是从经济总量来说，都处于中等偏下的水平。我国在经济、地理和人口规模方面，相比其他一般国家有一定的独特性。

我国幅员辽阔，东、中、西部，沿海、内陆等有其相近或相似的经济贸易发展需求，因此从支持国家内部各区域发展战略需要来说，在统筹推进"国家单一窗口"建设的同时，又需要在符合顶层设计要求的前提下，支持国内各地区或相邻省市建设"区域单一窗口"。因此，本章所述"区域单一窗口"与国际上的"区域单一窗口"概念是不同的，这只是结合我国特色的一个概念使用。

2016 年 9 月，国务院口岸工作部际联席会议第二次全体会议审议通过的《框架意见》提出，探索建设符合国家区域发展战略要求的"区域单一窗口"。根据"十四五"期间我国"单一窗口"建设规划要求，要服务京津冀协同发展、长江三角洲区域一体化发展、粤港澳大湾区建设、成渝地区双城经济圈、西部陆海新通道、黄河流域生态保护和高质量发展等国家重大战略，推进"区域单一窗口"建设，加强区域间信息共享与业务协同，促进区域跨境贸易、跨境物流、相关产业深度融合。

国内最早提出"区域单一窗口"建设的是长江三角洲地区，长江三角洲地区包括上海市和江苏、浙江、安徽三省。早在 2015 年 8 月，由浙江口岸办牵头，在浙江温州召开了长江三角洲"区域单一窗口"建设研讨会，上海口岸办从功能、实现路径、推进机制和需支持事项等方面介绍了长江三角洲"区域单一窗口"建设的初步设想。作为长江三角洲区域一体化发展的重要组成部分，长江三角洲"单一窗口"合作共建的最大难题就是要顺应长江三角洲区域一体化发展趋势和需要，解决长江三角洲地区各省（市）在"区域单一窗口"建设上的协调管理问题，促进长江三角洲地区各省（市）之间联动发展。

西部陆海新通道"区域单一窗口"建设推进效果明显。西部陆海新通道地区建立了由重庆市牵头，广西、新疆、甘肃、陕西、四川、云南、宁夏、内蒙古、贵州、青海、西藏、海南，以及广东省湛江市、湖南省怀化市"13+2"省区市合作共建机制，共同建设"单一窗口"西部陆海新通道平台，共同推进西部陆海新通道通关物流便利化。2022年4月1日，"中国国际贸易单一窗口"门户网站西部陆海新通道服务专区上线试运行；7月22日，在重庆举行的第四届中国西部国际投资贸易洽谈会开幕式上，"单一窗口"西部陆海新通道平台正式启动上线。

"单一窗口"上合经贸综合服务平台是为提升中国与上合组织国家相关地区间经贸交流合作水平，由上合示范区发起，依托"单一窗口"平台建设的上合"区域单一窗口"地方经贸合作服务功能，为中国和上合组织国家间经贸合作提供"贸易＋通关＋物流＋金融"全周期综合服务体系。该平台提供3大主体功能、8个应用模块、73项子功能，为企业提供集通关便利、智慧物流、贸易撮合、金融服务于一体的全流程综合服务，促进中国与上合组织国家间经贸高质量发展。该平台（首期）已于2022年11月25日正式上线。

"单一窗口"海南自由贸易港服务专区集成了国际贸易"单一窗口"海南自由贸易港特色功能，服务专区包括"零关税"、离岛免税、物流协同、公服平台、智慧关务，加强信息共享、业务协同和流程优化，为企业提供一站式海南自由贸易港特色服务。其中，"零关税"提供海南自由贸易港"零关税"原辅料、自用生产设备、交通工具及游艇企业资质和业务办理服务功能；离岛免税提供离岛免税消费查询和物码溯源等功能。物流协同包括空港口岸作业电子化平台（提供进出口作业交提货预约、交提货确认、交货申报、安检申报、电子提货单办理、海关查验通知、报关放行结果及货况跟踪等电子化流转功能）和码头无纸化系统（提供进出口电子提发货单换单、清关委托、设备交接单、查验申请，以及货物报关放行电子化流转功能）两部分。公共服务平台支撑先行先试的"一线放开、二线管住"政策落地实施，提供一线进出境径予放行、二线进出区单侧申报、加工增值企业备案管理、加工增值产品备案管理、企业 ERP 数据管理、账册管理等功能。智慧关务则深度融合了报关企业业务需求，提供智能机器识别和高效制单，自动审核并进行逻辑校验,一单多报转换,库存监控实时预警,合理审查文档等功能。该服务专区集成了海南自由贸易港数据资源、特色服务,于 2022 年 12 月 28 日正式上线,便利了企业"一站式"办理海南特色业务。

二、"区域单一窗口"建设案例

2020 年 11 月 17 日,在西部陆海新通道省际协商合作联席会议第一次会议上,"13+1"省区市口岸主管部门共同签署《国际贸易"单一窗口"西部陆海新通道平台建设合作协议》。这是《西部陆海新通道总体规划》印发实施一年后,部门联动、区域协作的又一成果。

根据《国际贸易"单一窗口"西部陆海新通道平台建设合作协议》,在国家口岸管理办公室指导下,重庆牵头,联合广西、新疆、甘肃、陕西、四川、云南、宁夏、内蒙古、贵州、青海、西藏和海南,以及广东省湛江"13+1"省区市共同建设"单一窗口"西部陆海新通道平台,结合西部陆海新通道业务特点和发展要求,为西部陆海新通道提供高效便捷的通关和物流便利化服务,促进交通、物流、商贸、产业深度融合,服务区域经济高质量发展。

具体来看,"13+1"省区市要共同持续推进通关物流便利化,结合西部陆海新通道业务特点和发展要求,重点实现申报前后有关环节简化、流程优化和申报智能化,提高西部陆海新通道全链全域运行效率、可预期性和竞争力。同时,"13+1"省区市要依托"单一窗口",深度融合"通关 + 物流"作业环节,将通关申报和物流作业无缝衔接,实现数据"一次提交,多次复用",促进通道、物流、商贸、产业融合发展。

海关总署有关领导为平台上线致辞,国家口岸管理办公室和西部陆海新通道沿线"13+2"省区市有关领导出席并共同见证(新增加了湖南省怀化市以后,成为"13+2"省区市)。平台为沿线省区市提供了便捷高效、可共享共用的通关物流辅助功能,为通道经济深度融合提供信息互通基础条件,为全国其他"区域单一窗口"建设提供可复制可推广经验。

西部陆海新通道平台正式上线时,已有 4 大板块 11 项功能,分别从智能通关、业务协同、数据应用和国际合作 4 个方面,为通道提供高效的信息化服务。

一是创新智能通关,提高通关效率 80% 以上。采用"人工智能 + 大数据"技术,智能生成报关单等 5 类核心通关单证,服务物流、贸易等 4 类企业。用"数字员工"代替人工作业,单证处理效率提升 3 倍以上,申报成本降低 50% 以上,耗时降低 80% 以上,准确率提高到 99% 以上,每票报关单可节约 40 元制单成本。

服务西部陆海新通道多地区企业，累计智能生成单证 10 万余票，平均每月为企业节约 100 万元。

二是深化业务协同，降低人工成本 50% 以上。针对企业多角色、多环节、跨省市衔接转换成本高等痛点，平台通过建设跨地区物流协同功能，实现生产、报关、仓储、物流、货代等线上协同，打通西部陆海新通道沿线省区市物流信息"梗阻"，形成跨省市物流操作无缝衔接体系，大幅降低各环节之间衔接的时间和经济成本。

三是拓展数据应用，实现通关物流作业"一站式"办理。支持企业根据不同业务需求查询不同地区班列计划情况，提供在线订舱服务，便利企业合理组织货源，科学安排运输计划。支持企业根据集装箱号、提单号查询班列在途信息，帮助企业实现物流作业全程动态可查、去向可溯，减少企业物流跟踪成本。

四是开拓国际合作，延伸信息链条探索区块链应用场景。与新加坡港务集团（PSA）开展国际合作项目，共享集装箱进出新加坡港状态和国际海运船舶动态等 8 项关键数据，将国际供应链信息动态从国内段延伸到国际段。结合区块链技术，实现了提单的签发、核验、查询、流转、创建授权等服务，解决了纸质提单效率低、易篡改等痛点，进一步提高双方跨境贸易无纸化便利化水平。此外，还与国家外汇管理局跨境金融区块链服务平台合作创新西部陆海新通道物流融资结算应用场景，提升结算效率 50% 以上，累计便利 460 余家企业办理融资和结算业务超 100 亿元。

三、"区域单一窗口"建设原则思路

（一）平台性质

"区域单一窗口"平台建设应符合《框架意见》要求，以满足国家区域发展战略要求为其建设目的，在平台公益性、公共性等方面与《框架意见》所规定的"单一窗口"平台性质相同。"区域单一窗口"平台建设应当首先发挥地方在探索创新方面的积极作用，发挥牵头地区的"火车头"带动作用，明确牵头地区的首要责任。同时，考虑到"区域单一窗口"建设对国家区域发展战略的支撑作用，中央层面包括国家口岸管理办公室等部门应当给予必要支持和指导，尤其是国家口岸管理办公室应根据平台建设的实际需要，在某些关键环节发挥主导作用。

（二）组织架构

"区域单一窗口"平台建设应当成立领导小组，下设业务、技术工作组。领导

小组建议由区域内牵头省区市口岸主管部门的主要领导以上级别人员担任组长，其他参与建设的省区市口岸主管部门的主要或分管领导任副组长，工作开展情况应及时向国家口岸管理办公室反馈。业务组和技术组可由区域内牵头省区市口岸主管部门召集，区域内所有省区市口岸主管部门分派相关业务、技术专家协同工作。国家口岸管理办公室会同中国电子口岸数据中心为业务、技术组的工作开展提供必要支持指导，并成立"区域单一窗口"建设专项对接工作组，明确具体对接联系人。

（三）平台建设

总的原则是可以在"单一窗口"现有各省级平台基础上推进跨地区联网共享合作。在现有中央、地方两级平台架构下不增加中间平台层级，不新增跨地区平台实体。新增建设内容主体部分由牵头省区市"单一窗口"平台来承载，其他部分由其他参与建设的省区市"单一窗口"平台分布式承载。"区域单一窗口"平台在逻辑上以平台名义（例如，"单一窗口"西部陆海新通道平台）推进建设，与牵头省区市原有"单一窗口"平台相区分。物理上仍依托牵头省区市原有"单一窗口"平台设施和各参与省区市的"单一窗口"平台设施，进行设备扩容和应用叠加。涉及中央层面"单一窗口"平台支持的部分，由中央层面解决。

（四）统一用户

总的原则是统一认证，分别授权。按照"单一窗口"标准版要求，统一全国用户管理和身份认证系统，将本地用户信息与标准版打通，实现企业用户一次注册、统一管理、统一身份、不重复登录，形成全国统一的用户体系。各地方在统一用户体系的基础上，为用户使用特色服务功能提供授权服务。依托中央平台实现全国用户信息的交换共享，用户只要在任一地方"单一窗口"做了一次性注册，在其他地方"单一窗口"均可登录访问，避免用户跨地区访问时出现重复注册、重复认证和重复登录的情况。

（五）数据安全

根据国家有关法律法规和《国际贸易"单一窗口"数据安全管理办法》，"区域单一窗口"平台应实行数据分级分类保护，开展数据活动必须履行数据安全保护义务承担社会责任等，各地区、各部门对本地区、本部门工作中收集和产生的数据及数据安全负责。"区域单一窗口"平台数据的统筹管理责任主要在牵头省区市口岸主管部门，相关参与牵头省区市口岸主管部门协助配合。

（六）项目管理

根据国际贸易"单一窗口"项目管理相关办法要求，"区域单一窗口"包括牵头地区和参与地区的项目管理工作均应由各地方自己负责。各地方应统筹做好本地区"单一窗口"项目规划和建设管理工作，在项目立项前需对项目进行功能查重，避免重复建设。涉及"单一窗口"标准版功能暂未实施的全国共性业务需求，可向国家口岸管理办公室申请先行开展试点建设。项目立项后应及时通过"单一窗口"应用项目管理系统进行报备。

（七）运行管理

总体按照《国际贸易"单一窗口"运行管理办法》和运维服务相关管理规程执行，做好与"单一窗口"标准版运行管理工作相衔接，形成全国一体化运维。

第 五 章

"单一窗口"
未来发展

第一节 "十四五" 时期的 "单一窗口"

每五年制定一次发展规划，是我国政府最重要的公共决策之一。自"九五"以来，国家在编制国民经济和社会发展规划纲要的同时，同步组织编制口岸发展五年规划。"十四五"时期是我国全面建成小康社会、实现第一个百年奋斗目标之后，乘势而上开启全面建设社会主义现代化国家新征程、向第二个百年奋斗目标进军的第一个五年。口岸在构建以国内大循环为主体、国内国际双循环相互促进的新发展格局，统筹发展和安全、有效防范化解各类风险挑战，实行高水平对外开放、参与全球治理体系改革和建设中将发挥更为重要的作用。通过编制《国家"十四五"口岸发展规划》，对"十四五"时期口岸高质量发展作出系统谋划和总体安排，是"十四五"开局的头等大事。

《国家"十四五"口岸发展规划》提出要全面落实新时代口岸高质量发展要求，以口岸综合绩效评估为抓手，统筹推进平安、效能、智慧、法治、绿色"五型"口岸建设。到 2025 年，基本建成口岸布局合理、设施设备先进、建设集约高效、运行安全便利、服务完备优质、管理规范协调、危机应对快速有效、口岸经济创新发展的中国特色国际一流现代化口岸。到 2035 年，建成与基本实现社会主义现代化相适应的现代化口岸，高质量完成"五型"口岸建设。其中，深入推进口岸智慧化建设是"十四五"规划的一项重要内容。

"智慧口岸"就是要构建全流程、智慧化的口岸运行体系，促进口岸数字化转型。一是加强口岸信息化顶层设计，树立"智慧口岸、智能边境、智享联通"的"三智"理念，推进口岸信息化服务整合，推动各部门、各地方信息互联互通。二是推进部门信息化升级和口岸数字化转型，充分利用先进技术进一步优化口岸服务、提升口岸效能。三是深化国际贸易"单一窗口"建设，推动口岸和国际贸易领域相关业务统一通过"单一窗口"办理。其中，深入推进国际贸易"单一窗口"建设是关键一招，是落实智慧口岸其他建设任务的重要基础支撑。

为在"十四五"期间进一步深化国际贸易"单一窗口"建设，支持智慧口岸任务落实，持续优化口岸营商环境，促进跨境贸易便利化，国家口岸管理办公室于2020 年同步组织开展国家口岸发展"十四五"规划口岸信息化课题研究，并 2021年又组织研究"十四五"期间国际贸易"单一窗口"深化建设有关思路并广泛征求意见，主要就是以过去五年"单一窗口"建设成绩为基础，站在新的五年规划起点上，着重面对新情况、解决新问题，统筹谋划今后五年也就是"十四五"期间"单一窗口"建设的新思路和新举措。"十四五"期间国际贸易"单一窗口"深化建设的目标，应当是继续强化电子口岸平台设施支撑，深入挖掘跨部门、跨地区、跨行业、跨境应用潜力，持续推进"单一窗口"口岸执法服务功能全覆盖，并逐步向口岸物流、金融服务等国际贸易全链条延伸，加快培育跨境贸易生态体系，促进口岸整体数字化转型，并积极开展与境外"单一窗口"互联互通。通过"单一窗口"提高国际贸易各参与方之间信息联通、业务协同和系统互操作性，进一步优化口岸通关流程，提升监管服务水平，促进国际贸易供应链畅通与安全。到2025年，初步建成集大通关、大物流、大外贸和大数据于一体的一站式贸易服务平台，成为中国深度参与全球贸易新规则的重要贸易基础设施，支持我国高水平开放和外贸高质量发展。

为此，"十四五"时期国际贸易"单一窗口"深化建设着重在以下几方面发力：

一是进一步完善"一站式"口岸执法服务，持续推进口岸和国际贸易领域相关业务通过"单一窗口"一窗通办，深化口岸部门间信息共享、业务协同、联合执法和全链条闭环管理，涉及进口配额管理、进出口监管证件、RCEP优惠措施、进出境食品农产品等业务应用。

二是积极拓展跨境贸易领域公共服务，包括创新"通关＋物流"服务模式，推进跨境物流全流程协同服务。创新"外贸＋金融"服务模式，提供跨境贸易金融服务。拓展"单一窗口"服务贸易功能，完善跨境电商、市场采购等系统，支持外贸新业态创新服务；推进"区域单一窗口"建设，服务京津冀地区、长江三角洲区域、粤港澳大湾区、成渝地区双城经济圈、西部陆海新通道、黄河流域、海南自由贸易港等国家区域发展战略。推广大企业直连、企业跨境贸易档案、口岸收费及服务信息发布、"掌上单一窗口"移动应用、跨境贸易知识库等，创新各类企业服务。开展跨境贸易业务全景展示、趋势分析和风险预警研判，辅助地方产业决策。完善跨境贸易大数据治理体系和平台支撑等。

三是深入开展"单一窗口"跨境合作。包括加强与联合国（UN）相关机构、世界贸易组织（WTO）、世界海关组织（WCO）等相关国际组织的交流与合作。落实"三智"理念，推进"智能边境"建设，加强智能设备设施与"单一窗口"的系统集成和跨境监管信息共享、业务协同和流程优化，提升边境管理和服务的智能化水平。深入开展与境外"单一窗口"的信息互联互通和跨境联网核查，增进贸易进出口和过境便利，满足相关国家监管要求。推进一批国际合作示范项目建设，有序推进"单一窗口"国际联盟链扩容提质，助力形成全球范围跨境贸易信任区域。

四是推进口岸精细化管理和数字化转型。主要是推进全国口岸综合管理信息化建设和智慧口岸示范工程建设，支持口岸综合绩效考核和跨境营商环境评价，促进口岸数字化转型和高质量发展，提升口岸运行效能。

五是建设数字化跨境贸易生态体系。包括制定完善接口、参数、公共服务开放管理机制，依法依规有序推进申报接口、基础参数及公共服务资源向政府部门、地方"单一窗口"、进出口相关企业、第三方外贸服务平台和相关机构开放。与企业、政府部门和相关行业机构等合作，共同构建数字化、全链条、可持续的跨境贸易生态圈，进一步丰富跨境贸易服务内容。坚持"单一窗口"的"标准版+地方特色"做法，鼓励地方层面"单一窗口"建设，更好地实现中央、地方两级协同发展。按照"整体考虑、分步实施"原则推进跨境贸易生态系统基础支撑平台建设和有关开放管理工作，有效降低全行业数字化成本。

六是完善标准体系，强化基础建设，确保安全运行。包括加强"单一窗口"项目管理、跨境贸易公共服务开放管理等相关制度规范建设，推进建设和完善"单一窗口"相关标准体系，加强"单一窗口"顶层设计。升级改造电子口岸平台基础设施，构建安全、敏捷、弹性的基础架构云和基于微服务、容器等技术的应用架构云，提升持续性应用交付、自动化安全运行管理和智能化客户服务水平，确保系统安全稳定运行。

"十四五"时期的"单一窗口"深化建设将在国务院口岸工作部际联席会议制度下，进一步发挥"单一窗口"建设工作组作用，完善中央、地方两级建设协调推进机制，实现部门协同、上下联动，加强统筹协调、强化人才支撑、加强落实评估，共同促进"单一窗口"协调和可持续发展。

第二节 "单一窗口"与智慧口岸

口岸是指经国家批准设立，由国家法定机关实施监管的，供人员、运输工具、货物、物品直接出入境的，具有必要隔离设施和查验场所的特定区域。口岸是国家对外开放的门户，是对外交往和经贸合作的桥梁，也是国家安全的重要屏障。中国的口岸工作始终坚持服务国家重大战略和对外开放总体布局，在经济社会发展中发挥了重要作用。截至 2022 年年底，全国共有经国务院批准对外开放口岸 314 个。其中，水运口岸 129 个（海运口岸 76 个），航空口岸 82 个，铁路口岸 21 个，公路口岸 82 个。"十三五"期间，口岸进出口货运量 221.9 亿吨，进出口货值 146.37 万亿元，出入境人员 26.27 亿人次，出入境交通运输工具 1.47 亿辆（架、列、艘）次。

党中央、国务院高度重视口岸事业发展，连续多年都部署了国家口岸发展五年规划制定工作。2021 年 9 月 17 日，经报国务院同意，海关总署国家口岸管理办公室印发了《国家"十四五"口岸发展规划》，提出了要统筹推进平安、效能、智慧、法治、绿色"五型"口岸建设的目标任务。其中，关于智慧口岸，提出要发挥科技先导和创新驱动作用，推进全国口岸综合管理信息化建设，构建全流程、智慧化的口岸运行体系，促进口岸数字化转型。要深化国际贸易"单一窗口"服务功能，构建覆盖跨境贸易全链条的一站式贸易服务平台，支持新兴业态发展，推进国际互联互通。

什么是智慧口岸？业界暂无统一定义。作者结合口岸特点和工作需要，提出如下观点，即智慧口岸是指面向水、空、公、铁等不同口岸类型，充分结合口岸实际场景需要，综合运用各种技术手段和先进设施设备，按照"一口岸一方案"的原则，由地方政府主导，各参与方及相关市场主体分工协作、一体推进涉及智慧海关、智慧海事、智慧边检、智慧港口、智慧运输、智慧物流、智慧服务、智慧管理等多方面内容的口岸全面高智能化形态。

从技术架构角度出发，可以将智慧口岸分为基础层、数据层、网络层、应用层、用户层5个主要层级，外加标准规范体系和运营管理体系等两大体系。图28是智慧口岸的通用技术架构，供参考。

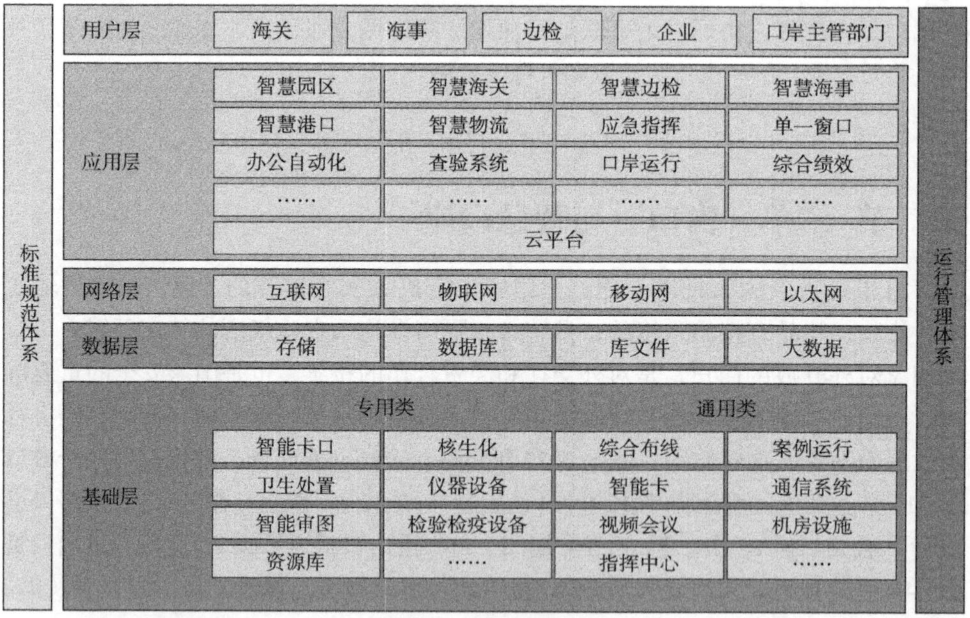

用户层	海关	海事	边检	企业	口岸主管部门
应用层	智慧园区	智慧海关	智慧边检	智慧海事
	智慧港口	智慧物流	应急指挥	单一窗口
	办公自动化	查验系统	口岸运行	综合绩效
	……	……	……	……
	云平台			
网络层	互联网	物联网	移动网	以太网
数据层	存储	数据库	库文件	大数据
基础层	专用类		通用类	
	智能卡口	核生化	综合布线	案例运行
	卫生处置	仪器设备	智能卡	通信系统
	智能审图	检验检疫设备	视频会议	机房设施
	资源库	……	指挥中心	……

（左侧纵向：标准规范体系　右侧纵向：运行管理体系）

图28　智慧口岸通用技术架构

根据《国家"十四五"口岸发展规划》关于智慧口岸建设的有关要求，智慧口岸建设主要有以下五个方面：

一是升级智能化设施设备。这是智慧口岸的硬件基础。充分利用云计算、大数据、人工智能、区块链、物联网、北斗、智能审图、5G、超痕量元素分析技术等新技术进一步优化口岸服务、提升口岸效能。主要包括：改造口岸查验及配套基础设施设备。枢纽口岸升级改造海关监管、边防检查、海事监管等查验设施以及配套交通基础设施。推进重点口岸和场站设施、装卸设备、物流仓储等设备的自动化、智能化升级改造。支持在重点口岸建立高分卫星、无人机、近中远程高清摄像头相结合的全天候口岸监测体系。升级先进智能检测设施设备。加大口岸查验、检验检疫、自助通关、风险布控等领域智能设施设备的应用。加大智能化审图技术和设备应用。改造和升级检验检疫设备、快筛实验室、排查室、隔离留验室和样本库。加大实验室环境设施建设和仪器设备、国家标准样品配置力度。加强国门生物安全实验室与国门安全实物资源库建设。通过应用先进技术提升口岸设施设备信息化、智能化水平和集成化、移动化、国产化程度。

二是建设集约化信息系统。这是智慧口岸的软件基础。以电子口岸公共平台及国际贸易"单一窗口"应用建设为抓手，推进口岸信息化服务整合，推动各部门、各地方信息互联互通。主要包括：推进口岸相关部门系统升级和信息共享。推进海关、边检、海事等口岸查验部门，以及与进出境监管密切相关的税务、外汇等部门业务管理系统优化升级。推进口岸查验监管信息系统与国际道路运输管理与服务信息系统等业务管理系统的数据交换。加强相关智能化设施与国际贸易"单一窗口"的信息联动，提高口岸作业智能化无人化水平。支持口岸区域信息化系统建设。支持长江三角洲区域、粤港澳大湾区、西部陆海新通道等区域跨境贸易和口岸信息化平台建设，推进区域一体化通关管理。推动在粤港、粤澳口岸提升通关便利化水平。支持海南自由贸易港建设"海南智慧监管平台"。加快建立区域口岸通关合作机制，推动实现通关物流和监管等信息互联互通与数据共享，创新通关模式。推进各口岸间、口岸与场所间信息共享，促进多式联运、口岸联动和各种区域协作。

三是提升数字化运行管理。这是智慧口岸的变革手段。全面推进口岸相关部门单位信息化、无纸化、智能化建设。主要包括：依托电子口岸建设口岸综合管理系统。建设并完善口岸运行综合展示分析系统，对进出境人员、运输工具及货物信息进行实时监测分析和全景展示，对口岸综合绩效评估指标进行数据采集和处理、模型分析与结果展示。完善中央、地方口岸主管部门协同办公系统，加强中央、地方口岸主管部门之间日常通报交流与业务协同协作，强化口岸信息化建设规范管理、安全运行和服务保障。推进口岸数据资源综合利用。进一步提升进出口环节监管证件和通关物流类单据单证电子化无纸化水平。试点推进口岸作业时间精细化分段管理，研究制定通关流程作业时间规范。利用信息化手段加强口岸整体作业时间监测，及时分析处置异动情况。探索实施跨境全程物流可视化，促进实体口岸与数字口岸有机融合。发挥"单一窗口"数据汇聚优势，构建基于大数据的开放式创新服务平台，支持国际贸易全链条相关产业发展。

四是提供便利化综合服务。这是智慧口岸的服务目标。智慧口岸做得好不好，最终还要通过提供更好的服务来体现。主要包括：持续深化国际贸易"单一窗口"建设。进一步完善"一站式"口岸执法服务，深化口岸部门间信息共享、业务协同、流程优化和无纸化。积极推进跨境物流全程协同服务，打通航空、铁路、港航、公路、邮政等各类口岸通关物流节点，为企业提供通关物流全程状态信息服务。创新跨境贸易金融服务，有序对接银行、保险、支付等机构，推进金融服务全程线上无纸化办理，为中小微企业纾困解难。创新企业服务，支持外贸新业态发展，助力服务国家战略和区域发展。推进跨境贸易服务生态体系建设。加强与政府、企业和社会机构的合作，发挥市场主体服务潜能，构建中央和地方合理分工，各相关方优势互补、合作共赢、良性共生的生态体系，最大限度统筹社会资源，为用户提供更加丰富便利的服务，共同提升口岸智慧化水平。

五是开展常态化跨境合作。主要包括：全面推进跨境贸易信息交流与合作。与周边国家毗邻口岸建立并完善常态化口岸合作机制，共同研究在工作协同、设施互联和信息互通等领域合作，积极研究推进与毗邻口岸实施"一单两报""一地两检""无人过货"等创新性通关模式。开展与共建"一带一路"共建国家和地区"单一窗口"互联互通和口岸物流信息化系统同步规划建设，推动建立有关合作共享机制。加强对高危安全准入领域的信息交换和风险联合布控。深化"安智贸"、检验检疫证书国际互换等合作。推进"关铁通"合作倡议和多式联运便利化合作。积极参与多边国际合作。积极推动实施大湄公河次区域（GMS）便利运输协定，参与上合、东南亚国家联盟、澜湄、大图们倡议（GTI）等多边、区域信息交流与合作。积极参与相关国际标准制修订。视情况开展对外技术援助。

智慧口岸建设涉及众多的部门和相关主体，是一项复杂的系统工程。我国在中央层面依托国务院口岸工作部际联席会议机制，由国家口岸管理办公室会同口岸相关部门负责统筹部署和整体推进，为各试点地区提供必要的支持指导。各试点省、自治区、直辖市人民政府牵头建立地方协调推进机制，履行建设主体责任，协同本地区海关、海事、边检等口岸监管部门，以及机场、港口、铁路、公路等相关机构共同做好智慧口岸试点建设工作。各地方在推进智慧口岸建设时，要对投入产出等预期效益情况进行科学评估，对能带来哪些减环节、优流程、提效率、降成本的好处，以及解决哪些痛点、堵点、难点问题，有一个明白账，严格做好项目论证，避免重复建设，确保资金使用效益。

国际贸易"单一窗口"作为口岸和国际贸易领域的一站式服务窗口，对智慧口岸建设起到重要的支撑作用，是智慧口岸的数字基座。全国范围共性执法服务功能需要"单一窗口"来直接提供，同时智慧港口、智慧物流、智慧监管等口岸相关业务很多都需要借助"单一窗口"来实现系统打通和信息共享。通过深化"单一窗口"建设，将智慧口岸形成一个有机的统一体。

第三节 "单一窗口"与数字化转型

说到智慧口岸，就不得不说到数字化转型。近年来，大数据、物联网、区块链、人工智能等新一轮技术革命正在深刻影响着国家治理的方方面面，加速全社会数字化进程，推动人类快速步入数字时代。面对全球治理正在发生的数字化转型浪潮，《中华人民共和国国民经济和社会发展第十四个五年规划和2035年远景目标纲要》进一步提出了"迎接数字时代，激活数据要素潜能，推进网络强国建设，加快建设数字经济、数字社会、数字政府，以数字化转型整体驱动生产方式、生活方式和治理方式变革"的规划目标，正式开启了全面数字化转型之路。其中，海关牵头建设国际贸易"单一窗口"，在推动口岸数字化转型方面开展探索，其思路和经验做法可以为治理方式数字化转型提供有益参考。

一、加快推进口岸治理数字化转型的必要性和紧迫性

口岸是对外开放的重要窗口和联系世界的重要纽带，是跨境人流、物流、资金流、信息流汇聚和散发节点，是国内国际双循环的关键交汇点。口岸治理是国家治理体系的组成部分，新一代数字技术对口岸治理重塑发挥着越来越重要的作用。更新时期口岸高质量发展必须按照国家治理体系和治理能力现代化的总要求，结合口岸治理实际需要，走好数字化转型之路，以更好助力支撑国家"双循环"发展战略，助力我国更高水平开放和更高质量发展。

为此，《国家"十四五"口岸发展规划》提出了建设智慧口岸的任务要求：重点构建集口岸通关、物流和服务为一体的全方位、智慧化立体智能运行体系，推进建设口岸数字化管理平台和跨境贸易全链条一站式贸易服务平台，推动各部门、各层级，以及国际互联互通，并形成良性发展的口岸数字化生态体系，其中一个核心点就是发挥国际贸易"单一窗口"作用。"单一窗口"作为国际上有关口岸管理的先进理念和通行规则，得到联合国（UN）等有关国际组织的积极倡导和各国政府

的大力积极推进。近年来，中国国际贸易"单一窗口"建设取得长足进展，基本满足了企业一站式业务办理需求，成为口岸数字化治理方面的典型案例。下一步口岸治理数字化转型需要与国际贸易"单一窗口"建设有机结合，如此既能发挥好"单一窗口"上下打通、左右互联的优势作用，也能有力支持口岸整体数字化转型。

二、数字化转型典型案例——国际贸易"单一窗口"

国际贸易"单一窗口"是国际上口岸和国际贸易领域的先进理念和通行规则。联合国（UN）、世界贸易组织（WTO）、世界海关组织（WCO）等国际组织都对其有明确定义，即："单一窗口"是使国际贸易和运输相关各方，通过单一接入点提交标准化的信息和单证，以满足所有进出口和过境相关的管理要求。如果信息是电子的，则单个数据元应只提交一次。"单一窗口"也被认为是跨境贸易领域的"智能化"服务设施。

中国国际贸易"单一窗口"在国务院口岸工作部际联席会议机制下，由海关总署国家口岸管理办公室会同口岸和国际贸易领域相关部门共同推进建设，依托中央、地方两级电子口岸公共平台共同打造全国一体化"单一窗口"环境。中央层面依托中国电子口岸平台，与相关部门实现"总对总"系统对接和数据交换，制定"单一窗口"标准版并在全国推广应用。地方层面由各省、自治区、直辖市人民政府牵头协调推进省域"单一窗口"建设，在推广应用"单一窗口"标准版的基础上，积极拓展地方特色服务功能。

近年来，"单一窗口"在推进口岸数字化治理方面做了大量有益探索，主要有以下几个方面：一是基本实现了口岸执法基本服务功能全覆盖，经过近几年加快建设，2023年6月底已对接30个部门信息化系统，上线了23大类、845项对外服务，满足企业一站式业务办理需求。二是持续推进口岸跨部门信息交换共享，累计交换数据超34亿条，实现进出口环节全部监管证件一口受理，有力促进了口岸业务协同、流程优化和无纸化。三是持续对接银行、保险、港口、机场、铁路等行业机构，创新"通关＋物流""外贸＋金融"服务模式，解决中小企业融资难融资贵问题，丰富跨境贸易大数据服务功能，支持外贸实体经济发展。四是数字化赋能口岸运行管理，促进口岸持续降费提效，并积极支持长江三角洲区域、粤港澳大湾区、海南自由贸易港、西部陆海新通道、上合组织地方经贸综合服务平台等"区域单一窗口"建设，服务地方经济发展。五是推进与"一带一路"共建国家和地区及全球贸易伙伴"单一窗口"互联互通，积极打造"单一窗口"国际合作示范工程，促进我国对外贸易畅通与安全。

三、当前数字化政务服务存在的问题

（一）业务与技术"脱节"，数字化能力不足

在机构设置上，业务部门与技术部门分开设置，业务部门专管业务，技术部门专管技术，两者之间职责界限明显，缺乏横向矩阵，导致业务部门对数字化感到陌生。在人才培养上，业务部门普遍不重视人员的数字化技能与素养，加之市场上也存在数字化人才的结构性短缺，导致数字化人才储备不足，尤其缺乏能与现有信息化技能互补协同并且具有数字化素养的跨界复合型人才。在业务开展上，有的工作人员缺乏必要的数字化思维，不太注重从数字化角度提出解决办法或建议，不知道如何运用数字化方案来改变现有业务模式、流程、人员和运营等，无法通过数据挖掘和机器学习等方法去深度理解和分析业务。在技术实施上，存在着业务和技术工作分离的情况，尤其业务人员普遍缺乏技术层面的认识，导致无法准确表达需求，与实施方沟通不理想，进而影响到后期工程质量。

（二）条块分割的现状增加业务统筹难度

在纵向上，由于服务事项标准化、规范化程度不高，各地服务事项仍然繁多，群众办事仍需登录本地线上窗口，信息重复录入情况普遍存在。在横向上，中央各业务条线之间，以及各地方业务块之间未有效整合，大量系统并存提供服务，由此产生"异地代收代办""跨地区通办"等不必要服务，影响了线上办理的及时性。中央和地方之间存在业务隔绝情况，彼此间不互通，数据流转要么只有中央"大循环"，要么只有地方"小循环"，企业和群众办事需要频繁切换不同系统，导致数据重复采集和大量信息"孤岛"。

（三）技术实施协调及系统对接集成困难不少

部门内系统分散、独立，没有解决好内部系统的整合优化问题。各部门系统架构不统一，有集中式部署的，也有分布式部署的，再加上标准不一致，对接难度更大。各部门数据管理模式不一，有集中管理的，也有分散管理的，不利于数据汇集共享。系统上线后暴露的新问题，导致暂时性的体验感变差，用户使用意愿不高，成为推进系统整合的负面因素。各部门原有运维模式各异，对接整合后如何建立有效衔接的运维保障机制也是个难题。此外，面对平台不断汇集的海量数据，技术部门一般只充当数据保管员，没有数据处置权，对可能的创新应用场景也不了解，无法通过挖掘数据应用来更好地优化服务、促进便利，结果导致数据"沉睡"。

（四）数据权责不清导致数据共享共用难

一是数据职责不明确，导致数据在采集、保存、管理、使用、维护等环节出现职责不清、义务不明，容易造成各部门"都在管"或"都不管"的情况。实际中，有的由技术部门统一负责，有的由业务部门各自负责，更多存在数据管理权责不清、协调不畅、工作缺少章法等问题。在国家高度重视数据安全，全社会责任意识日益强化的情况下，数据权责不清会导致数据共享共用更加困难。

二是缺乏配套激励措施、程序保障和监督问责机制，推进数据共享面临实际困难。一方面，数据需求部门不知道如何结合应用场景需要并按"最小够用"原则提出明确而合理的数据需求，拿到数据后不能尽到安全保管义务，数据和隐私泄露时有发生。另一方面，数据主管部门无从弄清需求部门真正动机，同时自身也无对外提供数据的职责义务，索性一禁了之，不得已面对这一问题时，往往采取拖延时间、"一事一议"、征求其他部门意见、请示上级领导等方式，实则是在逃避本级、本部门的数据管理责任。

三是缺乏具体规范，难以遏制数据不当使用行为。虽然数据使用上一般要求合法合规，但在具体操作上并无统一规范，所以需要高度警惕平台运营方不能正确处理政务和商务的关系，依靠数据牟利的不当行为，以免平台丧失中立和公共属性。

（五）市场主体和社会公众参与平台建设不充分

一是有的政务项目往往是为建而建，没有很好地做到让用户充分参与、尊重用户意愿、以用户需求为导向来设计流程和建立数字化系统。二是有的系统不能为用户提供全流程、一站式业务办理功能，且办理过程中经常出现断点、延时或需要线下配合，并且没有自助解决办法，出了问题不知道找谁。三是有的系统自动化、智能化程度不高，用户无法全程可视追踪自己的业务办理过程，根据需要定制相关信息服务。四是有的系统没有很好地运用新技术来为用户带来更多创新性服务，甚至是突破性的应用，以及最大限度增强用户体验。凡此种种，这样的系统上线后往往缺乏生命力，建成之日即废弃之时。

四、实现治理方式数字化转型的路径思考

（一）以职能调整促进政府全员数字化能力建设

推进数字化转型，需要增强政府全员数字化意识，加强数字化思维，提升数字化能力，明确数字化职责，建立业务与技术部门协作的横向矩阵。可以考虑建立

统一的管理协调机构，推进从以部门为核心转为以业务为核心的数字化，使数字化能真正全方位赋能国家治理。

例如，在国际贸易"单一窗口"建设中，海关作为任务牵头部门，与其他 30 家部委单位建立了工作组等紧密协作机制，海关内部业务、技术部门间也始终保持了"一体融合"的工作模式，譬如，国家口岸管理办公室在工作中发挥了关键的综合协调沟通作用，从而保障了平台实施所需的数字化能力要求，达到实现各项业务数字化的目标。

（二）以行政协同加强政务服务事项化全国统筹

为做好数字化转型，需要以数字化思维构建整体性治理体系，需要打破部门界限，突破功能分割、各自为政的管理和服务方式，开展全国范围政务服务事项统筹。必要时应加强行政手段，提高统筹协调层级，强化国家意愿。开展事项统筹，就是从群众和市场主体等相关服务对象的本源共同需求出发，通过精简合并形成事项化服务清单，统一事项办理，明确服务标准，建立反馈改进机制。

例如，国际贸易"单一窗口"在国务院口岸工作部际联席会议制度领导下，通过标准版功能建设加强了对货物、舱单、运输工具、监管证件等全国性服务事项的统筹，在精简合并基础上逐步梳理规范形成了 23 大类基本服务功能、845 项对外服务事项（截至 2023 年 6 月底）。像货物申报、舱单申报、运输工具申报等全国共性基本服务事项，通过集中式平台实现了统一数据采集，形成最基础的数据库，并且做到"一数一源一标准"，这样才能有利于提升治理水平。

（三）以业务改革推进政务系统信息化协同共享

在推进数字化和事项化基础上，信息技术为业务协同共享提供了先进手段，也为国家范围大规模协同提供了可能。关键是要真正拿出改革决心和改革措施来推进相关业务改革。数字时代的业务改革一般具有全局性和关联性，需要自上而下逐级统筹推进，具体包括精简、归并事项办理所需的全部单证和数据项，梳理并再造全新业务办理流程，按照"有纸变无纸""人工转自动"原则推进跨部门数据共享，以及按照"线下转线上""全流程""一站式"原则推行不见面服务等。例如，国际贸易"单一窗口"正是考虑到进出口相关业务之间存在很大关联性和重复性，从最基本的单证和数据协调简化和标准化入手加强业务统筹，积极开展业务协同、流程优化和无纸化，并取得明显的改革效果。

当然，业务改革必然会触碰各部门现有格局，甚至摔坏一些"坛坛罐罐"，但是迎来的将是数字效益的大规模释放。随着业务统筹加强和各类基础库建设的推进，国家政务数据将更多往上一级行政层级乃至国家层面汇集，同时为方便各级机构行使本级办事职责，可以按"最小必要"原则实行操作授权，通过授权实现分层级管理，避免各级尤其是基层擅动基础数据信息的情况发生。

（四）以顶层设计指导全国政务数字化平台建设

加快推进数字化转型，必须加强顶层设计，把握技术创新趋势、政务治理趋势和工程建设趋势，打造创新、集约、安全、高效的政务数字化公共基础设施，提高科学化实施水平，避免重复建设和资源浪费。全国政务服务网络应实现上下贯通、左右互联，相关业务应做到应联尽联、应上尽上，推进全国政务服务平台公共化，提高各部门系统之间的互操作性，尤其在地方平台建设中应合理减少节点层级，尽量向扁平化靠拢，例如尽量压缩地市级平台层级、增加省直管县，共同打造全国一体化的政务服务环境。

在畅通数据通道的基础上，明确数据权属，依托政务平台有序推动数据开放共享，发挥数据效益。同时也要持续夯实网络安全防护体系，确保安全。例如，在公共平台和一体化网络建设方面，"单一窗口"建设方案中明确提出依托中央、地方两级公共平台，实现国家各部委之间、各地区之间，以及国家部委与地区之间的互联互通，明确中央和地方面职责分工，共同打造全国一体化的"单一窗口"环境，并且出台平台运行、数据安全、项目管理等系列制度办法，从而很好地实现了全国"一盘棋"建设和扁平化管理。

（五）以服务理念持续提升用户智能化交互体验

推进数字化转型，需要多在供给侧发力，将"以人民为中心"的服务理念融入政务服务平台建设的各项具体工作当中，为自然人、法人等打造全周期、全方位、全身心的服务链条，最终成效也是由人民群众和市场主体评价。例如，国际贸易"单一窗口"建设任务推进中始终坚持了企业参与，从企业角度做好需求分析和研发工作，通过企业试点反馈问题，通过网上问卷调查和问题跟踪解决机制不断完善各项服务功能。

贯彻"以人民为中心"的服务理念，一是要合理功能布局，中央和地方各平台都要从用户视角来布置各服务事项，提供一网触达办理各项业务，让人民群众上网办事找得到、看得明、办得快，不会出现无所适从的情况。二是要增强业务弹性，持续深化"放管服"改革，推进服务事项精简和业务流程优化，放出活力、管出公平、服出效率，尽最大可能营造良好政务环境。三是要创新服务方式，大力推进数据共享，通过新技术赋能政务服务，实现掌上办、马上办、一次办、全网通办、异地能办、方便代办。四是要形成互动反馈机制，在建设运营各阶段都要有群众参与，及时准确把握群众需求并做好技术保障。

第四节 "单一窗口"法律环境建设

"单一窗口"长期健康和可持续发展离不开法律环境建设。为使"单一窗口"从政策治理最终向依法治理转变，实现"单一窗口"长期健康和可持续发展，应当进一步加强"单一窗口"法律环境研究，逐步建立起一套既满足实际需要、又符合国际规则的"单一窗口"法律环境体系。所谓"法律环境"，其实也无明确统一定义，这里主要指与法律有关的制度规范、组织机构和设施等，具有不同程度法律意义的政策文件、协议合同和备忘录等，以及受法律支配的思想意识和社会关系等的总和。

一、我国"单一窗口"建设的法律环境现状

我国"单一窗口"建设总体上是实施先行、法律随后，这一点有别于其他国家的做法。"单一窗口"标准版建设始于 2016 年年底，地方开展"单一窗口"试点建设时间要更早，2019 年年底"单一窗口"才纳入国务院有关条例。2019 年 10 月 23 日，国务院印发了《优化营商环境条例》，该条例集中汇聚近年来各部门出台的一系列优化营商环境创新政策举措，第一次从法规层面明确了口岸和国际贸易领域相关业务统一通过"单一窗口"办理。此外，《中华人民共和国海关法》《中华人民共和国药品管理法》《中华人民共和国进出口货物原产地条例》等多达几十、上百部法律法规，因涉及进出境人员、进出口货物、出入境运输工具、贸易监管证件等具体业务要求，也是"单一窗口"法律环境的重要组成部分，对"单一窗口"依法治理起到重要保障作用。其他如《中华人民共和国网络安全法》《中华人民共和国数据安全法》《中华人民共和国个人信息保护法》《中华人民共和国电子签名法》《关键信息基础设施安全保护条例》《全国人大常委会关于加强网络信息保护的决定》等法律法规及决定，都从不同侧面保障了"单一窗口"等信息化工程的顺利实施。

制度规范方面，根据"单一窗口"建设运行的实际需要，海关总署国家口岸管理办公室牵头，先后于 2017 年和 2018 年制定了《国际贸易"单一窗口"运行管理办法》和《国际贸易"单一窗口"数据安全管理办法》，两个办法均经过国务院口岸工作部际联席会议审议通过并报国务院同意，以海关总署名义印发实施。两个

办法明确了"单一窗口"运行和数据安全管理工作分为中央、地方两个层面：中央层面由海关总署会同各部门统筹负责全国"单一窗口"运行和数据安全管理工作；地方层面由省级人民政府牵头，负责本地区"单一窗口"运行和数据安全管理工作。此外，2023 年 8 月发布的《国际贸易"单一窗口"应用项目管理办法（试行）》在加强"单一窗口"应用项目全国统筹、避免重复建设方面发挥积极作用。

二、推进"单一窗口"法律环境建设的必要性

（一）法律环境建设是国际上实施"单一窗口"的普遍做法

法律环境建设是"单一窗口"环境建设的重要组成部分，也是国际上"单一窗口"实施的普遍做法和重要一环。美国为推进"单一窗口"建设，在《1930 年关税法》基础上，1993 年批准《北美自由贸易协议》，2002 年推出《电子政府法案》强化政府利用信息技术向公众提供服务，2006 年推出《安全港法案》，2012 年对《1930 年关税法》进行修改，2015 年推出《2015 年贸易便利化和贸易执法法案》，是"单一窗口"和海关自动化领域立法最多的国家之一。其通过改革形成了 CBP（美国海关与边境保护局）、PGA（各政府成员单位）、BIEC（边境跨部门执行理事会）及其三个分委会（即风险管理分委会、流程协调分委会和外部参与分委会）等，奠定了美国"单一窗口"法律环境基础。

日本同样以"立法先行"来保障"单一窗口"建设，早在 1977 年颁布了《NACCS 特别规则法》，其后随着"单一窗口"的发展不断修订变化，1991 年以后更名为《电子数据处理系统海关程序特别法》。2001 年，日本还通过《特殊法人等改革基本法》，为"单一窗口"运营单位 NACCS 中心提供专门性法律基础与运作规范。

欧盟关于"单一窗口"的基本法规是欧盟海关法典，并且其内容不断修订，具体规则见于《欧盟海关法典授权条例》和《欧盟海关法典执行条例》。为落实欧盟海关法典及其细则中关于电子海关和"单一窗口"的规定，欧盟委员会制订了多年度战略计划并定期更新实施。

（二）法律环境建设是优化营商环境的必然要求

"单一窗口"法律环境建设，是依法治国在口岸营商环境领域的一个具体体现。推进"单一窗口"走向法治化、国际化和规则意识是优化口岸营商环境，促进跨境贸易便利的一项必然要求。世界银行报告也曾特别提到中国通过实施"单一窗口"，取消行政性收费，增强透明度并鼓励竞争，压缩了跨境贸易的时间和成本。可以

说，"单一窗口"本身就是一种制度，是对口岸各部门业务协同协作的一种制度安排，这种制度通过信息化系统固化下来。

（三）法律环境建设是"单一窗口"长期持续发展的有力保障

我国"单一窗口"建设总体属于政策导向型。与法律环境相比，政策环境在普适性、可操作、可预期、普遍约束力和持久力等方面尚存在着明显不足。只有通过持续推进"单一窗口"法律环境建设，加强"单一窗口"立法，进一步明确其法律地位和运作规则，完善部门分工及协作制度，逐步建立起一套既满足实际需要、又符合国际规则的法律环境体系，才能为"单一窗口"提供可靠法律环境保障，有效解决涉及的各类法律层面问题，提升与境外"单一窗口"的互操作水平，支持"单一窗口"长期健康和可持续发展。

三、"单一窗口"法律环境建设思路探讨

（一）遵循"单一窗口"法律环境的发展规律

"单一窗口"法律环境建设是一个长期渐进的过程。美国、日本等国为建设"单一窗口"，都有较长时间的法律环境发展史，并且至今仍在不断修订完善。新加坡根据"单一窗口"建设需要，也有相关立法和法律授权。与"单一窗口"发展程度不匹配的过度超前的立法或过于滞后的立法，都有可能导致改革目标落空或改革成果无法律保障，失去了立法本来的意义。要掌握"单一窗口"法律环境建设的合理程序和节奏，做好动态调整，兼顾法制的稳定性和适用的灵活性。同时，法律环境建设还应确保真实反映商界需求和体现商界利益，这也是"单一窗口"长期健康和可持续发展的重要前提，是治理机制法治化的体现。

（二）推进"单一窗口"治理体系的法治化建设

"单一窗口"作为国际上关于口岸管理的通行规则和先进理念，有其成熟的治理结构和机制可供参考。结合我国"单一窗口"建设实际，可具体归纳为以下几个方面：一是四层治理结构，包括领导决策层、协同治理层、运行管理层和商界合作层。二是两大协调领域，包括业务协调（涉及政策、法规、流程、单证、数据元等）和技术协调（涉及交换、安全、认证、共享、运维体系等）。三是两类协调机构，包括跨部门的业务协调机构和技术协调机构等。四是多元协同治理，采用牵头单位、口岸部门、地方口岸、实体单位和商界用户等各方协同共治的开放性合作机制。

（三）统筹初期和长期两个阶段的建设目标

初期建设目标：一是推动条例层级立法作为"单一窗口"治理基本法，包括将"中央＋地方"双层治理机制用条例明确下来，以及优先解决"单一窗口"的法律地位、电子申报法律效力、数据共享与安全责任等问题。二是综合运用国家政策、多层级立法、成员单位备忘录、公私间契约等多种手段提升"单一窗口"治理水平，明确"单一窗口"运行服务全国统一的准入条件与资格门槛。

长期建设目标：一是在综合运用前述各种治理手段的基础上，逐步推进"总分结合"的综合立法模式，逐步将各项"单一窗口"具体事务全面纳入法治轨道，促进"单一窗口"法律法规体系化。二是在注重"单一窗口"法律环境建设前瞻性的基础上，统筹国内国际两方面情况，加强规则对接与输出，实现"单一窗口"规则标准国际化。三是加强"单一窗口"建设和安全运行量化考核，实行"单一窗口"共建、共管、共享，不断提升社会应用效益，做到"单一窗口"考核评估常态化。

第五节　全球"区域单一窗口"兴起

根据联合国欧洲经济委员会（UNECE）为建立"单一窗口"推荐的五个发展层级，"单一窗口"发展的最后层级是"区域信息交换系统或跨境贸易无纸化"，也就是区域乃至全球"单一窗口"的互联互通，以实现跨境贸易信息电子交换。从全球范围"单一窗口"实际演进过程来看，"区域单一窗口"是一个必然的演进阶段。考虑到在全球化背景下，世界范围内各国开展区域经济一体化潮流日盛。其中，比较突出的几大地区组织，如东盟（ASEAN）、欧盟（EU）、亚太经济合作组织（APEC）、欧亚经济联盟（EAEU）等都已经开始或在筹划建设"区域单一窗口"。通过"区域单一窗口"，加强区域内国际贸易信息的交换，助力区域经济一体化整合，进而提升区域整体经济竞争力。应该说，他们在"单一窗口"跨境互联互通和数据信息交换方面做了积极的探索。

东盟（ASEAN）是最早实施"区域单一窗口"项目的地区组织之一。东盟10个成员自2004年以来一直在推进"东盟单一窗口"（ASW）倡议的实施，即在发展各成员国家单一窗口的基础上，实现东盟成员间，以及与东盟其他贸易伙伴之间的"单一窗口"互联互通和数据交换。2005年，东盟各成员经济部长签署了建立和实施"东盟单一窗口"（ASW）的协议，"东盟单一窗口"（ASW）正式启动。2017年，完成了对实施"东盟单一窗口"（ASW）的法律框架议定书（PLF）的批准和对东盟货物贸易协定（ATIGA）运作认证程序的批准通过，并于2018年开始运作。考虑到东盟成员大部分为岛国性质,"东盟单一窗口"(ASW)秉持"你的出口就是我的进口"的理念,重点开展与地区内外相关国家的贸易电子单证交换。2019 年以来,"东盟单一窗口"(ASW)实现了 10 个成员之间的原产地证书电子交换;7 个成员实现了东盟海关申报文件交换,3 个成员开始试点交换植物检疫电子证书,并开展动物健康和食品安全电子证书的交换。为推进"东盟单一窗口"(ASW)建设,东盟秘书处成立了东盟单一窗口指导委员会(ASWSC),负责东盟内部以及东盟与外部贸易伙伴之间合作有关法律和业务的磋商和审议,并听取技术工作组(TWG)的汇报。此外,东盟秘书处下还有设置法律服务和协议理事会(LSAD)这一机构,专门负责法律和协议等相关事务。"东盟单一窗口"(ASW)也在与澳大利亚、日本、韩国、美国和新西兰等对话伙伴讨论贸易相关文件交换。

　　"东盟单一窗口"(ASW)架构示意图如图 29 所示。

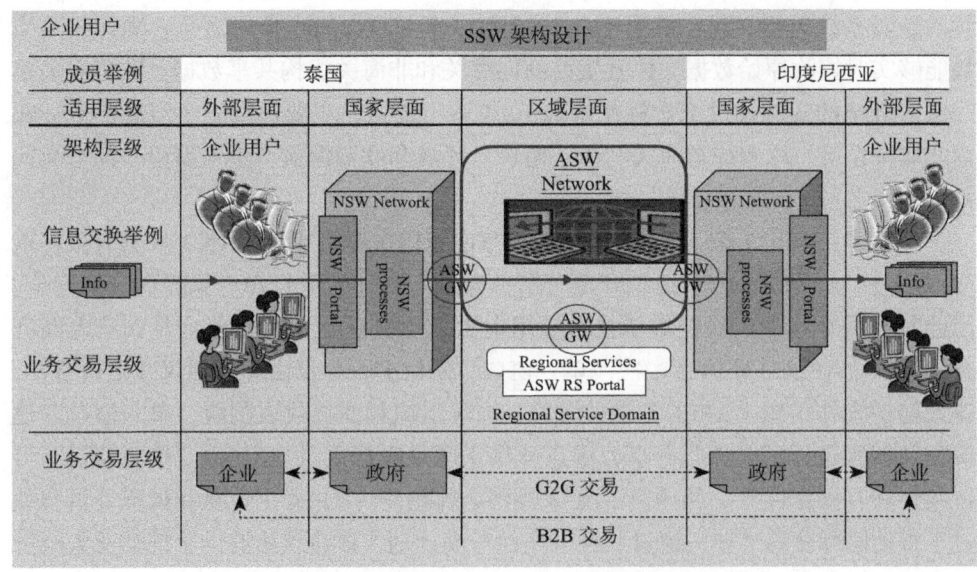

图 29　"东盟单一窗口"(ASW)架构示意图

　　欧盟"单一窗口"倡议主要基于欧盟成员彼此接壤、大量为过境货物运输的实际情况,因此欧盟"单一窗口"的一个目标是在欧盟和国家层面建立一套协调一致、可互操作的综合电子服务,以加强边境监管政府机构之间的信息共享,加快货物的跨境流动,减轻监管行政负担。其中,欧盟税务和海关联盟总局负责海关事务,其"单一窗口"方案的目标是建立社区级"单一窗口"。欧盟交通和运输总局的"海事单一窗口",目标是在欧盟内部的海上运输运营者之间提供电子交换。"欧盟海关单一窗口环境"为海关和边境非海关当局之间的数字合作提供了框架，以支持清关自动化和系统间交换协调等。欧盟出台了 60 多部欧盟法律法规，确保海关和合作伙伴主管当局之间进行更密切的合作，避免贸易商在边境为清关目的多次重复提交手续。经过近 10 年的项目试点和近 4 年的准备与谈判，（EU）2022/2399《关于建立欧盟海关单一窗口环境，并修订条例（EU）952/2013》（即《欧盟海关单一窗口环境条例》）于 2022 年 12 月正式升级为欧盟法律，该条例为欧盟单一窗口提供了新的法律框架，以改进海关管理部门与其他负责执行欧盟边境非海关手续（包括卫生和安全、环境保护、食品和产品安全、农业等方面）的政府机构之间的信息共享和数字合作，这将使贸易企业能够更轻松地完成部分海关手续。为实现海关和非海关领域之间的互操作性，以简化货物清关过程中所需的文件和信息，"欧盟海关单一窗口环境"建立了一个集中系统，即欧盟海关单一窗口证书交换系统（EU CSW-CERTEX），通过它可将各成员的进口、出口和过境系统与管理非海关手续的欧盟系统进行互联。该系统自 2017 年以来一直以试点形式运行，确保相关当局能够实时接收原始数据，以及贸易商向海关和非海关机构共享数据。欧盟海关单一窗口环境的实施建设工作将在未来 10 年逐步推进，主要包括三个组成部分：欧盟非海关系统、欧盟成员海关"单一窗口"环境和欧盟海关"单一窗口"证书交换系统。

亚太经济合作组织（APEC）成员与东南亚国家联盟（ASEAN）成员有很多重合。不过，亚太经济合作组织开展"单一窗口"合作的重点在于保障供应链安全，因此其成员在诸如区块链等新技术应用上做了积极探索。2017 年 8 月，亚太经济合作组织（APEC）举办了一次"单一窗口"研讨会，会议由美国倡议并主持召开，亚太经济合作组织（APEC）成员海关、国际组织和商界代表围绕"单一窗口"建设相关问题进行了交流与分享，重点分享主题是数据质量与安全、"单一窗口"可持续性和互操作性等。2019 年，亚太经济合作组织（APEC）贸易和投资委员会通过了推动国际贸易"单一窗口"互操作性行动计划，该协议将有助于推动亚太经济合作组织（APEC）21 个经济体对外贸易"单一窗口"一体化。植物检疫证书和原产地证书电子交换成为亚太经济合作组织（APEC）各成员国同意启动"单一窗口"国际互操作性的首批试点项目。

欧亚经济联盟（EAEU）早在 2014 年 5 月就由欧亚经济理事会批准了《外向经济监管体系下建设单一窗口机制的主要方向》，明确通过一体化信息系统（IIS）工具来加强信息交互，提高政府监管效率，简化外向经济办理手续。2015 年 10 月，正式提出了建立欧亚经济联盟一体化信息系统（IIS）倡议及相关技术规范。一体化信息系统（IIS）旨在通过与欧亚经济联盟各成员系统对接，将地理上分散的信息资源汇聚起来，以实现欧亚经济联盟内部数据和电子单证交换，并协助各经济体信息化活动，提高监管和服务效率，共同打造跨境信任空间（TBST）。

太平洋联盟（PA，成员包括智利、哥伦比亚、墨西哥和秘鲁）于 2012 年 6 月正式成立，是拉美地区的新兴经济组织，联盟成立会议上通过的《帕拉纳尔宣言》承诺推进有关消除关税和原产地规定的谈判，共同建立"机构事务技术小组"，通过磋商构建联盟内部贸易纠纷解决机制。在贸易便利化方面建立了四国间原产地电子认证、卫生检验检疫相互认证等机制，并且在美洲开发银行（IADB）的财政援助和技术支持下，于 2016 年实现了成员"单一窗口"的国际互操作性，后于 2017 年实现了卫生与植物检疫电子证书交换，2018 年实现了原产地电子证书交换。

联合国贸易便利化与电子业务中心（UN/CEFACT）长期以来一直提供贸易便利化指导，主要通过协调和简化流程、程序、信息流等，来为发达国家、发展中国家和经济转型国家有效交换产品和服务提升有关商业、贸易和行政组织方面的能力，促进国际贸易及全球商业发展，尤其致力于提出"单一窗口"实施有关指南和工具，例如数据协调和法律支持环境等。该机构自 2004 年发布《第 33 号建议书：关于单一窗口实施》以来，其系列涉及"单一窗口"的建议书作为重要参考被广泛接受，成为许多国家（地区）和其他组织开展工作的基础。随后，该机构于 2017 年 1 月又发布了关于"单一窗口"互操作性（SWI）的第 36 号建议书。该建议书认为，政府和企业不应让"单一窗口"带来的好处止步于国家间的有形边界，正在运行 NSW 的国家和计划引入类似设施的国家，应积极主动考虑将互操作性发展作为"单一窗口"设施的组成部分，因为其在简单快捷地交流贸易有关信息，以及使政府和商界更加节约成本方面的优势是显而易见的。根据该建议书，"单一窗口"国际互操作性（SWII）可以分为法律互操作性、技术互操作性、数据互操作性和组织互操作性。其中，法律互操作性就是国际政策法规的一致性，有关立法应能更好地适应数字时代发展需求。技术互操作性是指应采用开放和通用的标准，确保系统能够兼容和无缝连接。数据互操作性是指采用一致的数据元素定义和数据交换语法含义，确保数据能够交换；组织互操作性是指允许公民、企业和相关管理部门通过简单透明的程序顺畅接入单一的数字网络。

随着当前全球"区域单一窗口"的兴起，"单一窗口"国际互操作性（SWII）得到了越来越多的关注，UN/CEFACT 第 36 号建议书由此成为国际上推进"国家单一窗口"互联互通的参考指南。对于没有"单一窗口"国际互操作性（SWII）要求的国家，采用世界海关组织（WCO）数据模型等国际标准可以帮助其顺利开展跨境数据交换，增强互操作性。此外，世界贸易组织（WTO）《贸易便利化协定》也认为，"单一窗口"的实施可以成为经济贸易便利化的催化剂，为改革流程和简化数据提供了机会，同时这种优势不仅局限于一个经济体界限内部，还可以以更好的数据协调和流程优化将各国"单一窗口"联系起来，有助于推动参与其中各经济体的发展，以及改善私营参与方的经营收入。

近年来，全球范围内签署"单一窗口"国际互操作性（SWII）协议的情况也越来越多，尤以亚太地区居多。2021年2月生效的《亚洲及太平洋跨境无纸贸易便利化框架协议》提出以电子形式交换并相互认可与贸易有关的数据和文件，以促进国家、次"区域单一窗口"、其他无纸贸易系统之间的互操作性。"东盟单一窗口"（ASW）协议于2005年签署，2018年开始运行，仅"东盟单一窗口"（ASW）中央服务器负责管理连接每个东南亚国家联盟成员"单一窗口"的通信枢纽，"东盟单一窗口"（ASW）服务器不保留、传播或归档任何交易或监管信息。太平洋联盟（PA）做法则更简单：由美洲开发银行支持促进太平洋联盟发展，协助四个成员解决"国家单一窗口"互操作性问题，成员不需要为"单一窗口"国际互操作性（SWII）支持支付费用。2010年12月，根据第三届中日韩运输及物流部长会议精神，由中方主导推进的东北亚物流信息服务网络正式成立，中日韩三国的普通消费者和企业可以从三国的港口、船舶公司、卡车公司等多个物流信息系统中直接查询到货物、船舶或集装箱状态，实现货物连续无缝全程电子跟踪。澳大利亚检疫检验局与新西兰食品安全局交换卫生和植物检疫证书。欧盟建立了欧洲互操作性框架（EIF），为"国家单一窗口"互操作性架构提供指导。

"单一窗口"发展演进的最终目标，应当是全球各国"单一窗口"实现互联互通，形成一个贸易信息互联基础设施的网状结构。

第六节　"单一窗口"与"三智"国际合作

"三智"理念就是以新一代信息技术为支撑，应用新思维、新方法、新系统、新装备，实现监管智能化、治理智能化、合作智能化的国际合作理念，旨在推动打造将各国（地区）海关及供应链各相关方连接起来的全球价值链，营造包容发展的经济环境。当前，"三智"合作理念已经成为凝聚各国海关共识，共同应对全球性挑战的重要指引，也是我国促进国内国际双循环、加快构建新发展格局的重要举措。

国际贸易"单一窗口"建设与"三智"理念深度契合，可以说是该理念下的一个典型示范工程。近年来，国家口岸管理办公室认真落实党中央、国务院决策部署，全面践行"三智"理念，深入推进国际贸易"单一窗口"建设，持续优化口岸营商环境，提升口岸数字化治理水平，主要有以下方面：

一是全力建设跨部门、跨领域一站式服务平台。"单一窗口"支持"智慧海关"建设，提供智慧化窗口服务。截至 2022 年年底，"单一窗口"标准版已对接 30 个部门系统，提供 20 大类基本服务功能，实现 800 项服务"一窗办理"，企业可基本实现足不出户向各部门一次性提交相关材料，一站直达办理所需业务。助力"智能边境"各部门业务协同和集约。积极推进口岸部门间信息交换共享，汇集 17 个成员单位、71 类、3429 个数据项，累计交换共享信息超 34 亿条，促进了口岸业务协同和无纸化；进出口环节监管证件由 2018 年的 86 种精简至 41 种，除 3 种因安全保密等要求外，其余 38 种全部实现网上办理、联网核查。开发上线船舶进出境"一单多报"功能，将业务办理"串联变并联""线下转线上"，取消了 150 多页纸质材料，企业申报通关全程只需 10 分钟。推动国际航行船舶申报数据在上下港之间复用共享，企业进港申报时间缩减到 5 分钟。

二是积极拓展跨境贸易全链条服务功能。助力"智享联通"，智能对接供应链相关各方。创新"外贸＋金融"服务模式，依托"单一窗口"解决金融保险机构与外贸企业信息不对称问题，为企业提供融资、贷款、授信等服务，有效解决了中小微企业融资难、融资贵问题，惠及企业 30 万余家，支持了外贸实体经济发展。创新"通关＋物流"服务模式，推动上海、天津等重点港口设备交接单、装箱单、提货单等口岸物流单证电子化无纸化，开展通关物流全流程时效评估，提升货物进出港效率。开展航空物流公共信息平台建设，推进各市场主体之间标准融合、信息共享、流程优化和业务协同，有效提升了航空物流便利化水平，据测算，航空口岸进出港物流作业效率最高提升 70%～90%。

三是探索创新不断提升口岸运行效能。创新边境监管理念，打造边境治理新格局。强化口岸基础设施共享共用，推动粤港、粤澳开展"一地两检""合作查验、一次放行"、客货车"一站式"等通关新模式。支持开展粤澳货物"一单两报"，推进跨境信息共享，提升跨境申报通关效率。通过"单一窗口"向港口、码头实时推送监管查验通知，大幅缩短查验准备时间，提高查验工作效率。支持上海、青岛等有条件的地方口岸运用先进技术开展智慧口岸建设，提高港口、码头作业的智能化、无人化水平。

四是科技赋能促进口岸治理现代化。贯彻"智能边境"理念，统筹疫情防控与经济社会发展。紧急研发口岸运行监控与分析系统，填补了对地方口岸数据采集、分析、可视化展示的空白，为动态掌握全国口岸日常运行状况、辅助决策分析提供了重要依据。指导地方加强智慧智能口岸设施建设和设备使用，落实"人货分离、分段运输、闭环管理"要求，利用技术手段推动甩挂、接驳、吊装等非接触式货物交接模式在边境口岸全面应用。推广应用"单一窗口"口岸收费及服务信息发布系统，推动企业公示口岸收费标准和服务内容，促进口岸收费公开透明。建设全国口岸综合管理平台，探索开展口岸综合绩效评估试点，提升口岸数字化、精细化管理水平。

五是稳步开展跨境互联互通和数据交换。积极推进与巴基斯坦、韩国、东南亚国家联盟成员及其他"一带一路"重点国家（地区），欧盟有关机构，以及我国港澳台地区开展互联互通和数据交换。在中国—新加坡两国海关"单一窗口"合作框架下，积极推进企业数据传输复用、物流全程状态信息共享、"单一窗口"互联互通联盟链等项目建设，为"智享联通"打造示范工程。积极指导各地方依托"单一窗口"开展国际合作。

第七节　我国与新加坡"单一窗口"的对比

一、我国与新加坡"单一窗口"总体情况比较

新加坡"单一窗口"建设与联合国关于"单一窗口"的基本定义、建设模式和发展层级要求相符合。其第一代"单一窗口"贸易网（TradeNet）于 1988 年 10 月投入使用，而最新的第三代"单一窗口"互联网贸易平台（NTP）于 2018 年 9 月投入使用。第三代"单一窗口"互联网贸易平台（NTP）作为该国"一站式"贸易和物流生态系统，支持通过数字化努力来实现该国与境外贸易价值链各参与方相联接，助力新加坡建设成为领先的贸易、供应链和贸易融资中心。互联网贸易平台（NTP）的目标是发展成为连接众多外部平台的"一站式"贸易信息管理系统，提供广泛贸易服务的新一代平台，利用跨行业数据深挖应用服务的开放式创新平台，以及从源头开始数字化并能实现数据复用和降成本优流程的文件中心。新加坡"单一窗口"的实践做法，在一定程度上代表了国际上"单一窗口"的一个发展方向。

我国"单一窗口"建设同样也与联合国关于"单一窗口"的基本定义、建设模式和发展层级要求相符合。1998 年海关总署和外汇管理局联合紧急开发首个电子口岸项目"进口报关单联网核查系统"，揭开了中国特色"单一窗口"工程的建设序幕。自 2016 年年底开始对标国际全面启动中国国际贸易"单一窗口"建设以来，短短几年时间取得了长足进展，不仅基本实现口岸执法服务功能全覆盖，而且持续向物流、金融等贸易服务全链条延伸拓展，并积极推进与国际上"单一窗口"

的互联互通，建设跨境贸易大数据平台，打造一站式贸易服务平台，成为中国全面参与塑造国际经济治理新格局的重要贸易基础设施。当前中国国际贸易"单一窗口"不仅成为国家部委间电子政务综合信息平台建设的标杆和典范，而且也走在世界各国建设"单一窗口"的前列。

中国与新加坡"单一窗口"总体情况比较详见表10。

表10　中国与新加坡"单一窗口"总体情况比较

序号	比较项	新加坡"单一窗口"（NTP）	中国国际贸易"单一窗口"
1	基本定义	符合	符合
2	建设模式	公共平台	公共平台
3	发展层级	五个层级全部覆盖	五个层级全部覆盖
4	投资规模	大	小
5	用户规模	小	大
6	政务占比	少	多
7	商务占比	多	少
8	创新生态	强	弱
9	收费情况	有收费	完全免费

说明：上表不涉及中国各地方"单一窗口"功能。

二、我国与新加坡"单一窗口"建设做法对比

国际上"单一窗口"实施一般会面临诸多挑战，归纳起来主要涉及政府高层支持、跨部门协调、业务流程再造、规划制定实施、预期效益达成五个方面，下面着重从这五个方面将新加坡和中国"单一窗口"做对比。

（一）新加坡"单一窗口"建设做法

1. 政府主导。新加坡"贸易立国"，其政府高度重视"单一窗口"建设，将其作为改善贸易投资环境、强化新加坡贸易中心地位、巩固提升其国家竞争力的关键举措。早在20世纪80年代，新加坡政府就推行贸易审批流程简化制度，制定了"国际贸易信息化计划"，时任新加坡贸易与工业部部长李显龙主持该计划，强力推动新加坡"单一窗口"建设。政府指定新加坡关税局（海关部门）牵头"单一窗口"建设，政府技术局负责组织技术实施工作。

2. 共同推进。新加坡政府成立多个责任制委员会，分工协作、共同推进，并指定强有力的主办机关，使其获得法律授权和政治、人力、财力等方面的支持，能

居间协调不同参与机构，主导计划执行和各阶段监管。同时，新加坡成立由政府部门、协会和商界组成的跨部门委员会来管理"单一窗口"建设全过程。参与新加坡"单一窗口"（NTP）的政府机构除关税局和技术局外，还包括贸易和工业部、财政部、交通部、民航局、经济发展委员会、国际企业发展局、金融管理局和海港管理局，以及标准、生产力与创新局等部门。

3. 客户导向。新加坡推行"客户导向"做法，通过实施"单一窗口"，为贸易伙伴及各参与方搭建起便利信息交流互动的平台。具体包括：一是企业对企业（B2B），贸易合作伙伴通过该平台和相关应用，最大限度实时数据共享，实现共享服务式"单一窗口"。二是企业对政府（B2G），通过该平台的创新服务，加强企业与政府各部门的信息交流，满足多变环境下灵活共享需求，尤其是为中小企业和不具备供应链管理的机构提供供应链管理云服务，帮助企业管理订单、货物和运输。三是对海关和其他监管部门（G2G），提前获取企业对企业贸易往来信息，通过数据共享和相互印证，实现快速通关和严密监管。四是对境外国家（N2N），广泛开展"单一窗口"互联互通国际合作，包括 2018 年 11 月与中国海关签署"单一窗口"合作框架协议等。

4. 分步实施。新加坡"单一窗口"建设能够根据不同发展阶段制定相应规划，明确阶段目标和定位，总体呈现"决策稳、行动快"的发展思路。其第一代"单一窗口"贸易网（TradeNet）基于电子数据交换（EDI）系统，目标是建成电子通关"单一窗口"，于 1988 年 10 月投入使用，至 2007 年 10 月已推出贸易网（TradeNet）4.0 版本，实现 100% 贸易通过该系统申报。第二代"单一窗口"商贸通（TradeXchange）以贸易网（TradeNet）4.0 版为核心组件，目标是建成"贸易 + 物流"综合信息平台，于 2007 年 10 月投入运行，是新加坡全国范围的贸易信息交换系统，奠定了新加坡全球综合物流及相关行业中心地位。第三代"单一窗口"互联网贸易平台（NTP）是新加坡最新一代"单一窗口"，于 2018 年 9 月投入使用，有效降低了中小企业数字化门槛，提高供应链连接便利性，助力全行业数字化转型，为行业提供业务增长机会，是连接新加坡内外价值链所有主体的"一站式"贸易和物流生态系统，并将最终发展成为国家贸易信息生态系统。此外，第三代"单一窗口"互联网贸易平台（NTP）也为区块链、人工智能等新技术提供最佳应用场景。

5. 注重效果。新加坡"单一窗口"真正实现了贸易商与监管机构间全天候电子数据交换和业务办理，不仅降低了贸易商的交易成本，也增强了海关和其他监管机构的执法统一性、透明度和可预见性。第三代"单一窗口"互联网贸易平台（NTP）的开发预算在 1 亿美元以上，但是每年可以为企业节省超过 6 亿美元的工时成本。有关资料显示,通过新加坡"单一窗口",企业节省费用40%～60%,政府机构节省费用50%;单项单证办理手续费由平均15新元降至3新元,仅此一项每年可节省十几亿美元。新加坡海关报关大厅原来有134名工作人员,在全面实行国际贸易"单一窗口"后,报关大厅仅需1名工作人员值班即可。

（二）我国"单一窗口"建设做法

1. 政府主导。我国党中央、国务院高度重视国际贸易"单一窗口"建设,十八大以来,国家层面每年都有相关重要文件出台,内容均提到要全面推进国际贸易"单一窗口"建设,持续促进口岸营商环境优化和贸易便利化。政府工作报告、《优化营商环境条例》、国家"十四五"发展规划等都将"单一窗口"建设列为任务之一。国家有关领导人也多次作出重要指示批示,要求对标国际先进水平,深入挖掘应用潜力,加快推进"单一窗口"标准版建设,推出更多有利于改善营商环境的举措。

2. 共同推进。我国"单一窗口"建设由国务院口岸工作部际联席会议统筹推进。经联席会议审议并报国务院同意后印发的《关于国际贸易"单一窗口"建设的框架意见》,明确由海关总署国家口岸管理办公室会同相关部委单位组成"单一窗口"建设工作组共同推进建设,制定全国"单一窗口"标准版并推广应用,依托中央、地方两级电子口岸公共平台,共同打造全国一体化"单一窗口"环境。截至2022年年底已有30个相关部委单位加入"单一窗口"共建工作。中国电子口岸数据中心具体承办"单一窗口"标准版的开发运维工作。地方层面由各省级人民政府牵头,在推广应用"单一窗口"标准版基础上,拓展地方特色服务功能。

3. 客户导向。我国"单一窗口"建设同样按照"客户导向""急用先上"的原则,不断推出了满足政府和商界等不同客户需求的新功能。主要包括:一是政府对政府（G2G）,通过口岸管理相关部门之间数据共享,加强口岸业务协同、流程优化和无纸化,提升口岸综合治理能力。二是企业对政府（B2G）,推动口岸和国际贸易领域相关业务统一通过"单一窗口"办理,为进出口企业提供"一站式"办事服务。三是企业对企业（B2B）,通过对接银行、保险、民航、港口、铁路、公路等行业机构,创新金融保险、物流协同和贸易服务等,助力培育跨境贸易生态系统,支持国际贸易全链条产业发展,服务广大中小企业。四是对境外国家（N2N）,与"一带一路"共建国家和地区及全球贸易伙伴广泛开展"单一窗口"互联互通国际合作。

4. 分步实施。我国"单一窗口"建设为解决不同时期的突出矛盾,在不同发展阶段有相应不同的建设内容,并且客观存在中央、地方两个层面的分工建设,与新加坡国情不尽相同。第一阶段是电子口岸发展阶段，当时出于打击走私骗汇等需要，于1998年开始首批电子口岸项目建设，主要实现国务院各有关部门间与大通关流程相关的数据共享和联网核查，随后逐渐形成中央、地方两级电子口岸建设局面。这一阶段存在中央和地方建设"两张皮"现象，中央层面以政府对政府（G2G）建设为主，与"单一窗口"理念相比还有距离。第二阶段是真正意义的"单一窗口"建设阶段，在地方试点的基础上，2016年出台了"单一窗口"建设框架意见，明确中央层面要在"单一窗口"建设中发挥更大作用，统筹制定全国"单一窗口"标准版并推广应用。同时，地方层面也积极拓展了一大批特色服务，实现了中央、地方之间的合理分工和优势互补。当前我国"单一窗口"建设演进情况，一是基本实现了口岸执法服务功能全覆盖（相当于新加坡TradeNet阶段），二是持续向物流、金融等贸易服务全链条延伸拓展（相当于新加坡TradeXchange阶段），三是持续对接境内外政府和行业平台，积极构建跨境贸易服务生态系统［相当于新加坡互联网贸易平台（NTP）阶段］。经过几年的发展，"单一窗口"标准版已实现与30家部委系统对接和信息共享，建成上线了23大类、845多个对外服务事项，主要业务应用率100%，地方层面也上线了一大批特色应用服务。此外，与新加坡有一个不同是，我国"单一窗口"还支持区域性平台建设，已实质推进"单一窗口"西部陆海新通道平台、中国—上海合作组织地方经贸合作综合服务平台、海南自由贸易港、粤港澳大湾区等"区域单一窗口"建设，服务国家区域发展战略。根据"十四五"期间有关建设要求，我国"单一窗口"要持续深化建设，打造全球互联贸易基础设施。

5. 注重效果。经过几年建设，我国"单一窗口"在优化口岸营商环境、促进跨境贸易便利化方面取得了明显成效，使进出口贸易通关各环节流程更优、单证更简、效率更高、成本更低，切实减轻了企业负担，促进了贸易便利。例如，口岸监管证件数量精简了46.5%，各类随附单证数量精简了41.6%，船舶向口岸相关部门"一单多报"取消了150页左右的纸质申报材料，企业退税申请操作时间由1小时缩短至5分钟，货物申报时间由4小时缩短至5—10分钟，船舶申报时间由36小时缩短至2.5小时等。此外，我国"单一窗口"为企业提供免费申报服务，建设资金向国家财政申请，进一步减轻了企业负担。因此，我国"单一窗口"建设得到了企业的广泛称赞，以及有关国家和国际组织的积极评价。世界银行此前发布《营商环境报告》特别提到中国通过实施"单一窗口"，取消行政性收费，增强透明度并鼓励竞争，压缩了跨境贸易的时间和成本。世界贸易组织（WTO）宣布我国"单一窗口"措施提前实施。中国"单一窗口"案例入选世界海关组织网站。中国海关成功举办了亚欧会议"单一窗口"国际合作研讨会，有关"单一窗口"建设经验与成效获得了各国代表的广泛赞许。

中国与新加坡"单一窗口"建设做法比较详见表 11。

表 11 中国与新加坡"单一窗口"建设做法比较

序号	比较项	新加坡"单一窗口"（NTP）	中国国际贸易"单一窗口"
1	建设目标	建设联结众多外部平台、提供广泛贸易服务、挖掘数据应用价值、促进行业数字化转型的开放创新平台	建设覆盖国际贸易全链条业务、提供"一站式"贸易服务、支持贸易生态发展、实现与境外"单一窗口"联通的对外重要贸易基础设施
2	政府主导	新加坡关税局（海关）牵头"单一窗口"建设，政府技术局负责组织技术实施工作	海关总署国家口岸办牵头"单一窗口"建设，中国电子口岸数据中心负责技术承办
3	共同推进	11 个政府机构参与	30 个部委单位参与
4	客户导向	具备 G2G、B2G、B2B、N2N 全部四块业务，满足企业"一站式"服务需求	具备 G2G、B2G、B2B、N2N 全部四块业务，满足企业"一站式"服务需求
5	分步实施	第一代"单一窗口"贸易网（TradeNet）第二代"单一窗口"商贸通（TradeXchange）第三代"单一窗口"互联网贸易平台（NTP）	1. 电子口岸发展阶段 2. 国际贸易"单一窗口"建设阶段： （1）口岸执法服务功能全覆盖（对应 TradeNet） （2）向贸易全链条延伸拓展（对应 TradeXchange） （3）持续互联对接构建生态［对应互联网贸易平台（NTP）］
6	注重效果	不仅降低了贸易商交易成本，也增强了海关和其他监管机构的执法统一性、透明度和可预见性，受到积极的国际评价	促进贸易通关环节减优提降，切实减轻了企业负担，促进了贸易便利，得到了企业的广泛称赞，以及有关国家和国际组织的积极评价
7	服务企业	2700 多家企业（截至 2019.9.20）	192 万家企业，累计注册用户数 668 万余家（截至 2023.3.15）

说明：上表不涉及中国各地方"单一窗口"功能。

三、我国与新加坡"单一窗口"功能实现对比

新加坡最新一代"单一窗口"是其第三代"单一窗口"互联贸易平台（NTP），于 2018 年 9 月投入使用。旧平台有关通关物流服务均已迁移至互联贸易平台（NTP），同时互联贸易平台（NTP）还提供了企业对企业（B2B）的贸易相关服务生态，提高供应链连接便利性，助力全行业数字化转型，目标是建成国家贸易信息生态系统。从建设内容上看，中国和新加坡"单一窗口"都包括了政府对政府（G2G）、企业对政府（B2G）、企业对企业（B2B）、对境外国家（N2N）这四个方面内容。不过由于两国国情不同，"单一窗口"建设侧重也有所不同。新加坡是典

型的以国际贸易为主的港口型城市国家，其业务主要以转口贸易和港口服务为主，从"通得快""服务好"的需要出发，新加坡"单一窗口"在功能上更多侧重提供丰富的贸易增值服务功能，积极构建贸易服务生态。中国是幅员辽阔的靠海型大陆国家，从沿海到内地，各类型口岸众多，既要"通得快"也要"管得住"，因此中国"单一窗口"在功能上更多侧重提供先进完备的执法监管服务功能。

（一）新加坡"单一窗口"主要建设内容

1. 贸易增值服务。主要包括创新增值服务、数字贸易服务、数据仓库服务、仪表板监控服务、平台社交服务、伙伴关系维护、贸易相关政务沟通服务、数字贸易连接、开发者服务等九个方面。具体介绍如下：

一是创新增值服务。第三代"单一窗口"互联网贸易平台（NTP）在线市场专区为来自开发商和供应商的各类创新增值服务提供橱窗展示，并将这些服务与第三代"单一窗口"互联网贸易平台（NTP）一体化集成，使用户在获得服务的同时，能够复用自身其他系统和事务的数据，或者复用这些增值服务所产生的数据，以方便用户后续业务办理。第三代"单一窗口"互联网贸易平台（NTP）已对接包括港口网（PortNet）、新加坡电子商务平台（SGeBIZ）、区块链平台（DltLedgers）、国际电子贸易平台（GETS）、威云平台（vCargo Cloud）、贸易网（TradeNet）等20多个自建或第三方成熟平台，提供装运安排、海关申报、融资贸易、保险办理、国际连通性、市场洞察、许可证准备、报告和付款、客户搜寻、跟踪发货和贸易合规等服务，满足用户各类不同跨界业务需要。

二是数字贸易服务。由第三方服务商提供，帮助用户将贸易相关工作流程和业务流程数字化，同时这些服务商本身也是第三代"单一窗口"互联贸易平台（NTP）的用户。其他用户可根据需要将这些服务商添加为合作伙伴，方便形成自己的业务网络，并与他们交换数据和单证信息等。这类服务主要有物流、金融及其他贸易服务等，具体包括货物跟踪、装运安排、货运管理、运输管理、仓储管理、供应链管理（SCM）、企业资源规划（ERP）、数字支付、融资贸易、保险业务、信贷与商业信息、市场洞察、贸易合规等功能。实际展示的有19家第三方服务机构，用户可以通过第三代"单一窗口"互联网贸易平台（NTP）连接这些第三方平台获取服务。

三是数据仓库服务。在线云仓为各类文件提供数字化处理、上传、存储、查找、共享等服务，允许将文件无缝、快速、安全地共享给业务合作伙伴或相关政府部门。用户可在第三代"单一窗口"互联网贸易平台（NTP）上安全地存储商业敏感数据，轻松实现对机密信息的授权控制，从而降低数据外泄风险。可与合作伙伴共享数据和文件，体验伙伴间无缝合作和贸易交易，并可通过邮件与平台外合作伙伴共享数据和文件。可一次性查找与合作伙伴开展业务活动的关联资料。

四是仪表板监控和平台社交服务。仪表板监控服务可根据需要定制仪表板显示内容，包括通知、待办及重要事项等，方便进度跟踪和活动跟进，并能一次性了解和接入最常用服务事项。平台社交服务能方便贸易物流相关行业人员参与博客和社区论坛等，有利于发现新的商业机会和可能性。

五是伙伴关系维护和贸易相关政务沟通服务。伙伴关系维护功能方便用户在线邀请其他合作伙伴加入该平台与自己建立业务连接，发展企业用户的关系网络，并且方便用户利用第三代"单一窗口"互联网贸易平台（NTP）的"数据仓库"工具来挖掘合作机会，促进交易达成。贸易相关政务沟通服务能方便用户与海关等相关部门打交道，以便能及时处理贸易申报相关事宜。

六是数字贸易连接和开发者服务。数字贸易连接允许用户通过安全文件传输协议（SFTP）方式直连到第三代"单一窗口"互联网贸易平台（NTP）来优化文件共享，或者通过应用程序接口（API）集成来实现动态实时连接。开发者服务提供 API、微服务、沙箱等创新实用工具包，来帮助开发者设计和开发第三代"单一窗口"互联网贸易平台（NTP）应用程序。

2. 政府服务。该类服务是新加坡"单一窗口"另一大板块功能。第三代"单一窗口"互联网贸易平台（NTP）提供的政府服务主要有电子服务、国际互联互通、个人物品服务、代码查询和原产地证书验核、政府增值服务、各类表单服务六大类。其中，电子服务包括东南亚国家联盟海关过境系统、原产地证书、化学武器公约、海关计划 / 许可证等、进口 / 出口 / 转运、注册服务、战略物资监管、自愿性披露 / 声明 / 证件提交等业务。国际互联互通包括中新（加坡）"单一窗口"通关物流全程状态跟踪（T&T）服务和东南亚国家联盟报关申报单（ACDD）。个人物品服务包括个人物品进口、个人物品状态查询等。代码查询和原产地证书验核包括 HS/CA 产品代码查询、国家 / 港口代码查询、原产地证验核等。政府增值服务主要是政务信息浏览。各类表单服务包括表单下载、自由销售证书申请、海关表单与服务链接等。

（二）中国国际贸易"单一窗口"主要建设内容

1. 口岸执法服务功能全覆盖（B2G）。经过近几年加快建设，截至 2023 年 6 月底，我国"单一窗口"已对接 30 个部门系统，上线了货物申报、舱单申报、运输工具等 23 大类、845 项对外服务，覆盖全国所有口岸和各类监管区域，企业通过"单一窗口"一点接入，足不出户就可向各部门一次性提交相关申请材料，一站直达办理各项业务，企业申报完全免费，普惠服务程度不断提高。此外，"单一窗口"平台还提供服务支持、外贸资讯、地方导航、数据资源共享平台、跨境贸易大数据平台、联合创新实验室等支撑性贸易服务。

2. 口岸跨部门信息共享和业务协同（G2G）。依托"单一窗口"持续推进跨部门信息交换共享，截至 2022 年年底，累计交换数据超 34 亿条。除保密等特殊情况外，进出口环节其余 38 种监管证件全部依托"单一窗口"实现一口受理、联网核查和无纸通关。船舶进出境"一单多报"实现业务办理"串联变并联""线下转线上"，企业申报通关全程只需 10 分钟。国际航行船舶申报数据在上下港之间复用，企业进港申报时间缩短到 5 分钟。依托"单一窗口"推动报关单等信息与外汇管理局共享，完善货物贸易外汇服务和管理。在国家政务服务平台开通"单一窗口"专区，实现两平台"总对总"对接和协同发展。

3. 跨境贸易全链条创新服务（B2B）。与银行、保险等机构合作对接，创新"外贸＋金融"服务模式，为企业提供融资贷款、保险理赔、国际结算多种便捷、高效、优质的普惠金融服务，有效缓解中小企业融资难、融资贵问题，支持外贸实体经济发展，截至 2022 年年底，已对接 20 余家大型金融机构，惠及外贸企业达 30 余万家。创新"通关＋物流"服务，开展通关物流全程时效评估和海关查验信息推送等，有效提升了货物进出港效率。持续推进航空物流公共信息平台建设，支持指导地方开展试点建设，推进各市场主体之间标准融合、信息共享、业务协同和流程优化，航空口岸进出港物流作业效率最高提升了 70% ~ 90%。全国口岸收费及服务信息发布系统在全国海运口岸推广应用，利用市场机制推进降费提效。

4. "区域单一窗口"建设支持地方经济发展。支持"单一窗口"西部陆海新通道平台建设，上线智能通关、业务协同、数据应用、国际合作 4 大服务板块共 11 项服务，实现通道区域内企业用户通关效率提高 80%。深化海南自由贸易港"单一窗口"建设，上线"零关税"申报等特色功能，为自由贸易港政策落地提供服务保障。推动粤港澳大湾区"区域单一窗口"互联互通，助力粤港澳融合发展。支持指导上合组织地方经贸综合服务平台建设，为企业提供全流程便利服务，促进上合地区经贸高质量发展。

5. "单一窗口"互联互通国际合作（N2N）。先期实现了与新加坡、印度尼西亚、巴基斯坦、蒙古国、韩国、新西兰、智利等 10 多个国家（地区），以及欧盟有关机构的电子信息交换。2022 年以来，重点与新加坡、巴基斯坦、蒙古国、伊朗、泰国、柬埔寨、马来西亚、白俄罗斯、古巴、印度尼西亚、越南、新西兰等 10 多个国家，东盟有关机构，以及中亚五国加强"单一窗口"交流。与新加坡共同打造"单一窗口"国际合作示范工程。积极指导各地依托"单一窗口"开展国际交流合作。成功举办亚欧会议"单一窗口"国际合作研讨会。通过推进"单一窗口"合作，促进我国对外贸易畅通与安全。

基于第三代"单一窗口"互联网贸易平台（NTP）的有限介绍资料，将中国"单一窗口"和新加坡"单一窗口"作了功能对比，见表12。

表12 中国与新加坡"单一窗口"建设内容比较

比较项	新加坡"单一窗口"（NTP）	中国国际贸易"单一窗口"
1. 贸易服务	创新增值服务	金融服务
	数字贸易服务	物流服务
	数据仓库服务	移动应用
	仪表板监控服务	收费公示
	平台社交服务	服务支持
	伙伴关系维护	地方导航
	贸易相关政务沟通服务	外贸资讯
	数字贸易连接	智能客服
	开发者服务	开放平台
2. 政务服务	电子服务	企业资质
	国际连通性	监管证件
	个人物品服务	原产地证
	代码查询和原产地证书验核	运输工具
	政府增值服务	舱单申报
	各类表单服务	货物申报
	/	税费办理
	/	出口退税
	/	查询统计
	/	检验检疫
	/	加贸保税
	/	物品通关
	/	进口配额
	/	跨境电商
	/	口岸物流
	/	服务贸易
	/	口岸监测
	/	数据资源共享平台

续表

比较项	新加坡"单一窗口"（NTP）	中国国际贸易"单一窗口"
3.区域发展	/	西部陆海新通道
	/	粤港澳大湾区
	/	海南自由贸易港
	/	上合地方综服平台
	/	长江三角洲
4.国际合作	国际互联互通	国际互联互通
	单证电子交换	单证电子交换
	联盟区块链（与中国、日本）	联盟区块链（与新加坡）

说明：上表对中国国际贸易"单一窗口"标准版与新加坡"单一窗口"建设内容做了比较，不涉及中国各地方"单一窗口"功能。有关信息截至 2023 年 3 月。

第八节　荷兰协调边境管理的启示

2019 年 6 月，中荷海关协调边境管理培训班在荷兰举办。荷兰海关、食品和消费者产品安全局、环境及运输检查局、世界海关组织（WCO）等机构专家，就荷兰海关整体情况、荷兰 / 欧盟海关及其他边境部门的机构设置及管理情况、世界贸易组织（WTO）《贸易便利化协定》及荷兰促进贸易便利化的主要措施、世界银行（WB）《营商环境报告》排名及荷兰 / 欧盟海关具体举措、荷兰 / 欧盟"单一窗口"建设情况等做了介绍。学员们还实地参访鹿特丹港海关和史基浦机场海关，学习了解具体业务操作，与海关及其他部门人员交流，深入了解了荷兰海关基于物流监管和风险管理等开展边境跨部门协作的情况。结合我国海关实际，主要有以下几点启示。

一、加强边境协调管理，提升口岸管理效能

良好的边境管理体制能够更好地推进贸易安全与便利。建立协同、高效的边境协同管理机制，对于提高管理效率起到很大作用，从而能提升通关效能，降低跨境交易成本。可以借鉴荷兰口岸（边境）监管模式创新，提高我国口岸（边境）管理科技化智能化水平。探索通过法律授权或合作备忘录的形式将边境管理部门的权责进行明确。试点建立以海关为主导的联合查验中心，科学设计通关流程。特别是通过优化跨部门人力资源配置，以进出口货物或进出境人员总量突出的口岸作为特定单元开展试点，建立跨部门的责任落实和绩效激励机制，在落实传统的纵向问责

的同时，有效地促进跨部门横向协调与合作，增强跨部门协作的主动性和积极性。荷兰海关的实践表明，通过与相关政府部门、商界的充分合作，明确海关与其他边境管理部门的权责范围，建立以海关为核心的边境协调管理机制，可以有效提升口岸（边境）部门的管理效能，提高通关便利化水平并实施有效的边境安全管控。

二、强化海关外部交流，提高关员把关能力

从工作实际来看，我国海关在口岸（边境）对进出境运输工具和货物承担着重要的把关责任。多个部门将进出口环节涉及政治、生态、环保、文化等多个领域的安全准入监管职责放在海关。实际监管过程中，关员要对涉及安全准入的各类要素进行查验和分析，这对关员的专业素质提出了很高的要求。这方面，可以借鉴荷兰海关与合作伙伴的协作经验，与相关部门共同研究制订有针对性的培训计划，由各相关部门派出专家对现场关员就不同领域的安全准入工作重点开展培训，设置系统化、科学化的培训教程与方案，强化对一线执法人员的定期业务培训，形成线上、实训、现场等多种方式相结合的培训体系。在此基础上，按监管业务门类建立相应海关现场专家团队，对业务现场提供业务支持、建议、培训。同时，与相关部门研究建立常态化的外部专家团队，对在海关现场关员无法判断是否符合监管条件的情况下，由外部专家及时提供技术指导或直接实施专业认定。充分发挥外部专家在监管技术创新、装备研发和测试、人员培训等方面的作用，共同编制业务操作规范，充分发挥监管人力资源的效能。

三、推动风险管理协作，实现口岸联防联控

荷兰海关与外部机构有着常态化的风险信息互换，其风险信息互换既有信息化系统支撑，也有灵活的沟通机制，通过风险信息及时交换，提升对口岸（边境）进出境安全风险把控。通过"单一窗口"，各类申报数据可以在货物到港前5天传送给海关及其他边境管理部门。海关总署已经与相关部委在口岸风险联防联控方面形成一致理念，可在此基础上借鉴荷兰经验，通过给相关部门开放端口或给予风险信息录入授权，实现风险信息无缝实施对接。以风险为导向、多部门遵循同样的风险分析原则，基于舱单数据的货到前风险分析和汇总，发挥人工智能和大数据等工具优势，统筹整合口岸资源，采取行政性审核、协调实施一次查验（开箱），以及其他精准方式，从而实现信息共享、监管互认、执法互助，真正把安全风险预防在国门、处置在口岸。

四、参与国际海关合作，落实《贸易便利化协定》

我国和荷兰都根据《贸易便利化协定》的相关条款在国家层面已经建立了贸易便利化委员会。虽然主导单位不一样（荷兰是海关部门主导，我国是商务部门主导），但《贸易便利化协定》中需要由海关参与和落实的条款占大多数。《贸易便利化协定》中与协调边境管理紧密相关的是第一部分的第 8、10、12 条，主要内容包括边境管理机构间的相互合作和协调，建立"单一窗口"和开展国际海关间合作。在协调边境管理方面，世界海关组织（WCO）制定了一系列工具指南，包括《协调边境管理》《安全标准框架》等。因此，与荷兰及其他发达国家海关开展广泛合作，并积极借鉴世界海关组织（WCO）指导性文件，对推进落实《贸易便利化协定》有非常重要的作用和意义。

第九节　全球网络海关与"单一窗口"

一、全球网络海关概述

为使世界海关组织（WCO）成员海关更好地应对全球贸易环境挑战，抓住发展机遇，世界海关组织（WCO）理事会于 2008 年通过了《21 世纪海关》战略文件。文件指出，全球网络海关（GNC）是 21 世纪海关发展的首要支柱，是《经修订的京都公约》（RKC）、《全球贸易安全与便利标准框架》（SAFE）、特别货物参考编号（UCR）和世界海关组织（WCO）数据模型等世界海关组织（WCO）工具指南的核心。它为各国海关有效交换信息、最大限度地满足核心业务需求提供了支持。

全球网络海关（GNC）不是信息技术系统，而是世界海关组织（WCO）成员根据商定的协议、标准开展信息交换的一种渐进的系统性方法，涵盖政策、治理、法律、能力建设和科技等多个方面。全球网络海关（GNC）的一大突破性概念是"功能模块"，旨在通过标准化方法实现国际数据交换，降低海关交换信息的成本和难度。功能模块描述海关业务中成员海关希望交换的特定信息。每个功能模块都有其开发标准（如要交换的数据元），至少由两个成员海关共同开发，并通过概念验证项目来验证功能模块是否切实有益。

"功能模块"是全球网络海关（GNC）的核心，旨在实现全球范围内海关之间数据交换的一致性和标准化。各功能模块遵循统一格式，描述海关业务流程的特定部分，使用"跨境数据交换"或"AEO 互认"等术语。每个功能模块都包含了政策和技术层面两方面内容，描述了战略目标、业务流程、法律问题、运营职能，以及 IT 员工的技术数据、信息传递和体系规范等问题。

为了充分利用好全球网络海关（GNC），所有合作伙伴应尽可能以同一方式执行各个功能模块。功能模块仅为标准化的参考模板，并非全球性的工具，其设计具有灵活性，因此无须使用"一刀切"的方法进行跨境数据交换。

二、全球网络海关支撑"单一窗口"互联互通

2009—2012 年间，世界海关组织（WCO）成立工作组，对全球网络海关（GNC）开展可行性研究。研究结果进一步强调了互联互通的重要性，通过简化信息交换流程实现海关合作利益最大化。进一步完善后的《全球网络海关手册》，着重解决以下四方面问题：一是全球网络海关（GNC）系统互操作性的技术标准；二是"全球海关合作"与"单一窗口"的关系；三是各国"单一窗口"系统间互操作性；四是云计算、区块链等新技术对全球网络海关（GNC）的影响。

尽管世界海关组织（WCO）和联合国（UN）有关机构针对"单一窗口"给出了明确定义，但是不同国家的"单一窗口"适用范围和运作方式差别极大。"单一窗口"涉及国内和国际两方面背景，边境机构之间的合作也必须在国家层面进行，才能开展跨境数据共享和风险评估。"单一窗口"和全球网络海关（GNC）解决方案虽然在信息技术层面含义不同，但是二者都需要统一的数据集群、统一的信息传输方式、互信和数据保护等。

全球网络海关（GNC）弥补了现有世界海关组织（WCO）工具指南的不足，为数据共享、信息传送、法律协议设立标准，帮助成员海关逐步向全球互联海关迈进。全球网络海关（GNC）是对未来的长期投资，为世界海关组织（WCO）成员海关提供了全球化紧密联系的友好氛围，帮助成员海关相互协作，从而促进贸易，提高守法，确保供应链安全。

在数据交换方面，因其敏感性而不可避免会引起保密和主权等问题。以全球网络海关（GNC）的一大应用场景为例，A 国海关在接受 B 国出口商提交的商业数据后，可加强本国进口数据风险评估。该应用场景的关键问题在于 A 国是否充分信任 B 国数据，并以此开展风险评估。要实现该场景，前提是获得法律授权并制定有力的保障措施，以允许交换数据符合特定目的。为此，合作海关之间需要从知情、互利的角度进行信息交换，并以不侵害国家主权为前提。

在商界合作方面，商界鼓励全球网络海关（GNC）发展并愿意为其提供信息。世界海关组织（WCO）《全球贸易安全与便利标准框架》（SAFE）中的第二支柱"关企合作"，强调通过推动海关与商界信息交换来减少潜在的非法贸易，确保税收应收尽收。国际贸易和物流运输是各国海关信息交换的重要提供者。

在系统开发方面，全球网络海关（GNC）实施的一大核心要求是实现自动化，即具备收发电子信息的能力。不过，全球网络海关（GNC）并非围绕单一 IT 系统而构建，开发全球网络海关（GNC）时也要考虑不同系统间的兼容性。一般来说，全球网络海关（GNC）体系结构分四个层级，即业务层、功能层、应用层和基础架构层。

在数据传输方面，全球网络海关（GNC）也尽可能与世界海关组织（WCO）其他相关工具保持一致，按照标准来传输信息。如果采用电子数据交换（EDI）方式来传输信息，则应使用 UNEDIFACT 标准。如果以网页（Web）表单为基础来进行信息交换，则应使用 XML 标准。此外，应使用世界海关组织（WCO）数据模型。实际操作中需注重灵活性，同时遵守标准化和共同商定的原则。

在法律支撑方面，全球网络海关（GNC）建立在严格和契合实际的法律框架之上，缔约方需在数据保护、隐私、身份验证以及过程的完整性上建立信任。全球网络海关（GNC）的一个特点是拥有法律工具箱，该工具箱包含了一套实用的法律协议、标准和指南，兼具灵活性和易用性，是缔约方在开发全球网络海关（GNC）或决定缔结一项新协定时应考虑的条款。法律工具箱以双边为前提，然后向多边发展。

综上可知，全球网络海关（GNC）是世界海关组织（WCO）工具指南的核心，它既是当下全球"单一窗口"合作最佳实践的提炼、总结，也为世界海关组织（WCO）成员"单一窗口"之间互联互通提供了重要理论、方法和工具支撑，有利于增强全球"单一窗口"在政策、法律、技术、标准等方面的互操作性，为最终实现全球"单一窗口"互联互通提供基础支撑。

第十节　新技术条件下的"单一窗口"

一、新技术创新应用畅想

以企业需求为导向，是"单一窗口"的生命力所在。未来 5 年乃至更长时间，国际贸易"单一窗口"发展向何处去，或者说，广大进出口企业用户需要一个什么样的"单一窗口"，这是"单一窗口"建设者们需要认真思考的一个问题。不过有一点是确定无疑的，那就是通过最新技术的创新应用，让"单一窗口"为企业带来更大便利和更多实惠，极大增强用户的体验。"单一窗口"要想一直践行其初心使命，永葆其生机活力，就必须为自己及时插上新技术应用的"翅膀"。

前面第一章讲到，当今世界正迎来新一轮信息技术革命浪潮。这轮信息技术革命以智能互联网为其核心技术特征，主要涉及人工智能、区块链、云计算、大数据、5G 等新技术。这些技术已然被社会大众认识，这些技术的综合运用正不断为社会经济带来新业态、新模式和新动能，产生商业模式的突破性创新，使社会各行业呈现出智能化、数字化、平台化的新特征。各行业只有抓住新一代信息技术革命特征，才能准确把握这个快速变化的时代，抓住信息化发展的机遇，打造发展和竞争的新优势。而其中，最重要的是发挥数据作为生产要素的作用。从数据的采集、存储、传输共享等视角来看，我们可以设想在新技术条件下发展出以下创新。

一是将"单一窗口"发展成为企业需求的"感知器"，而不是仅仅作为企业数据的"采集器"。"感知器"能通过图像、语音、操作习惯和历史记录等各种识别方式，主动地感知企业用户的申报通关和各类服务需求，并以智能的方式为用户准备好相关材料及清单，供用户确认后提交和实现更多交互。用户不必为上百项甚至更多数据录入项感到烦恼，大多数数据都能从系统中调出，仅需少量调整即可。这些功能如能在移动互联网上实现，带来的效益是巨大的。实际上，不仅报关行业，现在各行各业的电脑操作者每天都在做着大量重复的事情。作为"感知器"的"单一窗口"能够通过与用户的各种交互，主动感知到用户的各种潜在需求，并以智能方式为用户准备好相关材料及清单，供用户确认后提交，以及实现更多交互，让"单一窗口"系统以更高智能形态更"懂"用户，最大限度地减轻用户交互的负担。

二是将"单一窗口"发展成为企业开展贸易通关业务可充分信赖的"私人助手"，而不是仅作为汇聚跨境贸易各方面数据的"数据仓库"。要改变数据仓库"无序堆放"的情况，"数据仓库"是以数据为中心，不是以用户为中心。以用户为中心，就要做到用户需要什么，"单一窗口"就能感知到并提供相应信息资料，就像它是你的亲密助手。当用户想调出自己的完整企业档案，当用户想对各种复杂繁多的单证资料进行归并梳理，当用户想了解潜在可能的业务合作伙伴，当用户想获得关于自己经营的风险提示，只需要向助手发出明确指令即可，这一切都不需要用户操心办理但能够招之即来并为用户所用。网络化协同、个性化定制、智能化服务是以后互联网服务的重要特点。

三是将"单一窗口"发展成为企业用户数字化转型的"助推器"，尤其是降低中小微企业的数字化门槛。随着信息化深入发展，未来大部分产业将成为数字化产业或与数字化技术深度融合，数据将成为企业的战略性资产和价值创造的重要来源。未来以区块链技术为基础的 Web3.0 时代，企业和个人用户可以拥有数字产权。"单一窗口"可以更直接地延伸到中小微企业服务领域，为他们在"单一窗口"平台"筑巢安家"，让他们拥有属于自己的数据资产和数字产权，并可以通过数据要素投入实现再分配。"单一窗口"除了能够帮助企业用户管理好自己的档案资料并加强企业协同办公和内部管理外，还允许第三方解决方案提供商或 IT 开发人员利用所提供的工具包在开放型架构上进行开发，根据市场需求开发出新的服务和应用程序，通过培养开发者社区和支持各种创新理念，来助力保持"单一窗口"先进性。在支付和退税等业务中直接使用数字人民币，更进一步减少中间环节和办理成本。

四是将"单一窗口"发展成为各相关主体协同共生的"连接器"，开拓创新共享的生态模式，而不仅限于目前的平台运营模式。在区块链等新技术条件下，数据共享不再是供给方和需求方在利益和责任等方面的"零和游戏"，而是通过创新增值服务、数字贸易服务等连接众多企业供应链管理和第三方服务平台，通过合作形成新的组织形态。这种组织形态当中，包括"单一窗口"在内的各参与方都能发挥各自优势作用，达到"四两拨千斤"的效果，企业可通过"单一窗口"连接多个本地或全球合作伙伴，以便在企业之间以及企业与监管机构之间更有效地交换电子数据和文件。这种组织形态通过更加强调外部的连接性及其网络效应，从而拓展了共享经济的市场空间，将能大大提高全社会的资源利用效率，产生出更强的整体效应。

二、境外新技术应用实践案例

当前，新技术在各国"单一窗口"和口岸信息化方面应用日益普及。2021 年 11 月，世界海关组织（WCO）与国际港口协会（IAPH）共同举办的海关与港口合作促进贸易运输便利化及供应链安全数字化转型研讨会上，有关国家参会代表发言介绍了相关经验做法和成果。

印度尼西亚海关代表介绍了海关与港口合作建设国家物流生态系统，促进海关数字化转型的情况。该生态系统以"优化业务流程、连接供需两端、驱动生态成长"为使命，重点解决港口联动、设施提升、信息互通等物流痛点，囊括了出境、入境、国内、自由区各环节，覆盖包括仓储、货运、清关、抵（离）港、国际运输全流程，并采取了三步走做法：一是实现海关核心服务和业务处理数字化。二是建立数字化生态系统，创新海关核心业务以外其他产品和服务。三是利用大数据、人工智能技术支撑国家战略需求，探索未来机会。另外，海关与港口的数据交换提升了物流效率，智能卡口、高分辨率相机等先进技术应用，减少了面对面执法和欺诈可能性，提升了无人化、精细化、智能化水平。

荷兰海关介绍了鹿特丹港的经验做法：一是通过检查项法定化实现对物流影响最小化。二是将海关置于食品医药执法第一线。三是为每个码头配备扫描仪，用于查验集装箱和班列。四是对拟开展的查验进行智能风险分析。五是将海关纳入战略咨询委员会，并提出"连接全球海关"倡议，助力提升海关效率，降低港口物流影响。此外，荷兰还将数字化和数据共享作为荷兰未来的"主港战略"，海关、交通、基础设施部门按照"公开、中立、免费"原则共建交通物流数据平台作为数据基础设施，提供企业对企业业务（B2B）、企业对政府业务（B2G）、政府对企业业务（G2B）数据共享，综合运用各类数据加强风险分析，数据只发布/订阅、不发送。

印度港口协会代表介绍了相关经验做法，包括：一是自 1989 年即成立海关与港口合作委员会，并对一大批单证进行了简化和电子化。二是大量配备先进的集装箱 X 光扫描仪，提升自动查验水平。三是修建道路设施，加强码头之间集装箱调运。四是在港口建设动、植、食、药、纺等商品检验联合实验室。五是建设海关加工区和集中式货场，加强货物周转。六是在货场提前发放通关单，加快进港手续等。

阿联酋阿布扎比海关着重介绍了"单一窗口"作为一个全球发展趋势，对促进海关与港口合作的巨大作用。"单一窗口"对贸易商来说能够"获信息、减时间、增预期、降成本"，对政府部门来说能够少投资源、提升服务、保障信息质量与安全。为此，阿联酋自 2020 年 5 月启用"单一窗口"高级贸易物流平台（ATLP）至 2021 年 11 月，提供 700 多项服务，其中政务服务占 20%，非政务服务占 80%，已累计申报近 5300 万票，覆盖 12 个对外海空港口。"单一窗口"高级贸易物流平台（ATLP）采用电子签封、溯源追踪、商业智能、人工智能、智能集装箱、区块链等技术创新服务，尤其全球疫苗供应链区块链联盟方案，累计交付 2 亿多支疫苗，服务 40 多个国家。

从以上各国分享介绍情况看，新技术应用并非发达国家独有，发现中国家在这方面甚至有更多探索与实践，完全可以在新技术应用方面取得后发优势。像阿联酋作为发展中国家，依托"单一窗口"系统对区块链、人工智能等诸多新技术都有成功应用，其基于区块链的全球疫苗供应链联盟是发挥新技术价值的很好案例。印度尼西亚海关与港口合作建设国家物流生态系统，荷兰海关、交通等部门共建交通物流数据平台，促进海关数字化转型，相关经验也值得借鉴。

当然，新技术的具体应用可以有很多，以上仅做了简单介绍。我国"单一窗口"在新技术应用方面应加快推进。

三、我国"单一窗口"下一步方向思考

在可预见的未来，我国"单一窗口"建设仍然需要深入挖掘潜力，全面深化拓展功能，朝着更加便利化、智能化、国际化、法治化的方向发展，更好地促进贸易便利化和营商环境优化。

（一）提升便利化水平，让贸易更便捷

围绕优化贸易营商环境，将"单一窗口"功能由口岸通关执法向口岸运行、综合物流、金融保险、贸易服务等前置和后续环节拓展，进一步覆盖国际贸易全链条，服务广大进出口企业，尤其是降低中小企业的全球供应链接入门槛。持续推动各部门业务协同、流程优化和无纸化，为企业提供全程一站式业务办理，进一步压缩通关时间，降低贸易成本，提升我国企业的国际竞争力。

（二）加快智能化建设，让贸易更贴心

把握数字经济时代特征，推动"单一窗口"与银行、保险、民航、铁路、港口、公路等相关行业更紧密地对接，共同建设跨境贸易大数据平台。利用大数据、物联网、人工智能、区块链、5G等新技术建设智慧"单一窗口"，推出各种最新实用智能服务功能，以更好地满足各类不同企业的定制服务需求，同时有助于提升口岸综合治理能力和服务效能。

（三）实施国际化战略，让贸易更畅通

遵循国家和国际有关标准规范，推出更多中国标准和经验做法，逐步建立完善一整套"单一窗口"标准化体系。瞄准国际化发展方向，持续推进与联合国有关机构、世界贸易组织（WTO）、世界海关组织（WCO）、亚太经济合作组织（APEC）等国际组织合作，加强与"一带一路"共建国家和地区及全球贸易伙伴"单一窗口"的互联互通，在标准统一和数据共享的基础上，加快有关试点应用项目建设，取得更多务实成效，着力打造联动全球、高效畅通的一流"单一窗口"。

（四）坚持法治化理念，让贸易更公平

积极推进完善国际贸易"单一窗口"相关法律法规体系建设，坚持"单一窗口"始终在法治国道上建设和运行。积极研究提升与境外"单一窗口"联通的法律互操作性。根据企业需要，及时推出技术性贸易措施服务，为出口企业提供相关查询、风险预警、订阅推送等服务，助力企业拓展贸易，打造国际竞争新优势，进一步助力提升外贸企业竞争力。

参考文献

[1]　UN/CEFACT. 1981. Recommendation No. 1. United Nations Layout Key for Trade Document. Geneva.

[2]　UN/CEFACT. 2001. Recommendation No. 18. Facilitation Measures Related to International Trade Procedures. New York and Geneva.

[3]　UN/CEFACT. 2000. Recommendation No. 31. Electronic commerce agreement. Geneva.

[4]　UN/CEFACT. 2005. Recommendation No. 33. Recommendation and Guidelines on Establishing a Single Window. Geneva.

[5]　UN/CEFACT. 2009. Single Window Repository. Part I. Geneva.

[6]　UN/CEFACT. 2010. Recommendation No. 35. Establishing a Legal Framework for the International Trade Single Window. Geneva.

[7]　UN/CEFACT. 2013. Recommendation No. 34. Data Simplification and Standardization for International Trade. Geneva.

[8]　UN/CEFACT. 2017. Recommendation No. 36. Single Window Interoperability. Geneva.

[9]　UN/CEFACT. 2017. Terminology for Single Window and Other ePlatforms. Version 1. Geneva.

[10]　UN/CEFACT. 2018. Reference Data Model, White Paper. Geneva.

[11]　UN/CEFACT. 2020. Recommendation No. 33. Recommendation and Guidelines on Establishing a Single Window. Geneva.

[12]　UNESCAP. 2009. Business Process Analysis Guide to Simplify Trade Procedures. Bangkok.

[13]　UNESCAP. 2012. Data Harmonization and Modeling Guide for Single Window Environment. Bangkok.

[14]　UNESCAP. 2012. Electronic Single Window Legal Issues – A Capacity Building Guide. Bangkok.

[15] UNESCAP. 2012. Single Window Planning and Implementation Guide. Bangkok.

[16] UNESCAP. 2018. Single Window for Trade Facilitation: Regional Best Practices and Future Development. Bangkok.

[17] UNESCAP. 2021. Cross-Border E-Trade: The ASEAN Single Window. Bangkok.

[18] UNNExT. 2010. Towards a Single Window Trading Environment Best Practice in Single Window Implementation: Case of Singapore's TradeNet. Brief No. 2. March.

[19] UNNExT. 2011. Towards a Single Window Trading Environment—Achieving Effective Stakeholder Involvement. Brief No. 7. September.

[20] UNNExT. 2011. Japan's Development of a Single Window—Case of Nippon Airport Cargo Community System. Bangkok.

[21] UNNExT. Towards a Single Window Trading Environment. Brief No. 1. November.

[22] WCO. 2007. WCO Data Model, Single Window Data Harmonization. Brussels.

[23] WCO. 2009. Managing Borders in the 21st Century. The Global Enabling Trade Report 2009, by KUNIO MIKURIYA. Geneva.

[24] WCO. 2011. A Survey of Single Window Implementation. WCO Research Paper. 17. Brussels.

[25] WCO. 2017. Building a Single Window Environment. Volume 1. Brussels.

[26] WCO. 2017. Building a Single Window Environment. Volume 2. Brussels.

[27] WCO. 2017. Building a Single Window Environment—Integrated Risk Management. Part Ⅷ, volume 2. Brussels.

[28] WCO. 2018. Coordinated Border Management. Brussels.

[29] World Bank. 2012. Collaborative Border Management: A New Approach to an Old Problem. Economic Premise. 78.

[30] WTO. 2014. Trade Facilitation Agreement. Geneva.

附录 1 缩略语

A

ACE	自动化商业环境
ACS	自动化商业系统
ADB	亚洲开发银行
AEO	经认证的经营者
APEC	亚太经济合作组织
ASEAN	东南亚国家联盟（简称东盟）
ATA	暂准进口单证册
ATLP	高级贸易物流平台

B

B2B	企业对企业
B2G	企业对政府
BIEC	边境跨部门执行理事会

C

CBM	协调边境管理
CBP	美国海关与边境保护局
CBRA	跨境监管机构
CCC	海关合作理事会

D

DIS	文档图像系统

E

EAEU	欧亚经济联盟
EDI	电子数据交换
EORI	经营者注册和识别号码

F

FTA	《自由贸易协定》

G

GDP	国内生产总值
GNC	全球网络海关

I

IAPH	国际港口协会
ICT	信息和通信技术
ICEGATE	电子数据交换网关
IMF	国际货币基金组织
ISO	国际标准化组织
ITDS	国际贸易数据系统
IWS	交互性 Web 服务

K

KPI	关键绩效指标

L

LSAD	法律服务和协议理事会

N

NIEM	国家信息交换模型
NSW	国家单一窗口
NTP	互联网贸易平台

欧洲联盟（简称欧盟）

EU

O

| OASIS | 结构化信息标准促进组织 |

P

PA	太平洋联盟
PCS	港口社区系统
PGA	各政府成员单位

R

| RCEP | 《区域全面经济伙伴关系协定》 |
| RKC | 《经修订的京都公约》 |

S

SaaS	软件即服务
SAFE	《全球贸易安全与便利标准框架》
SWE	单一窗口环境
SWI	单一窗口互操作性
SWII	单一窗口国际互操作性

T

TBST	跨境信任空间
TFA	《贸易便利化协定》
TIR	《国际公路运输公约》
TRS	放行时间研究

W

WB	世界银行
WCO	世界海关组织
WTO	世界贸易组织

U

UCC	《欧盟海关法典》
UCR	特别货物参考编号（或全球货物统一代码）
UN	联合国
UN/CEFACT	联合国贸易便利化与电子业务中心
UNCTAD	联合国贸易和发展会议
UNECE	联合国欧洲经济委员会
UNECOSOC	联合国经济及社会理事会
UNESCAP	联合国亚洲及太平洋经济社会委员会
UNLK	国际贸易单证样式

X

| XML | 可扩展标记语言 |

图索引

表索引